Pippin · Moral und Moderne

Robert B. Pippin

Moral und Moderne

Die Welt von Henry James

Aus dem Amerikanischen von
Wiebke Meier

Wilhelm Fink Verlag

Titel des Originals:
Henry James and Modern Moral Life
Cambridge University Press 2000

Bibliografische Information Der Deutschen Bibliothek

Die Deutsche Bibliothek verzeichnet diese Publikation in der
Deutschen Nationalbibliografie; detaillierte bibliografische Daten sind im Internet über
http //dnb.ddb.de abrufbar.

ISBN 3-7705-3786-6

Herstellung: Ferdinand Schöningh GmbH, Paderborn

Zum Gedenken an François Furet

And there appeared, with its window glowing, small,
In the distance, in the frozen reaches, a cabin;
And we stood before it, amazed at its being there,
And would have gone forward and opened the door,
And stepped into the glow and warmed ourselves there,
But that it was ours by not being ours,
And should remain empty. That was the idea.

[Und da erschien, mit leuchtenden Fenstern, klein,
In der Ferne, in der Welt des Eises, eine Hütte;
Und wir standen davor, erstaunt, daß sie hier war,
Und wären hingegangen und hätten die Tür geöffnet
Und wären an die Glut getreten und hätten uns dort gewärmt,
Wenn sie nicht unser gewesen wäre, indem sie nicht unser war,
Und leer bleiben sollte. Das war die Idee.]

Aus „The Idea“ von Mark Strand

Inhaltsverzeichnis

DANKSAGUNG

Die Arbeit an diesem Buch begann vor mehreren Jahren im Anschluß an ein sehr anregendes Seminar mit graduierten Studenten am Committee on Social Thought der Universität Chicago. Die Schriftstellerin Bette Howland hatte mit mir zusammen die Seminarleitung übernommen. Ich bin Frau Howland im Hinblick auf dieses Seminar, im Hinblick auf viele Gespräche, die wir über James führten, und insbesondere dafür zu Dank verpflichtet, daß sie mich ermutigte, ein Buch über die Themen zu schreiben, auf die ich in unseren Diskussionen immer wieder zurückkam.

In den darauf folgenden Jahren präsentierte ich verschiedene Versionen der Kapitel 2 und 3 als öffentliche Vorträge oder Beiträge zu Kolloquien in den Vereinigten Staaten und im Ausland. Dabei stellte ich fest, daß sich in der Zuhörerschaft, von Canberra bis Colorado, von Iowa bis Hartford, neben Fachleuten aus dem Bereich der Literaturwissenschaft immer auch viele, sehr engagierte, begeisterte Laien fanden, die, so wie ich, aus Liebe zu James' Werk und aus einem intensiven, fast persönlichen Interesse an den Romanfiguren und ihrem Schicksal über viele Jahre hinweg einfach immer wieder James gelesen und über ihn nachgedacht hatten und die mit großer Offenheit und Begeisterung auf meine eher systematische und abstrakte Darstellung reagierten. Dem entsprach meine Erfahrung, daß die Diskussionen nach diesen Vorträgen zu den fruchtbarsten, gedankenreichsten, persönlichsten und für mich sicher hilfreichsten gehörten, die ich je erlebt habe. Ich verdanke den Zuhörern, ihren Fragen, ihren kritischen Bemerkungen und Kommentaren sehr viel. Das gilt auch für die Literaturkritiker, von denen viele entgegenkommend genug waren, mich nicht als einen Eindringling zu betrachten oder als jemanden, der in fremden Revieren wildert, und die mit ihren Vorschlägen und ihrer Kritik oft ungemein anregend waren. Das gleiche trifft auf die vielen Gesprächspartner zu, die mir geduldig zuhörten, Entwürfe der einzelnen Kapitel lasen und darauf antworteten und Kritik äußerten. Mein Dank gilt insbesondere John Coetzee, Lorraine Daston, Lisbeth During, Mark Jenkins, Charles Larmore, Glenn Most, Ross Poole, Richard Posner und Nathan Tarcov.

Während der Arbeit an diesem Buch erhielt ich zum zweitenmal in meiner beruflichen Laufbahn ein großzügiges Stipendium der Alexander von Humboldt Stiftung. Dieses Stipendium erlaubte mir, zusammen mit einer ebenso großzügigen Beurlaubung durch die Universität Chicago und einer zusätzlichen Unterstützung durch die Earhart Foundation, gemeinsam mit meiner Frau und meinen beiden Kindern einen einjährigen Aufenthalt in Deutschland, in Tübingen. Das Stipendium wurde mir in erster Linie gewährt, um die Arbeit an einem großen Projekt zu Hegels Theorie der Freiheit fortzusetzen, ein Projekt, an dem ich über einen Zeitraum von mehr als zehn Jahren immer wieder gearbeitet hatte und das ich in Deutschland fast zum Abschluß bringen konnte. Die Jamessche Aussicht, als Amerikaner in Europa leben und der deutschen Philosophie ein bißchen Zeit stehlen zu können, um ein Buch mit einem literarischen Thema zu konzipieren, war jedoch eine so verführerische Situation und ein so romantisches Bild, daß ich nicht widerstehen konnte. Da mir das auch eine willkommene Ausrede bot, während des Aufenthalts in Paris *The Ambassadors*, in Venedig *The Wings of the Dove*, in London *The Golden Bowl* zu lesen und so weiter, ergriff ich die Gelegenheit und stellte die vorletzte Manuskriptfassung während der ersten Monate unseres Aufenthalts in der wunderschönen Universitätsstadt Tübingen und bei mehreren weiteren Aufenthalten in Europa fertig. Ich danke der Humboldt-Stiftung, der Universität Chicago, dem Dekan der Social Sciences Division, Richard Saller, und der Earhart Foundation, und ganz besonders meinen Tübinger Gastgebern für ihre Unterstützung und ihre Großzügigkeit. Manfred Frank und Veronique Zanetti, Toni und Uta Koch, Otfried und Evelyn Höffe und Axel und Gerlinde Markert, sie alle waren gegenüber mir und meiner Familie außerordentlich freundlich und hilfsbereit, und wir werden ihre Gastfreundlichkeit immer in dankbarer Erinnerung behalten.

Besonders danken möchte ich den Freunden, die das vollendete Manuskript bereitwillig gelesen haben und mich ihre detaillierten Kommentare, ihre ausführliche Kritik und ihre Fragen wissen ließen. Ich habe großen Gewinn aus der Korrespondenz und den Gesprächen mit Fred Olafson, Jay Bernstein, Stanley Rosen und Dan Brudney gezogen und stehe tief in ihrer Schuld. Ich bezweifle, daß ich ihrer Kritik gerecht geworden bin, aber ihre Kommentare bedeuteten mir sehr viel und sie veranlaßten manche Änderung und Versuche einer Umarbeitung. Ebenso stehe ich in der Schuld der Gutachter für Cambridge University Press, von denen zwei, Richard Eldridge und David Bromwich, mir gegenüber später ihre Identität lüfteten. Alle Gutachter, besonders aber die beiden zuletzt genannten, waren so liebenswürdig, ihre umfassenden, detaillierten und gedankenreichen Aussagen schriftlich niederzulegen. Ich hoffe, daß ich ihnen in der endgültigen Fassung gerecht werden konnte. Mein Dank gilt auch Terry Moore von Cambridge University Press für seine Unterstützung bei diesem Projekt und für seinen klugen Rat in dieser und in vielen anderen Angelegenheiten, sowie dem Bearbeiter des Manuskripts, Ronald Cohen, für sein Verständnis und seine Hilfsbereitschaft.

Ich danke meinem Kollegen Mark Strand für die Erlaubnis, einen Teil seines Gedichts „The Idea" abzudrucken und Donald Justice für die Genehmigung des Nachdrucks von „Henry James at the Pacific". Von Chicago University Press wurde kürzlich eine etwas geänderte Fassung der Kapitel 2 und 3 in der Festschrift für meinen Kollegen David Grene veröffentlicht und ich danke dem Verlag und Todd Breyfogle für ihre Zusammenarbeit.

Und schließlich gilt mein Dank der Andrew W. Mellon Foundation, deren überaus großzügiger „Distinguished Achievement Award" es möglich machte, dieses Buch ins Deutsche zu übersetzen; und ich danke Wiebke Meier für die

Geduld, die Sorgfalt und das Verständnis, mit der sie eine sachkundige Übersetzung von einer Prosa anfertigte, die nahezu unvermeidlich einen komplizierten Jamesschen Stil angenommen hatte.

Dieses Buch ist dem Andenken an François Furet gewidmet. François Furet leitete mit mir zusammen das Committee on Social Thought, seitdem ich im Jahr 1992 nach Chicago kam. Im Laufe der Zeit wuchs meine besondere persönliche Verpflichtung ihm gegenüber immer mehr. Ich danke ihm für seine Aufmerksamkeit, Überzeugungskraft und Geduld während einer schwierigen Übergangszeit. Ich erkannte sehr schnell, was für ein außerordentliches Glück es für mich war, mit einem der bedeutendsten Historiker des zwanzigsten Jahrhunderts und klugen Gesprächspartner bekannt zu sein und von ihm lernen zu können. Das Internationale Thema von James war auch Furets Thema, so wie James' Befürchtungen hinsichtlich der Moderne seine eigenen waren – Befürchtungen, deren Konsequenzen in dem Land der Zukunft der Moderne, in Amerika, am deutlichsten sichtbar waren –, und wie auch James' Hoffnungen und sein eingeschränkter Optimismus seiner eigenen Einstellung entsprachen. Dieses Buch im Gedächtnis an ihn zu beenden, war für mich eine Möglichkeit, mir im Kleinen immer wieder vorzustellen, welche Fortsetzung unsere vielen Gespräche zu diesen Themen vielleicht gefunden hätten.

1
Moderne Moral

Eine bemerkenswert intelligente Frau mit bescheidenen Mitteln liebt einen talentierten Mann, gleichfalls mit geringen Mitteln und ohne Zukunftsaussichten. Beide wünschen sich nichts sehnlicher als das, was ein Leben in Reichtum ihnen ermöglichen würde. (Großer Reichtum wird selbstverständlich das möglich machen, was er immer möglich gemacht hat: eine bestimmte Art von Freiheit – Macht. Aber in der modernen, säkularisierten Wettbewerbsgesellschaft, in der sie leben, schwinden die Aussichten auf ein interessantes Leben oder auch nur auf ein Leben mit einem Mindestmaß an Freiheit rasch, wenn man nicht über die erforderlichen Mittel verfügt.) Sie begegnen einer todkranken, sehr jungen, amerikanischen Erbin, die sich schon früher in den jungen Mann verliebt hat. Die Frau hat den Einfall, daß ihr Freund der Erbin den Hof machen und sie heiraten sollte. Wenn sie gestorben ist und er ihr Vermögen geerbt hat, würden sie einander heiraten können; sie würden über großen Reichtum verfügen und ein großartiges Leben führen, so wie sie es immer wollten. Man hat niemandem wehgetan.

Der Plan geht fast auf. Aber die Erbin erfährt, daß ihre neue Freundin und ihr angeblicher Liebhaber verlobt sind. Bitter enttäuscht „dreht sie ihr Gesicht zur Wand", sie wendet sich vom Leben ab und ergibt sich ihrer Krankheit. Doch bevor sie stirbt, trifft sie eine außerordentliche, testamentarische Verfügung: trotz allem hinterläßt sie dem jungen Mann ein Vermögen. Der junge Mann, der von dem Täuschungsmanöver nie begeistert war, kann jetzt, wie er sagt, nicht mehr einfach das Geld annehmen und den Plan bis zum Ende durchführen. Statt dessen schlägt er seiner Verlobten vor, das Vermögen zurückzugeben und so zu heiraten, „wie sie waren". Aber beide scheinen zu erkennen, daß sie niemals wieder sein können, „wie sie waren", und mit dieser Feststellung der Verlobten endet der Roman. Für Merton Densher ist es offenbar nicht akzeptabel, so zu handeln, als sei ihr Leben nicht von einem großen, moralischen Dilemma überschattet; würde er aber die Komplikation als solche anerkennen und ihrer beider Bedürfnis nach einem Freispruch erfüllen, dann setzte er seine Verlobte, Kate Croy, ins Unrecht, alles in ihrer Beziehung würde dadurch verändert und eine Ehe, in der man einander genauso achtet wie man sich gegenseitig schätzt, unmöglich machen. Das Geld, so scheint es, ist für ihn in gewisser Weise moralisch inakzeptabel und steht in einem moralisch signifikanten Sinn zwischen ihnen. Es zurückzugeben ist für ihn ein Bemühen um Sühne, der einzige Weg, auf dem sie wenigstens versuchen können, die Dinge wieder ins reine zu bringen.

So scheint es zu sein. Die Frage, welche Bedeutung der Verzicht Denshers auf Milly Theales Vermächtnis hat und welche Rolle er in unserem Gesamturteil über das spielt, was geschehen ist, erweist sich als recht kompliziert. Zum einen widerspricht die Verlobte der Interpretation der Tat glaubwürdig (als einem Versuch, die Dinge wieder ins reine zu bringen, so als ob dies rückwirkend etwas über ihre damaligen Motive oder ihre jetzige Lage beweisen könnte). Sie glaubt, alles sei allein durch Liebe motiviert, nicht durch Moralität; es handele sich um eine Möglichkeit, einer Erinnerung treu zu sein, in die er sich verliebt hat, um eine Möglichkeit zu beweisen, daß seine Motive am Ende reiner geworden sind, daß sie nicht bloß betrügerischer Art waren. (Die Verlobte konnte schon immer kluge Interpretationen liefern, die dem Gewicht moralischer Urteile ausweichen, darum erregen die Motive, die hinter ihrer Kritik stehen, sofort unser Mißtrauen. Trotzdem kann darin eine richtige Beurteilung Denshers liegen; es kann auch die beste Verteidigung sein, die sie gegenüber seiner impliziten Anschuldigung anführen könnte; es kann beides sein.) Der Leser könnte in dem Vorschlag des jungen Mannes auch den Versuch sehen, eine Frau, die er nicht mehr liebt, abzuweisen, vielleicht einen Ausdruck seiner Verachtung für das, wofür sie jetzt steht, vielleicht ein Mittel, ihr gegenüber eine Machtstellung zu verteidigen, die er in ihrem großen Plan verloren hatte. Diese Haltung (das Geld nicht zu nehmen) befindet sich auch in peinlicher Übereinstimmung mit seinem durchgängig allzu passiven Verhalten, mit seinen (unglückseligen, gescheiterten) Versuchen, lediglich „still zu halten" und dadurch, wie er offenbar gehofft hat, der Verstrickung zu entgehen, die eben diese Passivität nur vertieft. Der Verzicht ist vielleicht nur ein letzter, konsistenter Akt von Selbsttäuschung am Ende einer ganzen Reihe. In einem solchen Zusammenhang wäre es angesichts so vieler, überaus glaubwürdiger, psychologisch möglicher Interpretationen zu der Ablehnung des ihm zugesprochenen Vermögens eine natürliche Frage, ob sein Handeln überhaupt mit vorwiegend moralischen Begriffen (mit seinen oder denen anderer) richtig verstanden werden kann, ob es je solche echten moralischen Motivationen gibt oder, wenn es sie gibt, ob die Prinzipien, nach denen man handelt, oder das Gute, nach dem man sucht, real sind, ob sie einen wirklichen Anspruch an uns stellen (oder nur und immer eine psychologisch wertvolle Waffe sind). Obwohl solche moralischen Erwägungen oft als Idealisierungen bezeichnet werden, die wir, auch wenn sie nie eine uneingeschränkt wirkende Antriebskraft sein können, anstreben sollten, um unser Verhalten darauf zu gründen, erscheinen die anderen Möglichkeiten um vieles realistischer. Die moralische Dimension und ein mögliches moralisches Motiv, die in der Welt, in der Merton und Kate leben, kein religiöses Fundament und auch keine große Resonanz mehr haben, erscheinen im Vergleich zu den vielen starken, psychologischen und eigennützigen Kräften, die am Werk sind, immer verdächtig, so als seien sie eher ein nachträglicher Einfall, der gerade zur Hand war, als das Zentrum der Dinge. (Und Densher ist ein Mann, der zu einem solchen Argwohn geradezu einlädt.)

Henry James' *The Wings of the Dove* ist selbstverständlich ein Roman, und James ist bekannt als Romancier der Sitten und Gebräuche – ein analytischer, psychologischer Romancier. So sieht das Unrecht, das darin bestand, Milly Theale getäuscht und manipuliert zu haben, zunächst wie etwas aus, was Merton Densher (und nicht, und das ist besonders interessant, Kate Croy) als Unrecht erscheint (in welchem Sinn auch immer). Es stellt in seinem geistigen und emotionalen Leben eine Größe dar, die in James' brillanter Darstellung, was ein solches Erlebnis für einen Mann wie Densher heißen und warum, unter welchen psychologischen Bedingungen, es eintreten könnte, eine wichtige Rolle spielt.[1]

Doch eben weil der in Frage stehende Romancier James ist, ist es genauso wahrscheinlich, daß uns eine anspruchsvollere Darstellung vorgelegt wird, eine, in der auch die Möglichkeit und der Sinn der Bewertung selbst (daß es sich um ein Unrecht handelt) untersucht werden, daß James uns zeigen will, welche anderen Kräfte in einem komplexen Leben ein bestimmtes Rad antreiben (wir wollen hier vorläufig sagen: das Recht, als freies Subjekt behandelt zu werden, ein Leben zu führen, welches das eigene ist) und was verlorengeht und welche anderen Kräfte abgekoppelt oder unterbrochen werden, wenn es fehlt oder zerbricht. Das würde einschließen, daß gezeigt wird, was die Handlung zu einem Unrecht macht, würde auf literarischem Weg Anschauungen über die Natur von Millys Rechtsanspruch, nicht so behandelt zu werden, zum Ausdruck bringen.

Es gibt selbstverständlich keinen bestimmten Grund, warum James solche weiter reichenden Anschauungen haben muß oder warum sie für die ästhetische Dimension der Romane eine Rolle spielen müssen. Es gibt keinen bestimmten Grund, warum solche Anschauungen, wenn sie denn vorhanden sind, unabhängig von unserer ästhetischen Wertschätzung und unserem ästhetischen Vergnügen interessant sein müßten. Der Begriff der „Anschauungen" ist an sich sehr vieldeutig; alles ist nur implizit vorhanden, in der Art und Weise wie die Charaktere sich erklären und verteidigen und wie sich unsere Sympathien und Ur-

---

1 Repräsentativ für diese Auffassung ist Anderson (1992; selbst wenn er den reifen James aus besonderen Gründen nicht als „psychologischen" Schriftsteller bezeichnet): „Wie und mit welchen Schattierungen, Überlagerungen, Beschleunigungen oder Verzögerungen im Tempo man die Dinge aufnimmt: das ist die Aktivität, die James zu unserem Vergnügen aufgezeichnet hat" (S. 136). Anderson bezeichnet das häufig als „moralisches" Anliegen, meint damit aber wohl, daß James der Möglichkeit eines solchen Bewußtseins und seiner Erweiterung und Vertiefung offenbar große Bedeutung beimißt. Ein solches Bewußtsein, meint er, sei einfach gut, und, je breiter und tiefer es ist, desto besser sei es. (Ein großer Vorteil von Andersons Darstellung liegt darin, daß er die historische Dimension dieses Bestrebens erkennt. Er nimmt an, daß wir nie verstehen werden, wie wichtig ein solches Streben nach subjektiver Realität und wie wichtig die Hoffnung auf seine universale Bedeutung ist, wenn wir es nicht als Reaktion, als ein Zurückschrecken vor der auf Erwerb gerichteten, konformistischen, modernen Welt verstehen, die uns in Amerika offener vor Augen tritt als sonst irgendwo.) Ich denke, es wird deutlich werden, daß James diese Themen auf eine historisch und insbesondere gesellschaftlich viel breitere Bühne stellt, als Anderson das tut, und die moralischen Fragen, die das aufwirft, sind eher in einem konventionellen Sinn moralisch (welches sind die Ansprüche anderer und warum).

teile im Licht des Beweismaterials zu den Motiven und Absichten zu drehen und zu wenden scheinen. Und die Romane selbst besitzen alle möglichen Arten beispielhafter, ästhetischer und formaler Tugenden. Aber in einem gewissen Sinn verfügt James über solche Anschauungen und sie sind recht aufschlußreich.

Der erste Punkt hat eine gewisse Wahrscheinlichkeit für sich, zum einen, weil sich das Thema selbst – Täuschung und eine große Zahl damit verbundener Verfehlungen (Lügen, Bruch von Versprechen, Egoismus) und die Natur unserer Erfahrung, daß derartige Dinge unrecht sind (oder das Problem, was denn etwa fehlt, wenn sie nicht als unrecht erfahren werden) – in seinen größten Werken im Zentrum des Interesses befindet. Das Problem der Beurteilung – das Problem, ob eine Beurteilung dieser Art in einer säkularisierten, nicht-religiösen, eigennützigen Gesellschaft möglich ist, welcher Sinn und welche Autorität ihm zukommen – scheint ihn schlicht fasziniert zu haben.

Das zeigt sich bereits deutlich an der Art und Weise, wie Denshers Reaktion beschrieben wird. Was Densher am Ende von *The Wings of the Dove* empfindet, ist offenbar nicht bloß ein Gefühl tiefer Sympathie für Milly oder die Angst um sein Ansehen oder langfristige Befürchtungen, wie es sein würde, behandelte man ihn unter Anwendung eines solchen Prinzips. Er erkennt nicht bloß, daß „man solche Dinge nicht tut", daß er nicht „weiter gemacht hat", wie „man das tut". Er erkennt, daß Milly einfach als Individuum mit einem eigenen Leben das Recht auf eine Rücksichtnahme *hatte*, die ihr nicht zuteil wurde, und daß ihr deswegen Unrecht geschah. In gleicher Weise sind die „betrogenen Erbinnen" in *Washington Square*, *The Portrait of a Lady*, *The Golden Bowl* und anderen Werken von James paradigmatische Charaktere, nicht bloß aufgrund der melodramatischen, märchenhaften und mythischen Möglichkeiten, die ein solcher Typus eröffnet, sondern weil das Phänomen es ihm erlaubt, stellvertretend für seine Leser die Frage nach der moralischen Reaktion zu stellen, ohne die seine Romane vor allem ästhetisch nicht funktionieren würden, ohne die sie nicht die Loyalitäten und die Abneigungen erzeugen würden, die für unsere Anteilnahme notwendig sind. (Eine solche Frage stellt sich allerdings immer und weil sie so schwer zu beantworten ist, weil die Möglichkeit besteht, daß solche Beurteilungen bruchstückhaft oder sentimental oder am Ende leer sind, darum lassen die moralischen Fragen zum Finale nicht didaktisch oder programmatisch den Theatervorhang des Urteils herab. Man könnte sagen, James kratzt sich hinter der Bühne eher am Kopf als daß er den Zeigefinger erhebt.[2] Wir werden sehen, daß Komplexität und Schwäche eine eigene moralische Dimension haben.)[3] Dasselbe (intensive Aufmerksamkeit und die Frage der Mög-

---

2 Vgl. Weisbuch (1998) über James' „ursprüngliche Strategie", „die Folgen des Bösen" zu wiederholen, „indem er seine Realität problematisiert" (S. 103).

3 Das heißt, neben der Frage der moralischen Doppeldeutigkeit besteht angesichts der Komplexität der Motive und der Grenzen der Charaktere häufig eine besondere Art von Doppeldeutigkeit hinsichtlich dessen, ob eine moralische Kategorie zutrifft oder zutreffen könnte, ob sie den Status von bestimmten Dingen einsichtig macht oder machen könnte. *The American* ist ein frühes Beispiel dafür, wie James beide Fragen stellt, insbesondere die zuletzt genannte. Newman

lichkeit) trifft auch auf viele andere Modifikationen des Problems von Täuschung und Lüge zu (z. B. die Falschheit des Erzählers in *The Aspern Papers*) oder auf die häufig auftauchenden Themen Opfer, Verzicht, Vergebung und das Problem des „Gutseins" bei Charakteren wie Christopher Newman, Fleda Vetch, Isabel, Milly und Strether.

Mit anderen Worten, James ist sich ebenso wie wir heute dessen bewußt, daß moralische Kategorien ideologischer Art sein können, Reflexionen von Anforderungen und Interessen der sozialen Stellung und sozialer Macht, oder daß man sie psychologisch als Reflexion von Bedürfnissen und Wünschen und insbesondere von Ängsten verstehen kann, niemals am großen Werk des interpretierenden Bewußtseins beteiligt, das in so hohem Maß sein Thema ist, aber immer im Hintergrund wirkend und es motivierend. Moralische Kategorien in diesem Sinn sind häufig bloß Waffen. Das aber ist in seinen Romanen sicher nicht immer oder ausschließlich so, und James hat uns auch zur Natur des moralischen Anspruchs selbst etwas zu zeigen, zu den Subjekten, die ihm gerecht werden müssen, zu der sozialen und historischen Welt, in die er hinein gehört, und zu seiner Unentbehrlichkeit, die in einer historisch bisher nicht dagewesenen Übergangszeit ohnegleichen ist.[4]

„gibt seine Rache auf", die er an einer alten, französischen Familie, den Bellegardes, üben könnte, die ihm schmerzliches Unrecht zugefügt hat, die sein Leben und das Leben seiner Geliebten zerstört hat. Und das scheint seinen Grund darin zu haben, daß er über das, was das „richtige Handeln" gewesen wäre, nachgedacht hat. Wie gewöhnlich ist die Situation nicht sehr eindeutig. Obwohl der Roman weithin melodramatische und märchenhafte Züge aufweist (böse Schwiegermutter, geheimnisvoller Mord in der Vergangenheit, mißbrauchte Prinzessin, Tod im Duell, Rückzug in ein Kloster), besteht eine seiner großen Leistungen darin, die subtile Komplexität des Bewußtseins eines sehr wenig reflektierten Mannes, Newman, deutlich zu machen, besonders sein unklares Gefühl für das, was für ihn und im allgemeinen „das Richtige" ist. Er hat so große Probleme zu entscheiden, was er mit seinem erdrückenden Beweismaterial gegen die Bellegardes tun soll, schwankt zwischen inkonsistenten Lösungen so sehr hin und her, weil er so wenig von dem versteht, was mit ihm geschieht, weil er keine angemessenen Begriffe hat, mit deren Hilfe er die alte Welt, in der sich alles abspielt, verstehen kann, und damit verweist er auf das verbindende Element zwischen diesen Fragen (zwischen vernünftiger Einschätzung und moralischer Angemessenheit), das bei James so häufig auftaucht. Und am Ende des Romans, unmittelbar nachdem man uns endlich so weit gebracht hat, seinen „Königsweg" zu bewundern, zu bewundern, daß er das Stück Papier ins Feuer wirft und damit den Beweis zerstört, der die Bellegardes vernichten würde, und sich damit moralisch über sie erhebt, nimmt der Roman eine letzte, für James typische Wendung. Ein Freund erklärt Newman, daß sie sich selbstverständlich darauf, auf seine natürliche Güte, verlassen hätten, daß diese Güte für sie nur bedeutet, daß Newman ein Dummkopf und ein Trottel ist, und das alles heißt, daß er ihnen, indem er sich über sie erhebt, in die Hände gespielt hat, und daß er manipuliert worden ist, oder auch, daß er wieder unter sie herabgesunken ist. Dann wird ein letztes Mal die Frage gestellt, ob seine Geste seine Überlegenheit zeigt oder bloß gegen die Bellegardes gerichtet war, ob sie sein eigener Weg war, sich und ihnen etwas zu beweisen, und damit eine Art Vergeltung, und nicht ein Aufgeben der Feindschaft. Seine große, selbstbewußte Geste und seine angebliche moralische Integrität erhalten einen letzten Stoß. „Newman drehte sich instinktiv um, um zu sehen, ob das kleine Stück Papier tatsächlich verbrannt war; aber es war nichts mehr davon übrig" (*A*, 306). Eine letzte, instinktive Gemütsveränderung und damit ein letzter Zweifel daran, was Newmans Geste bedeuten könnte.

4 Ich will auch nicht behaupten, daß man es in bezug auf die Frage der Moral und der Psychologie bei diesem recht abstrakten Gegensatz belassen kann. Siehe Kapitel VII bei Wollheim (1984), Williams (1993) und Pippin (1997b).

Dieser letzte Punkt, die historische Dimension, ist von besonderer Bedeutung und wurde bis vor kurzem in der James-Kritik eher vernachlässigt.[5] Indem James eine solche „moralische Reaktion" (wie bei Densher) untersucht, indem er versucht herauszufinden, welchen Status sie hat, was sie möglich und wirksam macht, möchte er dem Problem einen Rahmen geben, der die historische und gesellschaftliche Lage reflektiert. Seine eigenen Charakterisierungen lassen es vernünftig erscheinen, dieses „epochale" Problem innerhalb des Fragenkomplexes zu bestimmen, den man gewöhnlich als das Problem der westlichen Modernisierung zusammenfaßt, auch wenn das ein bißchen zu großartig und etwas zu abstrakt ist, um für James typisch zu sein. Das heißt, die Moralität wird von James wie von den meisten Romanschriftstellern vor allem als eine Frage der Sitten behandelt, und das bedeutet, als eine Frage von Praktiken, Institutionen und weithin unausgesprochenen Regeln und Erwartungen, die ihrem Wesen nach sozial und historisch spezifisch sind. Und die Reaktionen und Urteile, an denen er interessiert ist, gehören in eine bestimmte, historisch neue Welt (und allein in diese Welt). Was die aufkommende neue Lebensform eindeutig bezeichnet, leuchtet unmittelbar ein: Während die Individuen immer Aspekte ihrer sozialen Stellung repräsentieren und bekunden, liefern die Wechselbeziehungen und der Sinn solcher sozialen Positionen, Funktionen, Rollen, der tiefe Sinn in Konvention und Tradition etc., den Charakteren in einer zunehmend entfremdeten und auseinanderfallenden sozialen Welt kaum noch eine Basis für Interpretation und Bewertung. Typen und Arten und Klassen und soziale Position und „Blut" und Familie und Rassen und Institutionen und soziale Formen und sogar Appelle an die „menschliche Natur" erfüllen nicht mehr die Funktion, ein gegenseitiges Verstehen möglich zu machen, und ebensowenig ermöglichen sie eine vorschnelle Reduzierung der möglichen Motive auf das Niedere, das Gemeine, das Selbstische oder das „Natürliche". (In James' mythischer Landschaft ist die Bezeichnung für den Zusammenbruch der Verläßlichkeit der traditionellen Form, für Unsicherheit und eine neue Leere ebenso wie für eine radikale Möglichkeit, schlicht und einfach „Amerika".)

In diesem Kontext stellt James seine Charaktere so dar, als sei für sie allein schon der Versuch sehr schwierig, das zu verstehen, was sie unbedingt verstehen müssen, um solche Bewertungen vorzunehmen – das heißt, ihre eigenen und die Intentionen oder Motive anderer, die richtige Beschreibung der Handlung selbst: grob gesprochen den Sinn ihrer eigenen und den anderer Handlungen und Interaktionen. Das ist für sie deswegen so außerordentlich schwierig, weil vieles von dem, was solche Interpretationen möglich gemacht hatte – die Konventionen und die Voraussetzungen im Hintergrund, die Lebensformen im allgemeinen –, einen Gutteil seiner kulturellen Autorität verloren hat, zumindest für die Charaktere, die James untersucht, und nur eine Art Leere oder

5 Zu den Ausnahmen zähle ich die Arbeiten von Posnock (1991), Dawidoff (1992), Furth (1979), Holland (1982), Ozouf (1998), Haviland (1997) und Tanner (1995), auf die ich etwas später eingehen werde.

Leerstelle hinterlassen hat. (Hier entsprechen James' Ansichten denen vieler anderer, für welche die Modernisierung so etwas wie ein Trauma und einen desorientierenden Verlust darstellt und nicht in der Hauptsache eine Befreiung und Entdeckung.) Gerade die notwendige Voraussetzung dafür, daß man ein Individuum etwas abstrakt, ja, theoretisch als „Handelnden" oder „Person" versteht – die Unzuverlässigkeit oder das Fehlen einer gemeinsamen Autorität, die berechenbare soziale Normen festlegt, das Fehlen einer Autorität, die ein gemeinsames Gutes oder die Güter, nach denen jeder sucht, voraussetzt –, auch sie macht diesen Versuch äußerst problematisch. Da gibt es oft nur sehr wenig, worauf man sich verlassen kann, wenige Möglichkeiten, etwas vorherzusagen, zu erwarten, anzunehmen, selbst für ein Minimum an Vertrauen nur eine schmale Basis, geringe Klarheit über das, was eine „Person" ist oder was man von ihr erwarten kann.

Sind die gegenseitigen Erwartungen und Verpflichtungen nicht sehr verläßlich und aufeinander abgestimmt, wird die Frage, ob das Liebesverhältnis eines jungen Mannes in Europa mit einer älteren, verheirateten Frau akzeptabel ist oder nicht, die Frage nach der reinen Beschreibung dessen, was er tut, immer schwerer faßbar. Das gleiche gilt für Kate Croys Plan, der ganz eindeutig der Manipulation und dem Betrug dient, zumal James ziemlich viel Raum opfert, um uns davon zu überzeugen, daß sie wahrscheinlich der komplexeste, sozial kompetenteste und intelligenteste Charakter in dem Roman ist. (Und sie ist repräsentativ: „Sie war einfach die zeitgemäße Londoner Frau, äußerst modern, unweigerlich beschädigt, in ehrbarer Weise freizügig." *WD*, 40/44[6]) Worauf man sich in einem solchen Kontext festlegt, wie man den Sinn eines solchen Abenteuers oder eines solchen Charakters einschätzt und bewertet, das müßte seinen Ort in der Struktur oder dem Netzwerk von Verpflichtungen und Annahmen, die von anderen geteilt werden, finden, müßte eine ausgedehnte Rolle darin spielen, müßte für andere als richtig erkennbar sein, weil dies dann bei weiteren Erwartungen, Berichten und Einschätzungen regelmäßig, beständig eine Rolle übernehmen könnte. Ein solches Verstehen und solche Bewertungen müssen in einem Ganzen von einer bestimmten Art eine Rolle spielen, wenn sie überhaupt möglich sein sollen. Wenn eine solche Gemeinsamkeit nur in geringem Maße vorhanden ist oder wenn das, was da ist, willkürlich, verkümmert, engherzig und allem, womit es zu tun hat, unangemessen ist, wenn die traditionelle Autorität konventioneller Klassifikationen zusammenzubrechen beginnt („er ist

6 James verwendet viel Raum darauf, das Urteil über Kate zu modifizieren, und zwar nicht, um sie zu entschuldigen, sondern damit wir danach fragen, wie man eigentlich beschreiben sollte, was vor sich geht. Da sind die etwas undurchsichtige Anfangsszene mit ihrem Vater und die deprimierenden Szenen mit ihrer Schwester, aber es gibt auch in Millys Handlungen mehrere Hinweise auf eine Art vorsätzlicher Selbsttäuschung, oder, wie James es im Vorwort formuliert, es stellt sich die Frage, was Milly „hätte wissen sollen". (Milly *weiß*, daß Kate nicht erwähnt hat, daß sie den interessanten Engländer kennt, den Milly in New York getroffen hat, aber selbst als Milly mehr erfährt, scheut sie vor jeder Gelegenheit, mehr herauszufinden, zurück oder weicht ihr aus.)

von einem Mitgiftjäger verführt worden", „er stößt sich die Hörner ab", „er vernachlässigt seine Verantwortung zu Hause", „sie ist ein selbstsüchtiger Egoist", „er ist ein Schwächling, der sich selbst betrügt"), dann bleibt zumindest für einsichtsvolle und reflektierte Charaktere alles ungelöst und unbestimmt. Daher rührt die beständige Frage, die in den Geister-, Geheimnis- und Kriminalerzählungen so explizit gemacht wird: Ist alles Einbildung (der zugeordnete Sinn oder die Intention oder die Möglichkeit oder das Vorhandensein) oder ist es real?

Selbstverständlich kann es immer Umstände geben, wo es schwierig wird, die Hingabe an die eigene Arbeit von Habgier oder Egoismus, oder die Sorge um einen Freund von Neugier und Manipulation zu unterscheiden. Aber die Dinge liegen viel schwieriger, wenn die verschiedenen gesellschaftlichen Konventionen und Annahmen und traditionellen Kategorien, die uns beim Durchdenken und Untersuchen solcher Fragen vielleicht hätten helfen können, nicht zur Verfügung stehen; wenn man Fragen wie, was schuldet man den Eltern oder einem Kind, oder was bedeutet es zu heiraten oder was heißt es, einem alten Freund die Treue zu halten, dessen Kind gerettet werden muß, wenn man allen diesen Fragen in einem geschichtlichen Vakuum begegnen muß, so, als ob sie ganz neu seien, nur gestützt auf die eigene Sensibilität, den eigenen Geschmack und ganz besonders auf den Austausch und die Gespräche mit anderen; wenn es keine festgelegte, vereinbarte Berechenbarkeit in solchen Dingen gibt, nur Verwirrung darüber, auf welche Beispiele, paradigmatischen Fälle oder weiteren Implikationen man sich berufen könnte, um solche Fragen zu klären und zu durchdenken. Wenn man in der modernen, von James beschriebenen Welt imstande ist, sich auf eine Interpretation festzulegen, kann das nun aber nicht bedeuten, daß man in einer Sache ein verborgenes Faktum entdeckte, einen „Wahrheitsbeweis" für die gesellschaftliche und psychologische Welt fände, selbst wenn das Faktum so etwas sein könnte wie, „was wir über solche Dinge denken (zu denken pflegten)". (Es gibt ein solches „wir" nicht mehr.) Wie eine gewisse Klärung von Urteilen und Möglichkeiten der Interpretation aussieht, das bestimmt meine Frage im folgenden. Warum ist James angesichts der von ihm dargestellten, historischen Annahmen über die Moderne und angesichts der offenkundigen Unsicherheiten und Leerstellen in dieser Welt kein moralischer Skeptiker? Was, glaubt er, setzt das Handeln von Densher und Croy noch immer ins Unrecht?

II

Dieser Widerstand gegenüber der Skepsis ist, das möchte ich zeigen, eine extrem suggestive Antwort von seiten James'. Seine Antwort wirft sowohl Fragen zur Natur des Problems auf, wie er es sieht, als auch zum Ausmaß seiner Befürchtungen.

Vor allem macht er uns mit einer Reihe scheinbar ernsthafter Zweifel an verschiedenen zentralen Elementen der moralischen Betrachtungsweise bekannt. Viele von ihnen haben mit den Ungewißheiten und der unvermeidlichen Unklarheit der menschlichen Befindlichkeit zu tun, Ungewißheiten, die bedeuten, daß wir selbst beim besten Willen häufig einfach nicht in der Lage sind, einen möglichen Handlungsverlauf zu bewerten oder darüber nachzudenken, bis weit in die Zukunft hinein nicht damit fertig werden können und selbst dann nur rückblickend. Das sind keine Erwägungen, die eine moralische Betrachtungsweise normalerweise sehr stark berücksichtigt; sie fordert statt dessen von den Menschen, strenge Rechenschaft über die Maximen und Motive abzulegen, aufgrund deren sie gehandelt haben, wie beschränkt und begrenzt die Bedingungen für ein Verstehen auch sein mögen. Unter einer moralisch guten Handlung versteht man für gewöhnlich, daß man mit angemessener Überlegung (oder dem Versuch zu überlegen) und mit einem angemessenen Versuch der Rechtfertigung gehandelt hat. (Das trifft besonders auf eine bestimmte Form der Rechtfertigung zu: die Rechtfertigung gegenüber allen jenen, die von den eigenen Taten betroffen sind, oder die Anwendung eines unparteiischen Kriteriums, das den eigenen Fall nicht bevorzugt.) Unter anderem bedeutet das, daß man angemessen berücksichtigt, welche Ergebnisse das eigene Verhalten für andere hat (sei es im Sinn der nackten Konsequenzen oder im Sinn der berechtigen Ansprüche anderer), daß man den Wert und die schädlichen Auswirkungen dieser Ergebnisse beurteilt und eine Verhaltensweise bewertet hat, der man jetzt mit Rücksicht auf diese zukünftigen Auswirkungen und Implikationen und unter gebührender Beachtung der Frage folgt, ob wir diese Ergebnisse gegenüber denjenigen, deren Leben wir verändern, verantworten können. Alles, was sich aufgrund meiner Taten, nicht aufgrund meiner Absichten ereignen könnte, ist von moralischem Tadel ausgenommen.

Wie besonders Bernard Williams gezeigt hat,[7] kann das ein hartes und unmenschliches Bild sein, demgegenüber wir eine gewisse Distanz beanspruchen können. Sieht man überdies wie Williams tiefer in das Problem, dann neigen wir häufig dazu, das Ausmaß von künftigen Ereignissen, die wir vorwegnehmen können, zu übertreiben, wir maßen uns auf der Basis unrealistischer Annahmen darüber, was wir in der Zukunft kontrollieren und wissen können, an, das zu rechtfertigen, was wir in der Gegenwart tun wollen, und ganz besonders lassen wir unbilligerweise außer Betracht, in welcher Weise zufällige,

7 Williams (1981a).

künftige Ereignisse unser Gefühl für das, was gerechtfertigt war oder hätte sein können, beeinflussen oder wirksam bestimmen können.

Solcherlei Befürchtungen hinsichtlich der Zufälligkeiten bei der Bestimmung dessen, was man rechtfertigen kann oder nicht – und damit folglich auch hinsichtlich der Rolle des „moralischen Glücks" –, werden bei James häufig geweckt, und sie sind eindeutig Teil seiner eigenen Befürchtungen hinsichtlich der Rigidität und Schärfe, mit der von einem moralischen Standpunkt aus Urteile gefällt werden. Kate und Merton überdenken und rechtfertigen ihre Handlungen und Pläne einseitig aufgrund der Annahme, daß Milly sterben wird, bevor irgend etwas von Kates Plan nach außen dringt. Und James will – insbesondere mit Hilfe der verständnisvollen Darstellung von Kates Dilemma – eindeutig erreichen, daß wir darüber nachdenken, wie sich alles ausgenommen hätte, wenn Milly gestorben *wäre*, bevor sie etwas von dem Plan erfahren hätte, vielleicht sogar vollkommen glücklich und in Frieden mit Merton gestorben wäre. (Sicher, die Tatsache, daß der Plan geheimgehalten werden muß, zeigt uns, daß beider Empfindlichkeit gegenüber einem solchen moralischen Glück und ihr Versuch, dieser Tatsache auszuweichen oder sie zu leugnen, nicht das einzige ist, was daran nicht stimmt.) Dieselbe Befürchtung taucht in Isabels retrospektiver Analyse dessen auf, was sie über Osmond hätte wissen können oder sollen (vieles davon konnte sie erst nach der Heirat wissen), oder in der unbeantwortet bleibenden Frage, die Chad in *The Ambassadors* betrifft. (Wir wissen eine Weile eben nicht, welchen Wert sein Liebesverhältnis hat, und so zu tun, als ob da nichts zu fragen wäre, als ob wir mit moralischer Sicherheit wüßten, daß er nach Hause zurückkehren und seinen Verpflichtungen nachkommen sollte, macht deutlich, was es heißt, wenn man der Moral Rigorismus vorwirft.)

Diese Fragen und die Zweifel, die hinsichtlich der angeblichen „Voraussetzungslosigkeit" einer moralischen Bewertung geweckt werden, sind uns aus vielen Romanen vertraut. (Williams führt ein schönes Beispiel an: Anna Karenina und die Frage, wie sehr ihre Rechtfertigung durch spätere Ereignisse berührt wird, die sie, als sie die Entscheidung fällen mußte, nicht vorausahnen konnte.) Aber in mancher Hinsicht reichen James' Befürchtungen noch tiefer. Er schätzt nicht nur richtig ein, in welch hohem Maß Beurteilung und Bewertung post faktum erfolgen müssen (angesichts der großen, unkontrollierbaren Kontingenz zukünftiger Ereignisse kann das unser Zutrauen in das mindern, worauf wir die Menschen festlegen und für was wir sie kritisieren können, wenn sie ex ante entscheiden). Aber offenbar herrscht auch schon beträchtliche Skepsis hinsichtlich der Begriffe für die Analyse selbst, ob diese Begriffe einen bestimmten Sinn haben oder ob wir sicher sein können, daß Begriffe, mit denen man etwas bewertet, uns allen ebenso gemeinsam sind wie ein gewisses Gefühl für das, was sie von uns verlangen. Es ist eines, wenn man abwarten muß, um zu sehen, was mit Chad geschieht, bevor man wissen kann, ob das, was seine Familie seinetwegen durchmachen mußte, die Sache wert war (und wenn man im voraus, im Zustand der Ungewißheit, dazu eine Entscheidung treffen muß); es ist etwas anderes, wenn man eine gewisse Unbestimmtheit und Unzuverlässigkeit in der

Frage vermutet, was es überhaupt heißen könnte, daß es ihm besser geht, und ob das auch für uns heißen könnte, daß es ihm besser geht. Wenn wir danach fragen, wenn wir durch mangelnde Übereinstimmung mit anderen und Mißverständnisse veranlaßt werden, nach dem Inhalt des Urteils zu fragen, das Strether sich zu bilden versucht – geht es Chad besser –, oder wenn wir danach fragen, „was“ Maggie zu retten versucht, wenn sie versucht, „ihre Ehe zu retten“, oder welcher Schmerz Milly zugefügt worden wäre, wenn sie nichts gewußt hätte, fragen wir u. a. nach dem „Zirkulieren“ oder der „Gemeinsamkeit“ normativer Begriffe, ob in einem Gemeinwesen, dessen Mitglieder an die Autorität solcher Begriffe gebunden sind, die sie aber manchmal unter veränderten Umständen interpretieren und anwenden müssen, solche Einschätzungen als Gründe oder Rechtfertigungen genannt und akzeptiert werden können.

Das alles wäre zweifellos möglich, wenn wir alle, mit einem unterschiedlichen Maß an Einsicht und Abweichung, dieselben objektiven, teilweise moralischen Eigenschaften und Zustände des Seins im Universum „sähen“ oder irgendwelche Kenntnisse darüber erlangen könnten, und daher solche Einschätzungen in derselben Weise teilen könnten, wie wir Wissen teilen (oder aufgrund von Abweichungen und Unwissenheit, nach dem Modell der „verpaßten“ Gelegenheiten, nicht teilen). Aber James scheint von der Wirklichkeit dieser moralischen Begriffe eher idealistische Vorstellungen zu haben (mehr dazu gleich), scheint eher geneigt zu sein, sie (in bezug auf Sinn und Autorität) irgendwie von den Gemeinwesen abhängig zu machen, die solche Bindungen begründen und sie erhalten und schließlich diese Bindungen allmählich verändern, verschieben, aufgeben und revidieren, häufig nicht kollektiv oder alle auf einmal, sondern in verworrenen Perioden des Übergangs und neuer Absprachen.

Ich bin davon überzeugt, daß James glaubte, wir befänden uns in einer der verworrensten und komplexesten Phasen eines solchen Übergangs; wie bereits angedeutet glaubte er aber nicht, daß das hieße, wir wüßten einfach nicht, was wir tun, wir hätten jede gemeinsame Einschätzung verloren und sollten, wenn es um die Moral geht, die Position von Skeptikern beziehen. Wir wären Skeptiker, wenn wir die Auffassung verträten, daß alle derartigen moralischen Einschätzungen von mehreren feststehenden Hypothesen und Prinzipien abhängen. Williams meldet häufig Zweifel zur „Moralität“ an, wenn Moralität in dieser Weise verstanden wird – als ein vergeblicher Versuch, sich über das Glück zu erheben und es zu beherrschen, mich selbst in eine Position zu versetzen, in der ich später nicht getadelt werden kann, weil ich alles eingesetzt habe, was mir zur Verfügung stand, meine Bedachtsamkeit und meine eigenen Intentionen, und daher zu handeln versuchte, ohne meinen eigenen Standpunkt zu bevorzugen, unparteiisch, von gleichem Gewicht wie jeder andere vernünftig Handelnde, als einer von vielen. Dies könnte, so argumentiert Williams häufig, das Problem des moralischen Glücks und der Unbestimmtheit lösen, indem jede Überlegung einem Modell eingepaßt wird, das fast wie dazu gemacht erscheint, gerade solche Ängste zu lösen, aber es bleibt auch die Verwunderung, was diese Haltung mit mir oder meinem Handeln zu tun haben könnte, oder warum mich ein solches Modell etwas angehen oder ich mich daran binden sollte oder wie die Beziehung zwischen moralischer und nicht-moralischer Überlegung verstanden werden sollte (oder je könnte).[8]

Aber andere in die eigenen Überlegungen einbeziehen, ihnen geben, was ihnen zusteht, muß nicht heißen, daß man irgendwie geheimnisvoll einen unparteiischen und daher entfremdeten Standpunkt bezieht. In den Fällen, die James untersucht, und darauf werden wir im Folgenden unsere Aufmerksamkeit richten, müssen die Befürchtungen hinsichtlich der Kontingenz und der Unbestimmtheit (die James als historische Phänomene behandelt, welche immer mehr zu einem Teil der modernen, sozialen Welt werden) keinen Versuch zu methodologischer Klärung, keine Reaktion auslösen, die auf Unparteilichkeit und eine Bewertung achtet, die ihre Aufmerksamkeit strikt auf die Gründe des Handelnden zum Zeitpunkt des Handelns richtet. Die Natur der Ansprüche von anderen an mich wäre dann nicht an Erfordernisse der Rechtfertigung und der Vernunft geknüpft, an ein Erfordernis der Unparteilichkeit und der Verallgemeinerungsfähigkeit, die wesentliche Bedingungen der Vernünftigkeit sind. Wie ich bereits früher angedeutet habe, könnte diese in bezug auf Unbestimmtheit und Kontingenz veränderte Situation einen veränderten sozialen Status offenbar machen, einen Status, in dem jene Ansprüche anders erfahren werden, etwas Neues bedeuten, für mich unmittelbarer notwendig sind, um mein eigenes Leben zu leben, ihm Sinn zu verleihen, um zu werten und zu urteilen.[9] Die Schlüsselfrage der Moralität ist vielleicht nicht die der rationalen Rechtfertigung, mit der ich anderen gegenübertrete, sondern die angemessene Anerkennung und das Durchspielen der Abhängigkeit von anderen, ohne die der Rechtfertigungsprozeß (jede Berufung auf gemeinsame normative Kriterien überhaupt) nicht beginnen könnte.

Das heißt, die Unsicherheit und der Zweifel und die tiefe Doppeldeutigkeit, die unlösbare Sinnfrage, die zwar zusammengenommen einerseits einen großen Verlust, eine Erfahrung der „Leere" darstellen, wie James das häufig bei seiner Beschreibung Amerikas formuliert, machen auf der anderen Seite eine Form von Abhängigkeit möglich, ja, erforderlich; eine Abhängigkeit auch auf der Ebene eines möglichen Bewußtseins von sich selbst und eine Art „gelebte" Anerkennung dieser Abhängigkeit, die jetzt die neue moralische Erfahrung ausmacht, an der James interessiert ist: die Forderungen und berechtigten Ansprüche jedes einzelnen an die anderen. (Wir werden in Kapitel 2 sehen, daß diese beiden Haltungen unmittelbar verbunden sind.)

---

8 Williams (1981b).

9 Das an dieser Stelle und auch später häufig verwendete Bild, daß man ein Leben „führt", wirft mehr Fragen auf, als in diesem Zusammenhang angesprochen werden können, und zwar einerseits besonders über die Beziehung zwischen bestimmten Ereignissen in einem Leben und ihren Zusammenhang untereinander und andererseits über die Beziehung zwischen „mir" und allen diesen Ereignissen. Diese Frage zieht viele weitere nach sich. Siehe u. a. Wollheim (1984) und Eldridge (1997).

III

Nun sind alle diese Fragen des Bewertens und Beurteilens mit zahlreichen anderen Fragen bei James und auch untereinander verbunden, und es besteht selbstverständlich eine gewisse Gefahr, daß die Isolierung bestimmter Sachverhalte (wie der „Moralität“) zu einer Vereinfachung und Verzerrung führt. Aber man muß das Risiko einer solchen Vereinfachung eingehen, um gleich am Anfang Klarheit über die Natur der hier angeschnittenen Probleme zu gewinnen. So vieles (so vieles von dem, was ich behaupten möchte) hängt von der Natur des großen, sozialen Wandels ab, auf den sich James' Interesse richtet, und davon, wie sich dieser Wandel auf das Sinnproblem und damit auf die moralische Bewertung auswirkt, so daß zumindest am Anfang eine etwas genauere Orientierung notwendig und ebenso ein Überblick über die philosophischen Kontroversen erforderlich ist. Man kann das folgendermaßen darstellen.

Wie bereits angedeutet, möchte ich zeigen, daß James der Auffassung war, in den westlichen, den europäischen und amerikanischen Gesellschaften habe seit einiger Zeit ein tiefgreifender, historischer Wandel stattgefunden, der eine Veränderung der fundamentalen Sitten und Empfindungen einschloß; dies sei besonders an den privilegierten (reflektierten, sich ihrer selbst ausgesprochen bewußten, von der Notwendigkeit zu arbeiten befreiten) Klassen erkennbar, wenn auch nicht auf sie beschränkt, und heute, wo sich alles – fast in einer Art historischer Krise – zuspitze, mache dies unsere wechselseitigen moralischen Einschätzungen, die Art und Weise, wie wir uns gegenseitig für das verantwortlich machen, was wir tun, ungemein kompliziert. Die moderne soziale Existenz war auf den ersten, groben Anschein hin bloß komplexer geworden (so komplex, daß James viele Leser völlig erstaunt und ziemlich irritiert zurückläßt, wenn er dem, was er als das Großartige dieser neuen Kompliziertheit ansieht, gerecht zu werden versucht, indem er eine ganz neue Art von Sprache dafür erfindet). Wie wir sehen werden, hat diese Komplexität damit zu tun, daß das, worauf wir uns für gewöhnlich beim Interpretieren und gegenseitigen Einschätzen verlassen konnten, zunehmend weniger vorhanden ist, sie hat zu tun mit der neuen Rolle des Geldes und der sozialen Mobilität, die es ermöglichte, den psychologischen Vermutungen, die es hervorbrachte, mit den neuen, viel umfassenderen und tieferen Formen sozialer Abhängigkeiten, und mit ganz neuen Wegen, die fließenden, relativ wenig festgelegten, ganz unterschiedlich interpretierbaren, psychologischen Dimensionen des Lebens zu verstehen.

Die veränderte Situation kann demnach mit Blick auf die Frage moralischer Ansprüche entweder auf moderate oder aber auf eine radikalere Art und Weise verstanden werden. Die moderate Betrachtungsweise führt bald zu einem großen Problem für das menschliche Urteilsvermögen, für unsere Fähigkeit, moralische Kriterien zu interpretieren und anzuwenden. Man könnte annehmen, daß es objektive moralische Eigenschaften gibt und immer gegeben hat, Zustände des Seins, Formen des Vergnügens, ästhetische Formen, menschliche Fähigkeiten (wie die Intelligenz oder vielleicht die Fähigkeit, sich selber auf eine möglichst wenig verfälschte oder vom Willen anderer abhängigen Weise Ziele zu setzen), die einfach objektiv gut sind und die wir immer erreichen sollten. Aber unsere wachsende Einsicht in die komplexen, wechselseitigen Abhängigkeiten, die tiefere Einsicht in die Komplexität psychologischer Motive, und die Unsicherheiten und die Launenhaftigkeit der Interpretation und die Unbeständigkeit des modernen sozialen Lebens, all das macht es viel schwieriger als in sozial stabileren, hierarchisch strukturierten Zeiten zu wissen, was in dieser neuen Welt als Beispiel für solche Eigenschaften und Zustände gilt. Das ist besonders dann der Fall, wenn man glaubt, es genüge nicht, solche Eigenschaften und Zustände zu erkennen, sondern die Welt als Ganzes sei viel besser, wenn diese in der richtigen Absicht herbeigeführt werden, wenn die Menschen danach streben, sie zu erkennen, weil diese Eigenschaften oder Handlungen an sich selbst gut sind und daher gewisse Ansprüche an uns stellen. Das macht alles noch schwieriger, denn es bedarf vielleicht noch größerer Anstrengung, unserer Beschreibung und Einschätzung individueller psychologischer Motive zu vertrauen (und unseren eigenen Motiven beim Vorlegen verschiedener Interpretationsmöglichkeiten), als wenn wir die richtige Interpretation und Beschreibung eines Elements des modernen sozialen Lebens, eine mutmaßliche Tatsache, vortragen.

Das ist insgesamt eine eher „moderate" Befürchtung, weil sie die Natur des moralischen Werts noch für unveränderlich hält und bemerkt, daß unser Intellektualismus und die wachsende Fähigkeit, unser Urteil und unsere Interpretation anzuzweifeln, und die wachsende Komplexität dessen, worüber wir urteilen müssen, vor allem ein Anwendungs- und Interpretationsproblem aufwerfen. Die Dinge mögen heute komplizierter und anfälliger sein; wir müssen vielleicht vorsichtiger und sensibler gegenüber Irrtum und Selbsttäuschung sein, aber die grundlegende menschliche Befindlichkeit bleibt im wesentlichen dieselbe. Vielleicht könnten unsere wachsende Zögerlichkeit, unser Argwohn gegenüber vorschnellen Urteilen, unser Widerstand gegen den Dogmatismus und einen kruden Moralismus sogar als ein gewisser moralischer Fortschritt angesehen werden. Das Wissen um eine große Bandbreite solcher Interpretations- und Begründungsmöglichkeiten oder um die Schwierigkeit, viktorianische oder vereinfachende Kategorien anzuwenden, bedeutet, daß wir einfach etwas anderes Gutes herbeigeführt oder besser, etwas erreicht haben, was schon immer gut war (vernünftiges Urteilen) und damit einen Fortschritt gemacht haben.

Man könnte dasselbe auch dann glauben, wenn man kein moralischer Realist und Kognitivist eben dieser Art wäre, sondern eine Art Konstruktivist – das heißt, wenn man glaubte, daß jeder Wert von den Menschen nicht in der Welt gefunden oder erkannt, sondern „gesetzlich erlassen" oder erzeugt wird, aber in einer Art und Weise, die immer und überall der grundlegenden Bedingung für jede Wertsetzung entsprechen muß. Die meisten Philosophen, die etwas derartiges glauben, sind der Überzeugung, daß diese Bedingung die Vernunft ist und daß diese Einschränkung, das Rechtfertigungsgebot, zu objektiven Prinzipien führt, die bei solchen Wertbestimmungen immer und ohne Ausnahme angewendet werden müssen. Wenn es schwieriger geworden ist, die moralisch hervorstechenden Merkmale einer Situation zu erkennen, dieses Prinzip konsistent und kohärent anzuwenden, so wird doch die grundlegende Frage, was gut oder richtig ist zu tun, davon noch nicht wirklich betroffen.

Die Dinge sehen ganz anders aus – und philosophisch sofort viel problematischer –, wenn man bedenkt, daß die menschliche Geschichte Menschen und Institutionen so radikal umformen kann, daß man sagen könnte, sogar die moralische Wirklichkeit selbst verändere sich, ja, auch die Natur der Ansprüche, die Menschen schaffen und an die sie sich halten können, verändere sich. (Dies wäre der Fall, wenn man sagen könnte, jetzt verlange ein neues „Gutes" unsere Aufmerksamkeit oder neue Bedingungen für eine Bewertung seien aufgetreten.) Viele Philosophen hegen sofort den Verdacht, daß eine solche Position nicht von einer Anfechtung der „moralischen Realität" überhaupt zu unterscheiden ist, oder sie hegen den Verdacht, daß ein solcher Schritt in einem soziologischen, naturalistischen oder psychologischen Sinn reduktionistisch ist (eine Reduktion von dem, was gut oder richtig ist, auf das, was die Leute als gut oder richtig empfinden oder zu empfinden geneigt sind oder zu einer bestimmten Zeit in einer bestimmten Gesellschaft im allgemeinen für gut oder richtig halten). Wenn dem so ist, dann, so lautet das Argument, gibt es keine Möglichkeit, den Anspruch des Guten oder Richtigen an uns zu rechtfertigen, zwischen *„wir glauben, daß dies oder jenes getan werden sollte"* und *„dies oder das sollte getan werden"* zu unterscheiden. Moralität, lautet die Vermutung, ist nicht Sache eines Berichts über das, was unser Stamm glaubt; und wenn unser Stamm irgend etwas derartiges glaubt, muß das so sein, weil er behauptet, etwas über das Gute zu wissen oder das Gesetz anzuerkennen. (Das Heilige wird von den Göttern geliebt, weil es heilig ist, lautet das alte Argument in Platons *Euthyphron*; es ist nicht heilig, weil es von den Göttern geliebt wird.) Wenn davon unsere moralische Erfahrung abhängig ist, dann sollten wir, dem Gedankengang folgend, an dieser realistischen oder objektiven Einsicht festhalten und uns nur darüber Gedanken machen, wie wir uns durch die neuen Entstellungen und Komplexitäten hindurch finden. Außerdem scheint manchen Philosophen dann ein gewisser Relativismus unvermeidlich zu sein, wenn sich die moralische Dimension des menschlichen Lebens selbst so radikal verändern kann. Und auch dies kann Befürchtungen auslösen, daß es von dem Eingeständnis, die moralischen Dimensionen veränderten sich, zu der Behauptung, in Wirklichkeit gebe es keine solchen moralischen Dimensionen, nur ein kleiner Schritt ist. Das klingt, als sagte jemand, für ein Gemeinwesen sei die Sklaverei oder die Beschlagnahmung des Landes der eingeborenen Bevölkerung zu einer bestimmten Zeit „richtig" gewesen und später „falsch", und das wiederum sieht so aus, als sagte jemand, in Wirklichkeit gäbe es richtig und falsch nicht; „in Wirklichkeit" gäbe es nur das, was man, unter bestimmten Bedingungen, zu einer bestimmten Zeit, dafür hält.[10]

Ich möchte zeigen, daß James in beiden Lagern, dem moderaten und dem radikaleren, ein angesehenes Mitglied ist, aber trotzdem, und auch das ist wieder überraschend, kein moralischer Skeptiker oder Nihilist. Er weist auf bestimmte idealistische Ansprüche an die soziale und psychologische Wirklichkeit hin (und macht eine solche Wirklichkeit davon abhängig, wie sie zu einer bestimmten Zeit in einem Gemeinwesen erfahren und beschrieben wird), er zeigt, daß in diesem Erfahren und Beschreiben eine solche Komplexität und Möglichkeit vorhanden sind, daß er große Veränderungs- und vielfache Interpretationsmöglichkeiten und Instabilität zuläßt und damit das Problem des Beurteilens und Interpretierens radikalisiert. Aber, wie wir sehen werden, dehnt er seinen Idealismus – seine Auffassung zu dem, was von uns abhängt, um das zu sein, was es ist, und sein Gefühl dafür, wieviel „wir" verändern können – auch auf die Natur der moralischen Autorität selbst aus. Nachstehend folgt eine relativ typische, sehr bekannte Formulierung seiner allgemeinen Auffassung:

> „Erfahrung ist niemals beschränkt und sie ist niemals vollständig; sie ist eine ungeheure Empfindsamkeit, eine Art riesiges Spinnennetz aus feinsten Silberfäden,

10 Es hat wahrscheinlich wenig Zweck zu versuchen, James hübsch ordentlich in eine dieser Kategorien einzupassen; es scheint so, als könne man seine Ansichten auf alle möglichen Weisen charakterisieren, und seine Art, die Dinge darzustellen, stellt konventionelle Kategorien häufig in Frage. (Vgl. die berechtigten Warnungen bei Diamond (1995b).) Als Beispiel für eine klare Darlegung und Verteidigung der realistisch/kognitiven Option siehe McGinn (1997) und Larmore (1996). Insgesamt könnte man zumindest sagen, daß solche realistischen Begriffe James' Ansichten kaum einfangen können. Seine philosophischen Prinzipien sind ganz idealistisch (offenkundig ist er sehr an dem subjektiven „Zugriff" interessiert, wie sich der Anspruch auf das Gute subjektiv darstellt, so als ob dort Anspruch und Grund des Handelns lägen) und ganz besonders scheint ihn der historische Wandel zu beeindrucken. Eine Schwäche der realistischen Position liegt darin, wie sie den großen Veränderungen im moralischen Empfindungsvermögen Rechnung trägt. Entweder muß man sagen, daß es solche Veränderungen in Wirklichkeit nicht gibt, zum Beispiel weg von der Akzeptanz der Sklaverei oder hin zur politischen und gesellschaftlichen Gleichheit der Frauen. Es sieht nur so aus, als gäbe es sie. Oder man sagt, daß es in dem, was wirklich als das Gute gilt, keine großen Veränderungen gibt, nur eine größere Entschlossenheit, oder, in schlechten Zeiten, eine größere Schwäche, es zu verwirklichen. Oder man sagt, daß es im moralischen Wissen wirkliche Entdeckungen und einen Fortschritt gibt (die Vorstellung, daß die Sklaverei unakzeptabel ist, war bereits in der Welt vorhanden und wartete nur darauf, entdeckt zu werden), keine besonders attraktive Behauptung im späten zwanzigsten Jahrhundert. McGinn probiert bei seiner Verteidigung des Realismus fast alle diese Möglichkeiten durch. Und dann besteht das Problem, warum das Wissen, daß ein bestimmter Status als der objektiv bessere gilt, damit für mich zugleich ein Grund sein soll, tätig zu werden, um ihn zu verwirklichen. Realisten müssen sagen, daß dies nur „Teil der Bedeutung des ‚Guten' ist" und daß sich diese Frage gar nicht stellen kann. McGinn versucht das ebenfalls. Und dann bestehen neben dem Problem erheblicher Meinungsverschiedenheiten in ethischer Hinsicht und kultureller Unterschiede (von der Art wie sie beispielsweise Herodot faszinierten) noch viele andere Probleme. Die realistischen Antworten auf solche Zweifel erscheinen mir nicht sehr überzeugend. James jedenfalls scheint sich (wiederum nur ungefähr und mit vielen möglichen Einschränkungen) rasch anderen, historisch eher konstruktivistischen (aber nie skeptischen) Richtungen zugewandt zu haben.

> die in der Kammer des Bewußtseins hängen und jedes schwebende Teilchen in ihrem Gewebe einfangen. Das genau ist die Atmosphäre des Geistes; und wenn der Geist einfallsreich ist – viel mehr noch, wenn er zufällig der Geist eines Mannes von Geist ist – nimmt es die schwächsten Hinweise des Lebens auf, *verwandelt es den bloßen Puls der Luft in Offenbarungen.*“[11]

Oder in dem berühmten Brief an H. G. Wells: „Es ist die Kunst, die das Leben *macht*, das Interesse *macht,* die Bedeutung *macht*, für unsere Überlegungen und die Anwendung dieser Dinge, und ich kenne keinerlei Ersatz für die Kraft und die Schönheit dieses Vorgangs.“[12]

Da wir uns verändert haben, hat sich folglich auch alles andere verändert, eingeschlossen das, was wir einander schulden, und was gut wäre, wenn wir es jetzt zustande brächten, und warum es das wäre. Das Problem ist nicht, daß wir uns im unklaren über das wären, wovon wir dunkel erkennen, daß es getan werden muß, oder daß wir einfach zu schwach wären, das zustande zu bringen, was (wie wir sehen) getan werden muß. Es gibt eine viel fundamentalere Ungewißheit, eine berechtigte Ungewißheit hinsichtlich dessen, was an sich getan werden muß; diese Ungewißheit hat einen klar erkennbaren, historischen Grund und bedroht die bloße Möglichkeit moralischen Sinns – bedroht ihn, aber, so möchte ich durchweg annehmen, zerstört ihn nicht und untergräbt ihn am Ende auch nicht. Denshers Dilemma betrifft nicht nur die große Schwierigkeit zu entscheiden, wer er ist, was es ist, was er wirklich wollte und will, betrifft nicht nur Urteil und Interpretation, sondern auch, wie er überhaupt eine moralische Orientierung in der Welt, in der er lebt, finden kann oder noch besser, wie man sie schaffen, ihr folgen und sie aufrecht erhalten kann. (Die „Herausforderung“ von Kate Croy, ihre herausfordernde, bemerkenswerte Intelligenz und ihre Klarsicht und ihre Verzweiflung, sind deswegen so zwingend dargestellt, um gerade diese Frage zu stellen, an uns so gut wie an Densher.) Er mag erfolglos bleiben, aber es wäre falsch zu behaupten, daß sein Versagen einfach ein allgemeines Versagen bezeugt.

Das ist meine These, und im nächsten Kapitel beginne ich mit einer Darstellung der Analyse der Moderne, worauf sich dies alles (insbesondere James’ moralische Sensibilität) meiner Meinung nach stützt. Danach wende ich mich einigen der größten Romane und Erzählungen zu, um die Einzelheiten dieser Analyse der Moralität herauszuarbeiten. Die Struktur des Arguments beschreibe ich im nächsten Abschnitt und schließe dann diese Einführung mit einer kurzen Bewertung ab.

---

11 *AF*, 56, meine Hervorhebung.
12 Edel und Ray (1958), S. 267. Meine Hervorhebung.

IV

Der Aufbau meiner Arbeit ist ziemlich geradlinig. Es folgen fünf weitere Kapitel zu James' Werken und danach eine abschließende Diskussion. Das Ziel der ersten beiden Kapitel besteht darin, die grundlegenden Voraussetzungen zu schaffen, von denen ausgehend dann der Beweis geführt werden kann, welchen Beitrag James zu unserem Verständnis der modernen Moral liefert; im dritten geht es um Formen des Widerstands gegenüber der neuen Situation und die Absage an sie, und das vierte und fünfte versuchen, skeptische Fragen zu beantworten, die sich aus diesem Szenario naturgemäß ergeben.

Kapitel 2 befaßt sich vor allem mit *The Awkward Age* und *The American Scene*, und die Erörterung soll die historischen Dimensionen des Internationalen Themas aufzeigen und insbesondere die Beziehung zwischen den neu entstehenden, modernen Formen der Soziabilität und dem Problem eines allen gemeinsamen, psychologischen, normativen und moralischen Verstehens. Wir müssen wissen, was sich nach James' Meinung geändert hat, warum er diese Veränderung für so wichtig hält und warum er glaubt, daß dieser Wandel zu Ungewißheit, Komplexität und Mißverständnissen beigetragen hat. Das wird Fragen zu den sozialen Bedingungen des Verstehens aufwerfen, die sich ebenfalls im Kern der von James herbeigeführten Revolution im Kunstroman befinden. Das heißt, viele der Standardvoraussetzungen, die realistische und romantische Schriftsteller machen – besonders zu dem Kampf zwischen einem Individuum oder einem Paar oder einer Gruppe und den Forderungen einer unerbittlichen, sozialen Notwendigkeit, oder zu der Art und Weise, in der die Gesellschaft nun eine Funktion wie das Schicksal erfüllen, Individuen zerbrechen oder fügsam oder rebellisch machen kann, besonders materialistische, kommerzielle Gesellschaften, die durch ein materielles Interesse und nicht durch Tradition oder Religion oder eine gemeinsame Geschichte verbunden sind –, sie alle verlieren als Rahmen oder Form für James' Erzählungen immer mehr an Bedeutung.

In einigen wenigen Fällen (*The Bostonians, The Tragic Muse, The Princess Casamassima*) gibt es solche Kämpfe nicht. Es wird viel gekämpft, aber nicht mit „der Gesellschaft“ oder dem Schicksal oder mit einer klar identifizierbaren, objektiven Gewalt, sondern zwischen Individuen oder einzelnen Familien oder Mitgliedern einer Familie, und häufig geht es um den Sinn, meistens um den Sinn und die Implikationen einer Ehe. Das heißt nicht, daß James sich mit der totalen, unüberwindbaren Macht des Geldes in der modernen Welt abgefunden und sein Interesse auf private Versuche verlagert hat, die große, kapitalistische Maschine irgendwie von außen (normalerweise durch Zufall) wahrzunehmen und zu verstehen. Er hat in der Tat eine viel kompliziertere Auffassung von der tiefen, wechselseitigen „Durchdringung“ der sozialen Formen und des individuellen, inneren Lebens, als man angenommen hat. Er hat ein Gefühl dafür, daß das gesellschaftlich Neue der modernen bürgerlichen Gesellschaft und der Weg, wie Individuen dazu kommen, festzulegen und festzuhalten, in welcher Weise sie ihre eigenen und die Taten anderer zu verstehen haben, nicht zu trennen sind. Merkwürdigerweise sind es jedoch nicht so sehr die Notwendigkeiten, die Regelmäßigkeiten, der tödliche Konformismus einer solchen Gesellschaft, die James als formgebend und kraftvoll behandelt (obwohl er auch daran interessiert ist), sondern das, was diese neue, soziale Gewalt zerstört hat und wie wenig sie von dem, dessen wir bedürfen, an seinem Platz gelassen hat. Das verleiht dem Verstehen und Beurteilen der Individuen untereinander eine neue Orientierung, den Individuen, welche die kapitalistische Welt jetzt eigentlich füreinander zu Fremden gemacht hat, die voller Argwohn gegeneinander sind, die aber trotzdem einen Weg finden müssen, sich irgendwie aufeinander zu verlassen, ein „modernes", moralisches Leben finden müssen.

Wie sie sich ihrem Ziel nähern könnten, ist das Thema von Kapitel 3, das sich auf James' Meisterwerk *The Golden Bowl* konzentriert. Hier betrifft die Frage unmittelbar die Auswirkungen der modernen Soziabilität auf ein mögliches Verstehen. Ich versuche zu zeigen, wie diese Ergebnisse zu einem ganz anderen Verständnis und einer ganz anderen Darstellung des Bewußtseins beitragen, oder zu einem anderen Gefühl für das, was jedes Wissen um die eigenen Befindlichkeiten und das Urteil über andere einschließen muß. Angesichts dessen, was verloren gegangen ist, erweist sich in dieser Gesellschaft das, was wie „ein Wissen" aussieht, als viel vorläufiger und zeitlich unbeständiger. Es erscheint häufig wie eine unsichere, zögernde Vorwegnahme dessen, was ein anderer versteht, und gleichzeitig wie etwas, das man kognitiv beschreiben könnte, oft wie der erste Entwurf eines Vorhabens, etwas, das notwendigerweise erst lange nach der Tat klar wird. Besonders in *The Golden Bowl* beginnen wir zu erkennen, warum James denkt, daß aus dieser Situation bestimmte moralische Konsequenzen folgen und welche Art von Unmoral entsteht, wenn man diese Konsequenzen leugnet.

Verleugnung, Widerstand, Selbsttäuschung und Unterdrückung bilden die Themen des vierten Kapitels, in dem ich die Geister- und Kriminal- und „Geheimnis"-Geschichten untersuche. Meine Behauptung ist, daß sie Teil desselben Themas sind – sagen wir, des Versuchs, die moralischen Dimensionen von James' Moderne zu verstehen –, in diesem Fall dargestellt durch die Negation oder die Weigerung, die Ungewißheiten und Ängste, welche diese Situation naturgemäß erzeugt, hinzunehmen. Der paradigmatische Fall hierfür ist John Marcher in *The Beast in the Jungle.* In dieser phantastischen Geschichte finden sich zu meiner Behauptung zwei Hinweise: Der erste ist die gleich am Anfang sorgfältig und sehr bewußt von James gezeichnete, historische Situation (die Bedeutung der Bezeichnung „Weather's end" für den Schauplatz), und der zweite ist das Verbindungsglied zwischen den Themen Verständnis und Ungewißheit und den Problemen der Reziprozität oder moralischen Anerkennung, hier wie auch sonst häufig bei James als „Problem" der Liebe gestaltet, oder in diesem Fall, wie wir Marchers Zurückweisung der Liebe verstehen sollen. Ich dehne die Argumentation, die ich zu Marcher vortrage, dann zunächst auf *The Jolly*

Corner aus, was mir als eine Art Parallelerzählung dazu erscheint, und dann auf *The Aspern Papers* und *The Turn of the Screw.*

Die vorgelegte Interpretation hat es also mit zwei Problemen zu tun. Das erste besteht darin, ob eine reale, vom Menschen erkennbare Form echter, intersubjektiver Akzeptanz und Affirmation in der sozialen Welt, die James beschreibt, jemals möglich ist, sei es als moralische Anerkennung oder in dem, was als eine ähnliche, aber höhere Form von Selbstlosigkeit oder als Einklammerung des egoistischen Selbst dargestellt wird, in der Liebe. Dieses Problem taucht in seinem Werk nicht allzu häufig auf. Gewiß. (Die vielleicht dramatischste Charakterisierung stammt von James' Sekretärin, Theodora Bosanquet, die bemerkte, es komme einem manchmal so vor, als gäbe es in James' Universum nur „Kinder des Lichts" oder „Raubtiere".) Der Begriff, mit dem so viele James-Kommentatoren dieses Problem bezeichnen, ist Verzicht, und es gibt vielleicht kein anderes Beispiel, das die Leser so verstört hat, wie die Entscheidung Isabel Archers am Ende von *A Portrait of a Lady*, zu ihrem Ehemann, Gilbert Osmond, der ein moralischer Schuft ist, zurückzukehren. Es ist nur recht und billig, wenn man annimmt, dieses und viele andere Beispiele zeigten, daß James die Frage einer solchen möglichen Gegenseitigkeit nur deswegen aufwirft, um zu demonstrieren, wie unmöglich sie sowohl moralisch als auch in der Liebe ist. Die moderne, intersubjektive Welt ist einfach zu einem Nullsummenspiel geworden, und die moralische Seite der Dinge kann nur bedeuten, die „Kinder des Lichts" für ihre Unterwerfung unter die „Raubtiere" in Reih und Glied aufzustellen. Ich möchte diesen Eindruck bestreiten und James' Bewunderung für Isabel, die, wie ich glaube, ungebrochen vorhanden ist, verteidigen.

Das andere Problem betrifft die Frage, wie diese Unbestimmtheit in den Absprachen über den Sinn je aufgehoben werden könnte, wenn überhaupt. Jeder postmoderne Anhänger von auf immer verschobenen und abweichenden Meinungen und fließenden Zeichen und wechselnden Geschlechts- und sozialer Identitäten sollte, so scheint es, in dem späten James seinen Helden finden.[13] Das wird besonders in dem sublimen, vornehmen und oft einfach schönen Denken Lambert Strethers sichtbar. Auch in diesem Fall möchte ich James verteidigen, der Strether, wie ich meine, ein wenig wie einen Helden darstellt, bis hin zu dem Schluß, der keineswegs eine klare Lösung für sein Beurteilungsproblem findet (was soll man von Chad halten), und anscheinend auch bis hin zu Strethers eigenem „Verzicht". Das heißt, ich möchte noch einmal verteidigen,

13 Vgl. Bell (1991), S. 4, S. 39 und an vielen anderen Stellen zu der Spannung in James' Dichtung zwischen Skepsis hinsichtlich des Sinns und den Annahmen zu Sinn und Kohärenz, die uns die Dichtung und der Akt des Lesens unvermeidlich aufdrängen. Bell macht in seinem Buch eine Reihe hilfreicher Bemerkungen zur Bedeutung des „Wiederlesens" bei James (und damit zu dem, was ich als retrospektive Rechtfertigung bezeichne), zu den Problemen, die James beim Beenden von Erzählungen hat (besonders im Hinblick auf traditionelle Endsituationen wie Tod und Heirat), zu der Rolle, die nicht verwirklichte Möglichkeiten bei der Bedeutung von Ereignissen für die Hauptpersonen spielen, und zur Beziehung aller dieser Themen zum allgemeinen Sinnproblem.

was James uns meiner Meinung nach sehen lassen will, nämlich die moralische Realität, der sich Strether gegenübersieht und die er akzeptiert, wie sehr sie auch mit einer anscheinend nicht enden wollenden Unbestimmtheit in bezug auf Interpretation und Psychologie befrachtet sein mag. Jedoch sollte die ganze Diskussion mit einer Einschränkung eingeleitet werden.

V

Wenn wir in *The Portrait of a Lady* zum ersten Mal mit Isabel Archer bekannt gemacht werden, befindet sie sich allein im düstersten Raum ihres Hauses. „Schwerer, kalter Regen" fällt draußen „in Strömen" und sie „kämpft sich über die sandigen Ebenen einer Geschichte des deutschen Denkens" (*PL* 34/28). Es würde zu meiner Absicht gut passen (oder uns mit einer möglichen internen Bedeutung philosophischer Kategorien für eine Analyse von James vertraut machen), wenn sie gerade bei den Abschnitten über Kant und Hegel und dem Problem der Freiheit angelangt wäre und einige laut vorläse.[14] Aber das Bild weist auch nachdrücklich auf mögliche Einwände aller Art hin, wenn ein Leser auf die Idee käme zu mutmaßen, daß sie das Buch mit sich nähme und dazu verwendete, die Geschehnisse zu beurteilen und zu verstehen. Diese Art eines Versuchs, die Welt zu verstehen, ist selbstverständlich genau das, was sie jetzt hinter sich lassen wird, zusammen mit der Einsamkeit und Düsternis eines, wie man vermuten kann, leblosen, engen Schemas, das vielleicht zu einem kleinen Zimmer in New York paßt, aber nicht zu einem reichen Palazzo in Rom oder Florenz.

Und ebenso verhält es sich, wie man hört, mit der Anwendung philosophischer Kategorien, besonders moralischer Wertungen, auf die Literatur. Die angebliche Dichte und Komplexität psychologischer Erfahrungen und des Sinns, und die Einzigartigkeit der ästhetischen Erfahrung selbst, die zentrale Stellung von Schönheit und Form, die all diesem entgegengesetzte Gründung der Philosophie auf das Argument und den Beweis, das sind alles bereits prima facie Einwände genau gegen das früher schon angekündigte Thema, so als ob wir den springenden Punkt in dem Gegensatz nicht verstanden hätten, den Mrs. Touchett zwischen diesem ersten, philosophischen Haus für Isabel („das ist sehr bürgerlich") und den „Palästen", die sie ihr zeigen möchte, herausheben will.[15]

14 Auch Olive Chancellor in *The Bostonians* liest deutsche Bücher, und auch sie hat eine „animalisch reine Seele", so als ob James über die Verbindung zwischen deutscher Moraltheorie und den ihr innewohnenden Gefahren: Rigorismus, ja, auch Fanatismus, nachdächte.

15 Ganz zu schweigen von dem berühmten Bild in James' Vorwort: „Kurz gesagt, das Haus der Dichtung hat nicht nur ein Fenster, sondern eine Million Fenster – alle noch möglichen Fenster gar nicht gerechnet; jedes ist in die breite Vorderfront eingelassen oder kann noch eingelassen werden: durch das Bedürfnis nach einer individuellen Sicht und durch den Druck des individu-

Ein solch allgemeiner Vorwurf ist jedoch fast zu abstrakt, um ihn zu behandeln, und ich erwähne ihn hier nur, um zu sagen, daß ich keine Generalantwort darauf habe. Ich glaube, er kann nur in kleinen Schritten beantwortet werden, und man muß sich ihm eher auf Nebenwegen als durch das Hauptportal nähern. Manche Bemerkungen, die vorgetragen werden, sind sehr allgemein: über das, was in der Philosophie nicht „gesagt“, wohl aber in der Literatur „gezeigt“ werden kann; über den Wert der Literatur in schwierigen Fällen; über die Macht der Literatur, die die Festigkeit unserer moralischen Kategorien anficht, indem sie Schwierigkeiten bei ihrer Anwendung aufdeckt und dazu beiträgt, daß wir Abstufungen und Mehrdeutigkeiten erkennen; über die Rolle der Literatur als Beweis für den anti-theoretischen, anti-universalistischen Ansatz der Moralität im allgemeinen (daß sie, die Wahrheit eines „moralischen Partikularismus“ vorausgesetzt, ein geeigneter Führer ist, um etwas zu beurteilen) oder über die moralische Bedeutung der Literatur als ein Mittel, den Gegenstand der Moralität zu verändern, weg von den Prinzipien und Handlungen, hin zum Gefüge und der Qualität und der Güte des Lebens und dergleichen.[16] Aber diese

ellen Willens“ (*PL*, 7/622). (Alles dies im Gegensatz zu Isabels tristem, bürgerlichem, verschlossenem, engem, philosophischem Haus mit wenig Fenstern und der damit kontrastierenden Illusion von Kunst und ästhetischer Freiheit, Osmonds Palazzo, von dem sie verständlicherweise angezogen wird.) Damit hat er seine häufig wiederholte Aussage über die „moralische Aufgabe“ der Literatur formuliert: das „gefühlte Leben“ mitzuteilen (oder einen Weg zu finden, wirkliche Individuen als solche zu würdigen und anzuerkennen). Hier betont er ebenfalls, daß, auch wenn die Welt „Millionen“ von Standpunkten zulassen mag, das, was sich unserer Meinung nach in dem Haus abspielt, von dem Fenster abhängt, durch das wir hinein schauen, und das Erreichen eines solchen persönlichen Standpunkts, nämlich die Individualität, ist genau das – eine Errungenschaft. Die Fenster müssen diesem sehr ungewöhnlichen Satz zufolge aktiv „eingelassen“ werden; tatsächlich ist die ganze, große Vorstellung im Inneren „... nichts ohne die gut postierte Präsenz des Beobachters – mit anderen Worten, ohne das Bewußtsein des Künstlers.“ Er fährt fort: „Sage mir, was der Künstler ist, und ich werde dir sagen, wessen er sich bewußt war. Damit kann ich dir gleichzeitig seine grenzenlose Freiheit und seinen ‚moralischen‘ Bezug zeigen“ (ebd./623). Solche höchst ungewöhnlichen Behauptungen – daß das, was der Künstler „ist“, dem entspricht, dessen er sich „bewußt war“, und daß es einer Art Moral gleichkommt, wenn man eine solche Perspektive erreicht – sind keine vagen Richtlinien, die man einfach übergehen kann, behaupte ich, sondern Teil einer ausgefeilten, sicherlich einer idealistischen Auffassung über die Situation der Moral in der Moderne.

16 Ich will damit selbstverständlich nicht implizieren, daß sich die Reflexion darüber, welche Bedeutung die Literatur für das Nachdenken über die Moral oder die Philosophie hat, auf oberflächliches Spekulieren beschränkt. Ganz im Gegenteil; ich will nur darauf hinweisen, wie schwierig es ist, dieses Problem sehr knapp zu diskutieren. Bewundernswert knappe und kenntnisreiche Erörterungen der involvierten Probleme finden sich in den hilfreichen Aufsätzen von Cora Diamond (1995a) und (1995b). Zur repräsentativen Diskussion siehe *New Literary History* (1983). Um weitere Beispiele für die Reichhaltigkeit und den Wert vieler solcher Diskussionen zu nennen, könnte man ohne weiteres die Arbeiten von Bernstein, Cavell, Eldridge, Williams und vielen anderen zitieren. Es liegt auf der Hand, daß auch das Werk von Wayne Booth (1988) relevant ist, das die allgemeine Bedeutung ethischer Fragen für die Wertschätzung von Literatur behandelt, aber mein Anliegen ist hier nicht gleichbedeutend mit der Frage nach einer „ethischen Kritik“, wie er sie in *The Company We Keep* aufwirft, oder mit der allgemeinen Frage, welche Rolle die Literatur in einer sittlichen Erziehung spielen könnte. Ich bin hier eher daran interessiert, welche Stellung zur Moral in den Romanen und Erzählungen implizit

Bemerkungen können genauso abstrakt und genauso schwer faßbar sein wie der Vorwurf selbst, und der wichtige Punkt liegt an einer anderen Stelle. Dieser Punkt ist einfach: Was immer in James' Romanen sonst vor sich geht, es wird immer etwas mehr als nur die Darstellung von Beispielen und Illustrationen, als nur Material zum Nachdenken angeboten; es findet eine Art Denken und Nachdenken über das moralische Leben statt und aus diesen Reflexionen kann man vieles lernen.[17]

Ich schlage vor, daß wir hier einfach mit der Feststellung beginnen, daß James wichtige menschliche Konflikte in einer bestimmten Weise und nicht in einer anderen, ebenfalls möglichen Weise darstellt, daß dies einschließt, daß er zu einer Reihe von Sachverhalten in gewisser Weise Stellung bezieht oder sein Engagement ausdrückt, daß seine Entscheidungen Ansichten zu historischen und im weiteren Sinne gesellschaftlichen Grundlagen widerspiegeln, die für solche Ansichten wichtig sind, und daß wir gut daran täten, wenn wir uns Gedanken über die implizierten Positionen und die Gründe, die dahinter zu stehen scheinen, machen, so weit die Reflexionen über dieses Engagement und die möglichen Gründe uns eben tragen.

---

vorhanden ist, und obwohl ich diese Position offenkundig wohlwollend darstelle, versuche ich, sie hier nicht zu bewerten.

17 Ich habe David Bromwich für mehrere Hinweise zu diesem Thema zu danken.

2
„Eine Art morbider Moderne?"

Henry James at the Pacific
Coronado Beach, California, March 1905

In a hotel room by the sea, the Master
Sits brooding on the continent he has crossed.
Not that he foresees immediate disaster,
Only a sort of freshness being lost –
Or should he go on calling it Innocence?
The sad-faced monsters of the plains are gone;
Wall Street controls the wilderness. There's an immense
Novel in all this waiting to be done.
But not, not – sadly enough – by him. His talents,
Such as they may be, want an older theme,
One rather more civilized than this, on balance.
For him now always the consoling dream
Is just the mild dear light of Lamb House falling
Beautifully down the pages of his calling.

[*Henry James am Pazifik*
Coronado Beach, Kalifornien, März 1905

In einem Hotelzimmer am Meer sitzt der Meister
Und sinnt nach über den Kontinent, den er durchquert hat.
Er sieht kein unmittelbares Unglück voraus, nein,
Nur den Verlust einer gewissen Frische –
Oder soll er es weiterhin Unschuld nennen?
Die Ungeheuer der Ebenen mit den traurigen Gesichtern sind fort;
Wall Street kontrolliert die Wildnis. Ein gewaltiger
Roman ruht in all dem Warten, der geschrieben werden muß,
Aber nicht – leider nicht – von ihm. Die Talente,
die er hat, wollen ein älteres Thema,
alles in allem ein etwas Kultivierteres als dieses.
Für ihn bleibt als tröstender Traum allein
das milde, teure Licht von Lamb House, das in Schönheit
Auf die Seiten seines Werkes fällt.]

Donald Justice

I

Im folgenden werde ich erörtern, wie James das moralische Leben in seiner einzigartigen, modernen Dimension darstellt. Das kann aus verschiedenen Gründen ein kontroverses, leicht mißzuverstehendes Thema sein. Zum einen hat es für viele Leser den Anschein, als stünde James dem puritanischen oder neuenglischen Moralismus in offener Feindschaft gegenüber, als hege er einen gewissen Argwohn gegenüber der Heuchelei und der Selbstgefälligkeit, die seine moralisch urteilenden Charaktere auszeichnet, und als verspüre er deswegen ein gewisses Unbehagen gegenüber der Kategorie der Moral selbst.[1] Für andere scheint seine enge Bindung an andere Werte wie das „Leben" und die herausragende Bedeutung von Schönheit und Geschmack seine stärksten Interessen einfach „jenseits von Gut und Böse" einzuordnen. Für wieder andere wirkt das Thema selbst einfach langweilig, James' und seiner großen Subtilität nicht würdig – eine weitere erbauliche „Lektion fürs Leben", die Partei für die guten Menschen gegen die schlechten ergreift, ein anachronistischer Ansatz für ein Kunstwerk, das überdies ein modernistisches, experimentelles Werk ist. Und schließlich, auch wenn sich in der Romanform historisch spezifische, gesellschaftliche Vereinbarungen und Sitten zeigen und unvermeidlich verhandelt werden, muß dieses Charakteristikum allein nicht bedeuten, daß ein Romancier sich von hochfliegenden Ansichten über die besonderen Merkmale der modernen Welt leiten läßt. Darum möchte ich zuerst erklären, was ich mit dem genannten Begriff „moderne Moral" generell meine und warum ich glaube, daß er für James' Dichtung relevant ist. Dieses Kapital wird also auch weitere Überlegungen enthalten, wie James die moderne Situation versteht und was das für das Thema der Moral bedeutet.

1 James ist für ein solches Mißtrauen weitgehend selbst verantwortlich, durch seine Kritik an „bewußt moralischen Absichten" beim Schreiben von Prosa, seine Ungeduld gegenüber George Eliots moralischem Ernst, dem Beharren auf seiner Rolle, eigentlich den „Roman der schönen Künste" zu erfinden, der seine zentrale Aufmerksamkeit auf Form und „Architektur" richtet, usw. Tatsächlich bemüht er sich, in „The Author of Beltraffio" die nahezu tödlichen Dimensionen insbesondere des religiösen Moralismus (der Frau und der Schwester des Autors; siehe *AB* 73, 85, 91) hervorzuheben. (Obwohl das Problem, wie immer, dadurch komplizierter wird, daß es verschiedene Blickwinkel gibt. Es sieht so aus, als ob die Frau bereit war, ihren Sohn eher sterben zu lassen als das Risiko einzugehen, ihn noch länger dem „modernen", säkularisierten, ästhetischen Humanismus des Ehemannes auszusetzen, aber wir haben für diese Version im wesentlichen nur das Wort der Schwester, und es sieht so aus, als wolle der amerikanische Besucher ihr aus verschiedenen Gründen glauben. Die wahre Unmoral des in mittelalterlichen Vorstellungen befangenen Geistes der Schwester scheint vielschichtiger und phantastischer zu sein, als man auf den ersten Blick meint. In jedem Fall kann man „innerhalb" der Geschichte nicht viel zu dem Moralismus der Verwandten des Autors sagen; zumindest soviel ist klar.) Aber nichts enthält einen sterilen Ästhetizismus, nichts widerspricht im Roman seinem Beharren auf der Macht der Wahrheit, auf der moralischen Bedeutung, einen falschen Ton zu vermeiden und einander angemessen zu verstehen. Einfachere Beispiele für Charaktere, deren exzessive Suche nach dem Bösen das Böse, das sie tun, konstituiert, würde Winterbourne in *Daisy Miller* und die Gouvernante in *Turn of the Screw* mit einschließen. Siehe Weisbuch (1998) zu dem „Ethan-Brand"-Thema, S. 105.

Vor allem jedoch kann das Moral-Thema selbst Gegenstand endloser, abstrakter Kontroversen sein. Bringt man es zur Sprache, setzt man sich damit nicht nur der Gefahr des Anachronismus aus und riskiert eine Simplifizierung von James, sondern man stellt auch einen Rahmen her, der möglicherweise vielschichtiger und kontroverser ist als die in den Romanen erfaßten Probleme selbst (was durchaus etwas aussagen würde). Zu den Problemen, die mit Hilfe einer solchen Sichtweise erkennbar werden, gehören mehrere, untereinander verbundene Themen, die für die Einschätzung sowohl der Radikalität als auch der Bedeutung von James' Darstellungsweise wesentlich sind. Sie betreffen (i) die Natur einer entschieden moralischen Bewertung, (ii) die Abhängigkeit solcher Bewertungen von der Möglichkeit eines bestimmten psychologischen Sinns, der im Verstehen, Erklären und schließlich Beurteilen liegt, und (iii) den Zusammenhang zwischen einer solchen Möglichkeit (oder Unmöglichkeit) des Verstehens und spezifischen historischen, gesellschaftlichen Formen und Konventionen als Kriterien für ein solches Verstehen. James hat alle diese Gegenstände im Blick, denke ich, aber es bedarf einiger Ausführlichkeit, um das zu zeigen und um zu erklären, was das bedeutet. In diesem Kapitel geht es mir besonders um die Plausibilität von (iii). Die Erörterung des Problems setzt folgendes voraus.

Ein moralisches Phänomen ist normalerweise dadurch charakterisiert, daß man ein Spannungsverhältnis oder einen Konflikt zwischen dem eigenen Vorteil oder Interesse und entweder dem Vorteil oder den Interessen anderer oder den Rechten und Ansprüchen anderer auf Rücksichtnahme erlebt (am meisten umstritten: auf gleichmäßige Rücksichtnahme). Die allgemeine moralische Frage ist immer eine Version der Frage: Warum sollte ich eigentlich in irgendeiner Hinsicht das Verfolgen meiner eigenen Interessen, auch wenn ich diese in einem sehr weiten Sinn und langfristig und in ihrer notwendigen Verbindung zu anderen verstehe, zugunsten der Interessen oder behaupteten Ansprüche anderer oder zugunsten eines vorgeblich objektiven Guten aufgeben? (Da moralische Ansprüche paradigmatisch die Ansprüche anderer mit einschließen und da es sich hierbei um das Problem bei James handelt, auf das ich mein Hauptaugenmerk richten will, werde ich mich auf die Natur der Ansprüche anderer Personen an unsere Aufmerksamkeit und unsere Einsatzbereitschaft konzentrieren und nicht auf den vorgeblichen Anspruch eines objektiven Guten – daß man die Pflicht habe, einen bestimmten Zustand oder eine Beziehung oder eine Eigenschaft herbeizuführen. An dieser letzten Frage zeigt James recht großes Interesse, besonders insofern sie ästhetische Eigenschaften oder Aktivitäten mit einschließt, aber das werde ich im folgenden gesondert behandeln.) Warum aber richten diese Interessen Schaden an, vielleicht dauerhaften Schaden, wenn sie die vermeintlichen Ansprüche und Forderungen anderer nicht anerkennen?[2]

---

2 Die allgemeinen Vorstellungen zu den „Ansprüchen" anderer, die als unausweichlich erfahren werden, wenn ich in der Lage sein will, mein eigenes Leben zu führen, und zu dem, was ich anderen in einem solchen gemeinsamen Leben schulde oder ihnen zugestehen muß, sind

Des weiteren geht man davon aus, daß eine moralische Bewertung die Bewertung eines Individuums ist. Wenn das besondere moralische Fehlverhalten grob gesprochen Egoismus ist, daß man sich selbst zur Ausnahme macht oder daß man die Ansprüche anderer, als freies Subjekt behandelt zu werden, sonstwie ignoriert, dann wird dieses Fehlverhalten als mein Fehlverhalten angesehen, als ein Tun, für das ich, als Individuum, verantwortlich bin. Der moralische Standpunkt zeichnet sich dadurch aus, daß er von dem individuellen Handeln und der individuellen Verantwortlichkeit ausgeht, und dadurch, daß er eine solche Verantwortlichkeit bewertet, indem er die Aufmerksamkeit auf die Intentionen oder Motive des Handelnden richtet. Wenn die Frage ist, ob das, was ich tue, „meine Tochter vor einem Mitgiftjäger schützt", oder ob ich es deswegen tue, weil ich es „aus Furcht oder Egoismus ablehne, sie als einen selbständig Handelnden mit einem eigenen Schicksal anzuerkennen", dann erfordert die Lösung dieser Frage, daß man zuerst eine andere Frage löst: welches von den vielen möglichen und vielleicht tatsächlich wirksamen Motiven wirklich zu meinem Handeln führte und welche Motive dieses Handeln am besten erklären. Man kann und sollte für das, was man tat, zur Rechenschaft gezogen werden, vor allem für unmoralische Handlungen, die sich den Ansprüchen anderer entziehen oder sie ignorieren, aber man sollte nur für das zur Rechenschaft gezogen werden, was man tat oder bewußt unterließ (keine ererbte oder kollektive Schuld) und die Frage, „was ist das", was du tatest, verlangt von uns, neben vielen anderen Dingen, die für die Frage der richtigen Beschreibung der Handlung von Bedeutung sind, daß wir etwas über das wissen, was beabsichtigt war.[3]

---

zugegebenermaßen vage, und zwar mit Absicht. Philosophisch ist man versucht, solche Vorstellungen in die klarere und traditionellere Vorstellung von Pflichten umzuwandeln und die Frage nach dem Status des Prinzips zu stellen, aus dem diese Pflichten vermutlich abgeleitet werden. Aber die Vagheit und Unschärfe von James' Darstellung und diese Charakterisierung rühren nicht aus einer vorphilosophischen Unklarheit her; sie enthalten selbst ein philosophisches Element: das moralische Leben ist eine Frage der Sitten, eines gemeinsamen, von uns mit anderen geteilten, historischen Schicksals, und wir können nicht umhin anzuerkennen, daß moralische Ansprüche nicht von Prinzipien „abgeleitet" sind, die Pflichten „liefern", welche nur von anderen Pflichten übertroffen werden können, daß solche moralischen Ansprüche in das sittliche Leben als ganzes eingebettet sind, wo sie zusammen mit anderen Erwägungen eine Rolle spielen und ihre normative Kraft von diesem Leben herleiten, nicht dieses Leben „regieren". Diese Überlegungen sind mit Sicherheit komplex genug, um eine eigene Behandlung von Buchlänge, wie die sehr überzeugende Arbeit von Williams (1985), zu verdienen. Ich bin, wie sich zeigen wird, der Meinung, daß man viele Einwände, die Williams gegenüber den modernen Ansichten zur Moral als einer Institution erhebt, anerkennen kann und sollte, ohne daß man die Neu-Humeschen Ansprüche akzeptieren muß, die er zu Begehren und Individualität geltend macht. Vgl. die Bemerkungen im „Epilogue" zu Eldridge (1989).

3 Bereits die Formulierungen weisen darauf hin, wie kontrovers jede Darstellung eines moralischen Standpunkts sein muß. Hier bereits wird sichtbar, daß man Position zu der Frage beziehen muß, ob es möglich ist, ein isolierbares Subjekt als Subjekt einer solchen Bewertung zu erkennen, ein Subjekt, das, um als solches gewürdigt zu werden, in irgendeiner Form, in einem bestimmten Sinn von Verantwortlichkeit, individuell für das verantwortlich sein muß, was geschieht; nicht bloß zu kausaler oder gar metaphysischer Unabhängigkeit fähig, sondern zu einer relativen Selbst-Transparenz. Wie wir sehen werden, hat James in bezug auf beide Annahmen Bedenken. Was man für sein eigenes Tun hält, ist immer in einem gewissen Sinn eine Reflexion

Das bedeutet, daß schon die Vorstellung eines moralischen Standpunkts, die als solche eng an die Vorstellung persönlicher Verantwortlichkeit und eines allgemeinen Rechtsanspruchs und an die Frage gebunden ist, ob dein Handeln Rücksicht auf andere nahm oder nicht, bereits ein ziemlich komplexes Verständnis der Subjekte solcher Ansprüche und Verpflichtungen und der Natur ihrer Erfahrungen miteinander voraussetzt –, insbesondere davon, wie sie es fertigbringen, sich und andere in ihren Bewertungen und Einschätzungen zu verstehen, wie sie Mißverständnisse korrigieren könnten, wie sie es erreichen könnten, in ihren Interaktionen einen gemeinsamen Sinn zu erkennen. Wie bereits bemerkt, muß ich, um das einfachste Element jeder moralischen Bewertung zu verstehen – das Gespür dafür, daß meine Handlungen andere betreffen und sie aufgrund dessen einen gewissen Anspruch auf meine Rücksichtnahme haben –, etwas über die Absicht, über das Motiv des anderen wissen, auch wenn ich einfach nur beschreiben will, was er tut, in welcher Weise man von meinen Handlungen sagen kann, sie bezögen andere ein, beträfen andere oder nicht, und wenn ja, welche anderen, in welchem Sinn. Desgleichen muß ich eine gewisse Vorstellung von dem entwickeln, was ich tue, was meinem Handeln mit Recht zugeordnet werden kann, damit ich richtig einschätze, was ich von anderen mit Recht beanspruchen kann. (Man könnte auch sagen, daß ein wichtiger Aspekt einer spezifisch modernen Moral ein gewisses Recht darauf ist, *„angemessen verstanden zu werden“*, ein gewisser Anspruch an andere, daß sie einen geeigneten Versuch unternehmen zu verstehen. Das Sinnproblem ist auch ein Problem moralischer Anerkennung, und Skepsis gegenüber dem Sinn kann eine tiefe Skepsis gegenüber einer solchen Moral sein. James deutet das hin und wieder an, wenn er „moralisches Gefühl“ mit „großer Intelligenz“ gleichsetzt.[4])

dessen, für was andere diese Handlung halten würden oder gehalten haben; und nach welcher Auffassung ich handeln möchte oder welche zu meinem Motiv werden wird, kann nicht einfach als Resultat meiner eigenen Entscheidung angesehen werden, wenn man berücksichtigt, wieviel von dem „ich“, das die Entscheidung fällt, auch bereits eine gewisse Internalisierung des „ich, wofür man mich hält“, ist, oder was mir von anderen als mein Selbstverständnis zugesprochen wird. Aber diese Bedenken, wie real und komplex sie auch sein mögen, reichen nicht so weit, daß sie die Erfahrung einer solchen Unabhängigkeit insgesamt oder die praktische Erfahrung bedrohen, daß es unumgänglich ist, die Rolle eines Individuums anzunehmen und eine solche Transparenz zu versuchen.

4 Zwar ist eine derartige Intelligenz eine notwendige Bedingung für jede moralische Anerkennung, sie ist dafür jedoch eindeutig nicht hinreichend, oder es muß um eine weiter ausgreifende Frage gehen, die die Tiefe und das Ausmaß der erforderlichen Intelligenz betrifft. Mrs. Brook zum Beispiel, aus *The Awkward Age*, ist in mancherlei Hinsicht so intelligent, wie man bei James nur sein kann; sie ist in der Lage, mit einem Blick alle möglichen, verschiedenen Implikationen zu erfassen, die sich aus einer Handlung oder aus dem Ausweichen vor einer Handlung ergeben. Aber sie ist in gewisser Hinsicht auch ein moralisches Ungeheuer, von indifferenter Kälte gegenüber ihren eigenen Kindern und ungemein selbstsüchtig. Man könnte sagen, es gibt etwas, was sie einfach nicht „sieht“ oder „sehen“ kann, aber das ist eindeutig keine Frage der Intelligenz. In ihrer Person begegnen wir einem Sachverhalt, der im folgenden Kapitel erörtert wird, nämlich ihrem Widerstreben gegen die Formen von Abhängigkeiten und Zufällen und Ungewißheiten, die die neue Gesellschaft notwendig gemacht hat, und ihr Beharren darauf, daß ein gewisser Kompromiß mit den alten Formen, der alten Sprache, die sie so gut

Sehr häufig gründen sich sowohl die interpretierenden als auch die bewertenden Aspekte solcher Bemühungen auf ganz allgemeine Annahmen, die in verschiedenen historischen Gemeinwesen weithin und in einem tiefen Sinn geteilt werden, auf Annahmen über die Motive von Menschen, die Religion, die Natur sozialer und politischer Konflikte, verschiedene Typen von Hierarchien, die man beim Menschen für wahrscheinlich hält. Diese Annahmen münden in eine gemeinsame Lebensweise oder stellen eine gewisse Gleichgesinntheit her (für James eine „Tradition"). Handlungen und Motive müssen Beispiele für Typen, Arten, Allgemeingültiges sein, wenn sie verstanden werden sollen, und daß es solche Typen gibt, ist eine Art Funktion der daran Beteiligten, die das Vorhandensein solcher Typen anerkennen und sich ihnen verpflichtet fühlen (die Verpflichtungen können wechseln).

Selbstverständlich ist dies alles bereits philosophisch fragwürdig. Die Formulierung hat uns mit der Behauptung einer *„hergestellten* Gleichgesinntheit" und mit den Hinweisen auf ihre Veränderlichkeit bereits die geschichtlichen und eher radikalen Dimensionen einer Theorie des Verständnisses vor Augen geführt, die wir früher erörtert haben – und, wie man einwenden könnte, in einer Weise, die die Antwort schuldig bleibt –, Dimensionen, an deren Untersuchung wir interessiert sein und für die wir eintreten sollten, die wir nicht bloß hinnehmen sollten. Aber ich glaube, die Details der folgenden Interpretationen werden zeigen, daß diese Dimensionen die Grundbestandteile von James' „Theorie des Verständnisses" bilden und daß diese Details seine Auffassung durchaus plausibel und, bis zu einem gewissen Grad, auch philosophisch zwingend machen.

Mit anderen Worten, moralische Ansprüche besitzen bei James Realität, und er hat ein Interesse daran, die Natur dieser Ansprüche, ihren Inhalt und die Möglichkeit eines von ihnen vorausgesetzten Verstehens zu untersuchen. Aber wir sollten auch sein Interesse an der Frage beachten, welchen Ort diese Ansprüche im Ganzen eines Lebens einnehmen. Seit Kant erwartet man von jedem, der sich dem Thema Moral zuwendet, daß er einen gewissen moralischen Anspruch hat oder ihm vor Augen steht, daß die Pflicht am Ende über jeden anderen normativen Anspruch, den wir berücksichtigen müssen und dem wir verpflichtet sind, vom Glück bis hin zu Treue oder Liebe, triumphiert. Aber wir werden sehen, daß solche Ansprüche bei James nicht diese Art von absolut triumphierender Macht haben und daß sie diese auch im allgemeinen nicht haben, davon bin ich, im Gegensatz zu Kant, überzeugt.[5] Außerdem ist Moral selbst

---

beherrschte, möglich ist. (Dr. Sloper in *Washington Square* könnte als weiteres Beispiel dienen, obwohl die Beschreibung seiner Intelligenz und ihrer Unzulänglichkeit dort etwas anderes meint; dieses Mal eine an Hawthorne erinnernde Aussage zu den Ansprüchen wissenschaftlicher Objektivität und empirischer Beobachtung. Trotzdem, Sloper ist tatsächlich immer unfehlbar im Recht, und zwar im Recht aufgrund seiner Erkenntnis, von wie geringer Bedeutung für die moralische Situation diese Art von „Recht" sich auch erweisen mag.)

5 Es gibt auch andere Gründe, warum Kant, der größte Theoretiker einer moralischen Betrachtungsweise, hier ein irreführendes Modell sein kann. Zum einen ist James nicht an der Art von Problemen moralischen Handelns interessiert, die Kant bei dieser Betrachtungsweise für

eine begrenzte Kategorie, sie ist nicht die höchste, normative Kategorie, und es gibt viele andere. Gerechtigkeit zum Beispiel ist eine Tugend von Institutionen; Tugenden sind herausragende Merkmale des menschlichen Charakters und stellen Fragen zu den Bedingungen für die Charakterbildung in Familien und Gesellschaften. Moralische Fragen entstehen eindeutig in Zusammenhang mit Handlungen von Menschen, welche die Handlungen anderer berühren, insbesondere auch behindern können.[6] Und daher sind moralische Überlegungen zu dem, was für uns verpflichtend und was uns verboten ist, von ganz tiefer (und einzigartiger) Bedeutung dort, wo man sich auf andere verlassen können muß und wo die Möglichkeit eines gewissen Vertrauens am meisten erwartet wird und angemessen ist – wie in den zahlreichen Darstellungen der modernen Liebe und Ehe bei James. Fragen dieser Art, wie wichtig sie auch sein mögen, betreffen jedoch nur einen Teil des menschlichen Bestrebens, gut oder mit Würde oder Anstand oder rechtschaffen zu leben, und man sollte das nicht überbetonen oder abstrakt auf unangemessene Fragen anwenden, wie z.B. darauf, was man nach Berücksichtigung aller Dinge tun sollte, oder so tun, als ob einfach moralische Rechtschaffenheit das sei, was das Leben lebenswert macht.[7] Es gibt keinen besonderen Grund für die Annahme, daß solche Desiderata bei James oder an sich selbst in einem organischen oder hierarchisch gegliederten Ganzen sauber zusammenpassen.

Das große, paradigmatisch-moralische Phänomen ist also das Versprechen und nachfolgend das Aufrechterhalten von Vertrauen, wobei die moralische Frage immer ist: Warum soll ich eine Verpflichtung auch unabhängig von mei-

---

erforderlich hielt, oder an der Konzeption vom Handelnden als Urheber des Handelns, die für Kant so wichtig war. Ein Handelnder zu sein, schließt für James in einem viel größeren Umfang den Status des eigenen Selbstverständnisses und der eigenen Einsicht ein, ist keine Sache der Macht der Kausalität. (Ich bin in dem Maße „freier", wie ich mehr und besser verstehe; es gibt kein Beharren auf kausaler Autonomie im Sinne eines ich-hätte-auch-anders-handeln-können.) Das Phänomen der Moral und der moralischen Pflicht ist viel mehr mit einer einzigen Formulierung Kants verbunden: Achtung vor den anderen als Zweck an sich oder Moral als Anerkennung einer Art sozialer Abhängigkeit, oder daß man eine solche Abhängigkeit für sein Handeln nicht in Abrede stellt. Selbstverständlich war es Hegel, der den Weg für die Vorstellung frei machte, daß eine derartige Abhängigkeit oder soziale Anerkennung die fundamentale Kategorie für ein Verständnis des Problems der Moral darstellt. Aber das ist etwas anderes. Siehe Kapitel 4 und 17 in Pippin (1997a) und Pippin (1999b)).

6 Es ist immer möglich, aber unnötig abstrakt, alle eigenen Handlungen so zu sehen, als könnten sie potentiell jeden anderen betreffen, und damit alle Handlungen innerhalb eines moralischen Rahmens zu interpretieren. Kant macht etwas in dieser Art und das ist eine Form von „Moralismus".

7 James selbst stellt die Möglichkeit solcher Ansprüche nicht so dar, als unterlägen sie keinen Bedingungen oder als seien sie absolut und könnten daher isoliert oder autonom dargestellt werden. Die Institution der Moral lebt innerhalb einer Gesellschaft; moralische Subjektivität verlangt eine besondere Art der Vorbereitung und Sozialisation und ist auch mit anderen Arten sozialer Normen verbunden. Die Ehe zum Beispiel ist nicht nur das Ergebnis einer bestimmten, vorausgesetzten, moralischen Gegenseitigkeit, eine besondere Art von Versprechen. Sie unterliegt auch bestimmten sozialen und finanziellen Bedingungen und hat eine bestimmte gesellschaftliche Funktion, das Aufziehen von Kindern, und das setzt eine bestimmte, allen gemeinsame Teleologie voraus.

nen eigenen Interessen oder der Furcht vor Konsequenzen einhalten?[8] Und während die immer relevante Frage der Interpretation, was wirklich und in welchem Sinn versprochen war, häufig zu Sophisterei und zum Feilschen um Entschuldigungen führt, sind die Dinge in vielen entscheidenden, das Leben verändernden Situationen (wie Versprechen im Zusammenhang mit einer Heirat) keineswegs immer so klar. Ein solches Versprechen in einer Gesellschaft, zu einer bestimmten Zeit, innerhalb einer bestimmten Gemeinschaft, ist eine Sache; in einer anderen Gesellschaft, zu einer anderen Zeit, in einer anderen Gemeinschaft, ist es eine andere. Und hier ist James' Blick auf das historische Sinnproblem – sagen wir, auf seine tiefgreifende Historizität und auf die Natur der menschlichen Soziabilität, die für die Möglichkeit eines solchen Sinns von essentieller Bedeutung ist – extrem, brilliant und unterschätzt.

Am auffallendsten ist, daß in den historischen Gemeinwesen, die er beschreibt (besonders in Romanen wie *The Spoils of Poynton*, *The Awkward Age* und *What Maisie Knew* und mit der größten Komplexität in seinen großen letzten Romanen), die Gleichgesinntheit (europäisch, christlich, klassenorientiert, sehr stabil, mit festgelegten sozialen Rollen) – zumindest für die reflektiertesten, nachdenklichsten Charaktere oder für diejenigen, die eine solche, auf Nachdenken gegründete Erkenntnis irgendwie implizit aufgenommen haben – weithin zusammengebrochen ist. Sie ist zu einer Art Vorwand oder zu einer theatralischen Hülse geworden, sie ist keine „Lebensform" mehr. Berücksichtigt man den Zusammenhang zwischen den Themen, die wir erörtert haben, dann liegt hier der Punkt, aus dem James' Erkenntnis der Besonderheit der Moderne und ihrer besonderen Gefahren für die Moral erwächst. Es sind jetzt, wenn überhaupt, nur noch sehr wenige solcher gemeinsamer, stabiler Annahmen in solchen Gesellschaften für solche Charaktere vorhanden, zumindest sehr wenige, die von den Beteiligten für verläßlich gehalten werden können. (Und wieder findet sich hier eine umstrittene philosophische Annahme: daß es solche stabilen, historisch erreichten Formen der Soziabilität, solche gemeinsamen Voraussetzungen als Bedingung für ein erfolgreiches Verstehen oder einen von allen anerkannten Sinn geben muß.) Es gibt selbstverständlich Überreste älterer Formen von Soziabilität, aber sie sind jetzt zutiefst unzuverlässig geworden und häufig so verhärtet, so gespenstisch, wie James' berühmte Geister selbst. (Tatsächlich beschäftigt sich James bei seiner Darstellung der modernen Welt vor allem mit eben dieser Erscheinung des Verlusts, des Verlusts jener Formen sozialer Hierarchie, der Vorhersagbarkeit und Erwartung, die eine Interpreta-

8 Die Beziehung zwischen James und seinen Lesern, das Vertrauen, um das er sie bittet, was er ihnen verspricht, die Gegenseitigkeit, die diese Beziehung erfordert (die Ehrlichkeit oder das Fehlen von Ironie in seiner Haltung als nicht allwissender Erzähler, die er einzunehmen scheint, daß er nämlich genauso wie der Leser daran arbeiten muß, den Sinn der erzählten Ereignisse zu bestimmen), ist ein gutes Bild für die moralischen Beziehungen zwischen den vorgestellten und untersuchten Charakteren. Miller macht in (1987), Kapitel 6, eine ganze Reihe sehr erhellender Bemerkungen zu dieser ethischen Dimension.

tion, einen Sinn und eine gewisse psychologische Stabilität und Bestimmtheit ermöglichten.)

Er hat ein ziemlich realistisches Gespür für die Ursachen des Versagens sozialer Formen – sehr häufig weist er auf die neuen Möglichkeiten hin, Geld und damit Macht zu erwerben und anzuhäufen, und auf die Art und Weise, wie die Bedingungen und die Implikationen der neuen Möglichkeiten, Geld zu verdienen, mit den persönlichsten Details und Gefühlen des einzelnen Lebens verwoben sind. Aber er widersetzt sich auch einem oberflächlichen, psychologischen Modernismus, als ob wir jetzt endlich die wahre, dauernde, unvermeidliche Rolle des Eigennutzes, des Ego, der Macht und der Lust in allen menschlichen Taten oder die letzte Unmöglichkeit jeder Moral oder den Triumph der Gesellschaften mit freier Marktwirtschaft und ihrer jetzt totalen Manipulation des Begehrens sehen könnten. Das „Zeitalter" ist viel „mißlicher" als solch ein nüchterner Zynismus erklären könnte, und die Unterstellung niedrigerer Motive dieser Art genauso problematisch und unzuverlässig wie andere Arten von Unterstellungen. Und James nimmt diese Zeit, wie wir sehen werden, so wie sie ist, stellt sie nicht als Offenbarung oder als Dekadenz dar; er scheint immer darauf zu bestehen, daß man seine Romanfiguren in ihren historisch besonderen, sozialen Positionen und Rollen sieht, in ihrer Beziehung zu bestimmten Möglichkeiten, Geld, Autorität und Macht zu erwerben, und niemals, sagen wir einmal, als abstrakte Personen oder Handelnde oder als „natürliche" Subjekte. Die Beständigkeit der Erfahrung, welche Anforderungen die Moral in einer solchen Welt irgendwie, ganz real stellt (Anforderungen jenseits einer gemeinsamen Interessenbefriedigung), macht seine Romane philosophisch und historisch so interessant.

Das heißt, während überall bei James aus Verwirrung, Mobilität und Unvorhersagbarkeit etwas ungemein Bedrohliches erwächst, nämlich die Drohung, daß die Sinnfrage vollkommen unbestimmt oder gar absolut unlösbar bleibt (ein Merkmal seines Werkes, das viele Leser verzweifeln läßt), müssen trotzdem weiterhin Versuche unternommen werden, das Problem der Sinnfrage und der Bewertung zu lösen, und das geschieht auch größtenteils. Daß diese Versuche immer wieder unternommen werden, bildet den Kern der Moral, wie er sie sieht.

In einem solchen Kontext, der als eine historisch einzigartige Situation dargestellt wird, eine Situation, worin die Probleme für eine Interpretation und ein Verstehen des Sinns ebenfalls einzigartig sind, spricht James das Moral-Thema an und weicht moralischer Skepsis irgendwie aus.[9] Wie er ihr ausweicht, ist

9 Mit anderen Worten: Was sich in der Moderne zunehmend als moralische Autorität erweist, ist unvermeidlich an Geld geknüpft, und das muß eine Fragilität und Ungewißheit eigener Art nach sich ziehen: Vgl. Furets Resümee zu der neuen Klasse, die jetzt auf der Weltbühne eingeführt wird: „Eine Klasse ohne Status, ohne feste Tradition, ohne klare Konturen, hat sie nur einen fragwürdigen Herrschaftstitel: den Reichtum. Fragwürdig, denn er kann von allen in Anspruch genommen werden, wer reich ist, hätte es auch nicht sein können, wer es nicht ist, hätte es auch sein können." (1995, S. 20)

nicht so leicht auszumachen, aber James' Interesse, ihr auszuweichen, ist kaum zu übersehen. Erstens wird kaum bestritten, daß James relativ großes Interesse an Fragen hat, die man in einem sehr weiten Sinn als ethische oder normative Fragen bezeichnen kann: wie man gut leben kann, besser als zuvor; was ein glückliches oder erfüllendes Leben auszeichnet, welche Kosten entstehen, wenn man versucht, gut zu leben, welche Konflikte, vielleicht tragische und unversöhnliche Konflikte, notwendig zwischen Absichten und Zielen entstehen, wenn man ein höheres oder besseres Leben anstrebt. Die Romane sind reich an Charakteren, die ihr Leben als stille Passagiere in einem emsigen Zug des Lebens beginnen und aus dem einen oder anderen Grund „erwachen", auf einer Änderung der Fahrtrichtung bestehen und dann entscheiden müssen, wohin sie wollen (wohin es wert ist zu gehen) und wie sie dorthin gelangen. Die Werte oder Absichten oder Ziele, die in diesen Abenteuern und Bestrebungen meistens in Frage stehen, sind entschieden modern und können (ein bißchen vereinfacht, aber nicht ganz irreführend) unter dem Begriff „freies Leben" zusammengefaßt werden (und das schließt, wie gezeigt wird, notwendigerweise immer ein „bewußtes" oder angemessen „gefühltes" Leben ein). Und die Erfüllung, die im klassischen Roman sehnlich gewünscht wird, ist bleibende Liebe (ein Desiderat, das sich nicht immer in Einklang mit dem zuerst genannten befindet). Aber trotz der gerade erwähnten, problematischen Unbestimmtheit erfahren unsere Helden und Heldinnen bei ihren Erkundungen in fast allen Fällen auch eine starke, intensiv empfundene, unbestreitbar reale Beschränkung, etwas wie die Ansprüche anderer, frei zu sein und als freie, in gleicher Weise unabhängig Ziele setzende, Ziele suchende Subjekte behandelt zu werden. Es dauert nicht lange, bis diese erwachten Charaktere mit jemandem zusammenstoßen (oder auf einen rücksichtslosen oder einen durch und durch bösen Fahrer treffen) und herausfinden müssen, was sie mit solchen Zusammenstößen anfangen.

Wenn man solche Ansprüche verletzt oder ignoriert, kann das eigene Leben besser oder glücklicher werden oder auch nicht (für gewöhnlich wird es besser), aber abgesehen davon erfahren die Romanfiguren in solchen Fällen einen unmißverständlichen „Anruf des Gewissens". Die richtige Kategorie – bei James, trotz der immensen Schwierigkeiten, sie anzuwenden oder zu durchdenken, von unbestreitbarer Realität – scheint einfach die zu sein, daß es falsch wäre, solche Ansprüche zu ignorieren. Ich halte dies (den Anspruch anderer auf eine Art Anerkennung) für eine sich klar abhebende und in einem etwas engen Sinn moralische Erwägung, das heißt, sich klar von den im weiteren Sinn ethischen „Wie-lebt-man-gut"-Themen abhebend, die zum Beispiel bei Lambert Strether oder Isabel Archer so prominent sind. Dies – das Erkennen oder Akzeptieren eines solchen Anspruchs auf Anerkennung – ist kein weiterer Bestandteil und auch kein weiteres Element von etwas, was für uns bloß ein erfolgreiches oder glückliches Leben wäre. Ein solcher Anspruch, verstanden als ein moralischer Anspruch, ist nicht die Bedingung für ein Ziel dieser Art und insbesondere nicht für unseren Wunsch danach. Die Natur des Anspruchs beruht nicht auf einem derartigen Grund. Da die Basis dieser moralischen Erfahrung, die zuerst von Kant als solche beschrieben worden ist, das Recht ist, als freies Subjekt behandelt zu werden (oder in gewisser Weise das betrifft, was man auch sich selbst als einem freien Subjekt schuldet und was man als Integrität bezeichnen könnte), bedeutet das selbstverständlich gleichfalls, daß man in allen relevanten Hinsichten untersucht, wie James die Natur einer solchen Freiheit zu verstehen scheint: Unabhängigkeit, Abwesenheit von Zwängen (oder in der Welt von James: über Geld zu verfügen), Autonomie, Authentizität, Selbstbestimmung und in einigen Werken darüber hinaus politische Freiheit.

Die moralische Dimension ist vielleicht am deutlichsten daran erkennbar, daß James unerschütterlich auf der Realität des moralisch Bösen zu beharren scheint,[10] das häufig durch Egoismus motiviert, häufig als Täuschung inszeniert wird (die Lüge und insbesondere die Unhaltbarkeit und das Unerträgliche der Lüge sind der moralische Drehpunkt, um den viele seiner Romane kreisen), und sie ist daran erkennbar, wie er das Problem des Selbstopfers darstellt, insbesondere das Opfer des eigenen Glücks oder des eigenen Guten in Anerkennung einer Forderung, die für das eigene Glück oder Gute keine Bedeutung hat – die Frage, welche Art von Forderung das ist und warum sie erhoben wird, ist das Hauptproblem der nachfolgenden Diskussion.[11]

In der Tat hat man den Eindruck, daß zwei der bedeutendsten Romane von James sorgfältig als Parallelen entworfen wurden, um das Problem des Opfers hervorzuheben und damit das Problem zur Sprache zu bringen, wie die Natur moralischer Gründe in der modernen Welt beschaffen ist. Es sieht fast so aus, als ob James sie als komplementäres Paar entwarf, obwohl ich dafür keinen Beleg kenne. Am Schluß von *The Portrait of a Lady* lehnt eine junge Amerikanerin die mehr als gerechtfertigte Option ab, sich von ihrem betrügerischen, sie manipulierenden Ehemann scheiden zu lassen, verwirft die Chance, nach Amerika zurückzukehren und ein Leben „für sich“, gemeinsam mit einem jungen Amerikaner, in einer neuen Ehe zu beginnen, und entscheidet sich dafür, in eine vollkommen gescheiterte, hoffnungslose Ehe mit ihrem blasierten, europäisierten, im Ausland lebenden, amerikanischen Ehemann zurückzukehren. Generationen von Lesern haben sich immer wieder Gedanken gemacht, welchen Sinn diese Handlung hat, von der Isabel glaubt, daß sie zwingend erforderlich sei (als Pflicht gegenüber ihrer Stieftochter und besonders, merkwürdigerweise, gegen

10 Unter „Realität“ verstehe ich nicht, daß moralische Aussagen auf metaphysisch reale, moralische Eigenschaften verweisen. Ich verstehe darunter, daß innerhalb bestimmter historischer Gemeinwesen die Handelnden herausfinden, daß sie keine Bindungen eingehen oder einander nicht verstehen können, ohne verschiedene Handlungen oder Verfahrensweisen als illoyal, egoistisch, grausam, selbstisch oder unfair usw. zu begreifen. Alle diese Begriffe gelten möglicherweise nur innerhalb eines Gemeinwesens als das, was sie sind, aber das alles ist, so denke ich, Realität genug. Vgl. James' epistemische Definition des „Wirklichen“ im Vorwort zu *The American*: „Das Reale stellt in meiner Wahrnehmung die Dinge dar, die wir wirklich nicht umhin können, nicht zu wissen, früher oder später, auf die eine oder andere Weise ...“ Aber auch das bietet Stoff für eine andere, noch viel längere Geschichte.

11 Oder man könnte sagen, das Opfer der Vergeltung, ja, sogar das süße, allzu menschliche Vergnügen der Rache, wie in Newmans Entscheidung am Schluß von *The American*.

„sich selbst“), und wie ihre Rechtfertigung aussieht. In *The Ambassadors* verzichtet ein älterer Amerikaner auf die Chance, in Europa zu bleiben und ein Leben mit einer überaus intelligenten, ungemein sensiblen, europäisierten Amerikanerin zu führen, die ihn liebt, und entscheidet sich statt dessen für eine Rückkehr nach Amerika, wo ihn eine unbedeutende Zukunft erwartet, ja, wo er in die Trümmer eines gescheiterten Eheprojekts mit einer amerikanischen Witwe zurückkehrt, die genauso unerträglich aufgeblasen erscheint wie Isabels Option. Beide handeln nicht um ihres eigenen Guten oder um ihres Glücks willen, oder, was sich hieraus ergeben würde, um eines erfüllteren und reicheren Lebens willen, und wir möchten wissen, warum. (Unter anscheinend „entworfen“ verstehe ich, daß die kunstvollen Parallelen Frau – Mann, jünger – älter, verheiratet bleiben – nicht heiraten, in Europa bleiben – zurück nach Amerika gehen, offenbar entworfen wurden, um durch die überlegte Parallelstruktur die Problematik solcher moralischer Ansprüche und die Natur des Opfers in den Vordergrund zu rücken.)

Es ist besonders wichtig, das in dieser Weise zu tun, weil für viele Leser das Problem des Opfers nur psychologische oder ideologische, ja, pathologische Fragen zu Selbsttäuschung, Verblendung, Phantasie und Selbsthaß aufzuwerfen scheint. James stellt solche Fragen bekanntlich auch, aber selbst sie entstehen eigentlich nur in Zusammenhang mit einem moralisch realen und unausweichlichen Anspruch gegenüber den Subjekten. In den Kapiteln 5 und 6 werde ich zeigen, daß die Konflikte und Dilemmata, denen sich die Romanfiguren gegenüber sehen, nicht angemessen verstanden werden können, wenn man nicht davon ausgeht, daß diese Ansprüche real sind und man sich ihnen nicht entziehen kann, oder daß sie mißverstanden würden, wenn man die normative Sprache nur als Reflexion psychologischer Konflikte, von Verteidigung und Projektion sehen würde.

II

Das einzige Buch, in dem das historische Thema in umfassender Weise abgehandelt wird, *The American Scene*, würde eine eigene Untersuchung erforderlich machen, und ich werde mich in Kürze einigen der dort angesprochenen Themen zuwenden. Aber eine generelle Würdigung von James’ Geschichtsbewußtsein bedeutet gleichzeitig, daß man das übliche oder überlieferte Bild von James in einem gewissen Sinn festigt. Wir können hier anknüpfen und mit einem Roman beginnen, dessen Titel bereits seine Bedeutung ankündigt.

Es versteht sich fast von selbst, daß James’ Charakterisierungen, Stoffe und Konflikte überall von bestimmten Annahmen in bezug auf die konkrete, historische Situation, in der sich seine Charaktere befinden, durchdrungen sind.

Auch wenn es etwas ungeschickt klingt, können wir sie, wie im ersten Kapitel bereits angedeutet und in Ermangelung eines besseren Begriffs, als die Situation der „westlichen Moderne" bezeichnen. Das berühmte Internationale Thema, die „Amerikaner" (meistens Personen aus Neuengland, nicht so sehr seine geliebten New Yorker) und die „Europäer" (nicht so sehr Briten, sondern meistens Franzosen, manchmal Italiener), wird eindeutig nicht nur typologisch und, man könnte sagen, anthropologisch behandelt, sondern auch historisch. „Große Veränderungen" stehen bevor, warnt der ältere Mr. Touchett, als sie alle auf „das Idealbild einer interessanten Frau" warten, die Amerikanerin Isabel Archer, und „nicht alle zum Besseren" (*PL*, 22/14), eine Sicht der Dinge, von denen der „fortschrittliche" Lord Warburton in ziemlich naiver Weise glaubt, er verstehe sie und sei auf sie vorbereitet. In *The American Scene*, wo James eine Bilanz der Modernisierung Amerikas zieht, ist die Frage genauso explizit: „Welche Wendung würde das Spiel auf der größeren, der allgemeinen Bühne nehmen? ... das große Abenteuer einer Gesellschaft, die in einem offenkundig leeren Raum nach Annehmlichkeit, nach Erfüllung greift, nachdem sie gewissenhaft so viele Vorbereitungen getroffen und Bedürfnisse in sich angesammelt hat?" (*AS*, 13). Und dieser Gegensatz zwischen dem Neuen und dem Alten, nicht bloß zwischen dem einen Stil und einem anderen, wird nicht zyklisch dargestellt, als ob es sich nur um eine weitere Umdrehung des Rades handelte. Alles, was in den elementaren Sitten eines kultivierten Lebens, so wie es bisher bekannt war, in der Rolle der Geschichte, der Hierarchie, der Sensibilität, der Geschlechterbeziehungen, der sozialen Macht, von Bedeutung ist, steht im Begriff, sich zu wandeln. Die Amerikaner stehen im Begriff, die Führung auf dem Planeten zu übernehmen, und nie hat es ein Volk wie die Amerikaner gegeben. Was werden sie damit tun? ist die Frage, die viele der reflektierteren Europäer oder der europäisierten Amerikaner bewegt.

Eine so allgemeine Behauptung kann man leicht aufstellen. Daß diese Ansichten zur Moderne (die weithin nur implizit geäußert werden, mit Ausnahme wiederum von Büchern wie *The American Scene,* wo die Jamessche Moderne im Mittelpunkt der Betrachtung steht: „Die Moderne ... mit ihren Taschen voller Geld und ihrem Gewissen voller Tugend, mit ihrem Herzen wirklich voller Zärtlichkeit" *AS*, 117) es wert sind, ernster genommen zu werden, als man früher zugab, daß sie die Interpretation insgesamt mitgestalten sollten, ist eine andere Sache. Zum einen erscheint eine solche Sensibilität, obwohl sie eindeutig vorhanden ist, nicht ganz so drängend, nicht so bestimmend oder nicht ganz so sichtbar zu sein, wie zum Beispiel im Vergleich zu Hawthorne. Zum anderen hat es vor und nach James komplexe, psychologische Romane gegeben, voller Selbsttäuschung, Verworrenheit, wackeliger Interpretationen und Ungewißheiten, und keiner scheint viel mit historischer Sensibilität oder einem großen Wirbel der Weltgeschichte zu tun gehabt zu haben. Laclos hatte anscheinend keine weiterreichenden Ansichten zu den immer mehr dahin schwindenden kulturellen Ressourcen der Massengesellschaft, und James selbst verstand besser als jeder andere, warum es heißt, daß alle modernen Sitten- und analytischen Romane das Spiel der Erscheinungen in den modernen Gesellschaften offen legen, in solche Erscheinungen analytisch eindringen und oft nur mit noch mehr Erscheinungen befrachtet wieder auftauchen konnten. Und zumindest seit Shakespeares *Hamlet* konnte man alle modernen Tragödien der Ungewißheit, der Unbestimmtheit und des Selbstzweifels, die alle im Gegensatz zu den klassischen Beschreibungen ganz bestimmter, moralischer Konfliktsituationen stehen, heranziehen, um im Namen von James oder unabhängig von ihm jeden Anspruch auf ein solches epochales Selbstbewußtsein zu unterhöhlen.[12]

Und schließlich wird James von der Amerikanistik häufig in eine Gruppe mit anderen amerikanischen Intellektuellen eingeordnet, die alle gleichermaßen über die Reglementierung, die begrenzten Ausdrucksmöglichkeiten und die kalte Aggression entsetzt sind, die in der marktwirtschaftlich geprägten, amerikanischen Gesellschaft so nackt zutage treten und sich dort ohne die wohltätigen, mildernden und einschränkenden Einflüsse, die Dichte, den Reichtum und die Tradition der europäischen Gesellschaften unverhüllt entwickeln konnten, und die alle auch in ihren Erlösungshoffnungen angeblich „ahistorisch“, individualistisch bis ins Mark waren und ihre Hoffnungen auf eine bestimmte Art privater „Erfahrung“ richteten, auf das „Bewußtsein“ (von einer quasi-religiösen oder ästhetischen Art) oder auf eine transhistorische Einheit und Wahrheit – wie Emerson, Thoreau, Whitman und schließlich sogar Dewey (so die provozierende Beweisführung von Quentin Anderson).[13]

Aber das Widerstreben, James als jemanden mit einem so signifikanten Geschichtsbewußtsein zu lesen, liegt auch darin begründet, daß die Hauptkategorien des Internationalen Themas häufig einfach danach behandelt werden, wie sie auf der Oberfläche von James' Erzählung erscheinen, und an der Oberfläche können sie sich sehr konventionell ausnehmen, sehr repräsentativ für das, was James selbst „die gute konservative Tradition“ nennt, die Tradition, „die unabhängig von der verschwenderischen Verwendung von Geld und dem ungeregelten Appell an den ‚Stil‘ lebt“ und ungefähr folgendes zu ihrem Prinzip macht,

---

12 Miller (1987) zum Beispiel argumentiert für eine „Ethik“ des Lesens und Wiederlesens, in der besonders in dem Kapitel über de Man (S. 41-59) viele in diesem Buch angesprochene Themen von James ein Echo finden. („Leben heißt lesen, oder vielmehr, immer und immer wieder dem Fehler erliegen, zu lesen, was das menschliche Schicksal ist ... jedes Lesen ist strenggenommen ethisch, in dem Sinn, daß es, aufgrund einer unerbittlichen Notwendigkeit, als Antwort auf ein kategorisches Verlangen stattfinden *muß*, und in dem Sinn, daß der Leser dafür und für die Konsequenzen in der persönlichen, sozialen und politischen Welt Verantwortung übernehmen *muß*“ (S. 59).) Aber er behandelt die großen Schwierigkeiten und den unvermeidlichen Fehler des „Lesens“ eher als eine Frage der Struktur der Sprache selbst („Es ist unmöglich, die Grenzen der Sprache mit den Mitteln der Sprache zu überschreiten“) und gelangt so zu Vorstellungen über die Notwendigkeit und kategorische Forderungen und den Leser an sich, die man, so scheint mir, philosophisch nur schwer verteidigen kann. James' Darstellung ist sehr viel mehr von Überlegungen beeinflußt, was „das Lesen in eine falsche Richtung drängt“, jetzt, nicht im allgemeinen, und damit befindet er sich meiner Meinung nach auf der richtigen Fährte.

13 Anderson (1992). Die Charakterisierung „ahistorisch“ verwendet er für diese Personen sehr häufig; in Kapitel 4 schließt er auch James mit ein (S. 133-149). Ich halte das für einen Fehler.

„... es bedarf einer unendlich langen Geschichte, um auch nur ein wenig Tradition auszubilden und einer unendlich langen Tradition, um nur ein wenig Geschmack zu bilden und aus demselben Grund eine unendliche Menge an Geschmack, um auch nur ein wenig Ruhe zu gewinnen. Ruhe resultiert vor allem aus einem mit Feingefühl angewendeten Geschmack, einem Geschmack, der vor allem durch Erfahrung erhellt und im Besitz eines Schlüssels für sein Labyrinth ist." (*AS*, 127)

Doch kein aufmerksamer James-Leser kann sich mit einer Ansicht zufriedengeben, die James lediglich als einfachen Repräsentanten der „guten konservativen Tradition", als hochgesinnten Kritiker des „Zeitalters, in dem der Schund triumphiert", sieht.[14] Überall wird deutlich, daß James glaubt, viele Aspekte der traditionellen und im wesentlichen weithin vormodernen, europäischen Bräuche, Gewohnheiten und Sitten befänden sich am Ende des 19. Jahrhunderts schließlich in einer Art von Endspiel-Situation und sie verdienten das auch.[15] Das Leben der oberen Klasse und der oberen Mittelklasse in Europa – arrangierte Ehen, rigide festgelegte, genau bestimmbare soziale Klassen, anerkannte Vorstellungen von Ehre und sozialer Wertschätzung, konventionelle Einschränkungen für Verhalten und Reden, ein intuitives Gespür, Gefühl, für das Höhere und das Niedrigere – das alles war, so wie James es schildert, im großen und ganzen mehr gesellschaftliches Theater als gesellschaftliche Realität.[16] Selbst wenn James den Leser eindeutig in eine solche nostalgische Richtung lenkt, ist er auch darauf bedacht, immer dort, wo solche Formen beachtet werden oder wann immer eine Person nachhaltig dafür eintritt, einen Hauch von Verfall und Tod heraufzubeschwören, vielleicht sogar von Grausamkeit und Obsession, ganz gewiß von selbstsüchtigem Egoismus, rituellem Formalismus und von Rigidität, wie zum Beispiel bei den Bellegardes oder dem europäisierten Gilbert Osmond, diesem größten aller Bösewichte bei James. (Was Osmond betrifft, so weiß James sehr genau, was geschieht, wenn eine Tradition, anstatt eine Sache

14 Diese Formulierung stammt aus der witzigsten Darstellung von James über sein eigenes Versagen als populärer Schriftsteller und Dramatiker, „The Next Time", über James' eigene Unfähigkeit, für die neue, lesende Öffentlichkeit zu schreiben, aus „einem Schweineohr eine silberne Börse" zu machen. Siehe *TNT*. Das Einprügeln auf James hat unterschiedliche Formen angenommen, angeregt von Versuchen, einen nativistischen, amerikanischen Kanon zu finden, bis hin zur postmodernen und Kulturkritik der achtziger Jahre (Jameson, Mark Selzer, Caroline Porter). Siehe die Diskussionen bei Posnock (1991) und Freedman (1998a). Als Beispiel einer sehr viel eigenständigeren Bewertung von „James' Reputation" siehe Rahv (1978), S. 93 ff.

15 Das wird besonders klar erkennbar aus der Darstellung der Erwachsenen in *The Awkward Age* und noch mehr aus seinem beißenden, angewiderten Ton in *What Maisie Knew*. Dawidoff hat ganz recht, wenn er sagt, daß James' Haltung nicht der von Tocqueville entspricht; er sieht die demokratische Zukunft nicht als „unwillkommen" aber „unvermeidlich", als etwas, womit wir unseren Frieden machen müssen, oder daß wir versuchen müssen, so viel wie möglich von den angenehmen Seiten des *Ancien régime* zu bewahren, oder daß wir die Gegenwart so viel als möglich durch die Vergangenheit erhellen müssen. Siehe (1992), S. 26, S. 75. Und vergleiche die glänzende Diskussion bei Ozouf (1998), besonders in den Kapiteln II und V.

16 Weithin, aber selbstverständlich nicht völlig. Man sollte auch alle visuellen Reize der *Princess Casamassima* erwähnen, die positive, ästhetische Seite der traditionellen europäischen Gesellschaft.

von Gewohnheit und Vertrauen oder eine Lebensform zu sein, zu einer Idee, einer Hoffnung und letztlich zum Gegenstand eines verzweifelten Wollens wird. Dann wird sie eher beschworen oder geglaubt, als daß man sie lebt; anstatt eine Form des Lebens zu sein, wird sie dann eine rein künstliche Form und ist damit tot. Und wenn James wirklich will, daß wir die Morbidität von Traditionen, wenn sie als Ideale dienen, richtig einschätzen, dann läßt er uns beobachten, was solche Ideale Kindern antun, die ihnen ausgesetzt sind, wenn sie nicht wachsen und leben dürfen, sondern gezwungen werden, nachzuäffen und zu wiederholen.)

James nennt für eine solche Erschöpfung eine Reihe von Gründen, der wichtigste ist wiederum ganz unsentimental: das Geld. Europa und das europäische System können sich, historisch gesehen, einfach nicht länger selbst finanzieren, und auch die Kompromisse, die jetzt mit der modernen, produzierenden Klasse notwendig sind, können ein Fortbestehen dieser Lebensweise in der Gesellschaft nicht länger ermöglichen. Es stimmt, die Beteiligten können der Versuchung nicht widerstehen, die Unmengen an Geld, die jetzt, in der vielleicht großartigsten Periode der Expansion amerikanischen Kapitals, erzeugt werden, ausgiebig zu nutzen (in der Periode „der neuen, mitleidlosen Monopole, die in einer Weise operieren, wie keine mächtige Person der Antike, die uns auf den Seiten der Geschichte erschauern ließ, je in ihrem Wahnsinn operierte“, *AS*, 104).[17] Einfacher, unter Vorwegnahme des nächsten Abschnitts ausgedrückt: James ist nicht der ahistorische, apolitische Romancier der Empfindsamkeit, als der er manchmal wahrgenommen wird. Seine Konzeption ist in weiten Teilen so anspruchsvoll, wie sie nur sein kann. Sie betrifft das Schicksal einer säkularisierten, kapitalistischen, weitgehend materialistischen, ganz neuen Form bürgerlichen Lebens und den Zusammenhang zwischen einer solchen neuen Form und unserem Bemühen, einander zu verstehen und zu bewerten.

Aber ebensowenig kann man sich mit der anderen Seite dieser historischen Situation, wie sie von James vorausgesetzt wird, mit dem Standardbild der amerikanischen Moderne, das zu diesem neuen, amerikanischen Geld gehört, zufriedengeben: Charme, Frische, Energie und, in einem gewissen Sinn, Unschuld, und zusammen mit alledem, unvermeidlich und in einer unvermeidlich kontaminierenden Weise, amerikanische Vulgarität, amerikanischer Handelsgeist und historische Amnesie, Naivität, vereinfachende Moral, Puritanismus und Selbstgerechtigkeit. Hier genügt die bloße Feststellung, daß keine dieser Kategorien auch nur in Ansätzen für eine faire Einschätzung dessen relevant ist, was uns von den größten Amerikanern bleibt, die fast wie „Helden“ über allen Europäern stehen, von Charakteren wie Isabel Archer, Lambert Strether oder Maggie Verver.

---

17 Man könnte hier auch Gertrudes Klage über die Falschheit der amerikanisch/puritanischen, geheuchelten Einfachheit und Natürlichkeit zitieren, oder die natürliche Anmut der künstlichen Eugenia in *The Europeans*.

So enthält der historische Rahmen des von James gezeichneten Bildes vertraute Elemente: zynische, unmoralische, räuberische Europäer auf der einen Seite und entweder romantische Toren und Naivlinge oder selbstgerechte, aufgeblasene Tugendbolde auf der anderen, amerikanischen Seite (wiederum „Raubtiere“ und „Kinder des Lichts“). Wenn der Rahmen so zu verstehen wäre, gäbe es innerhalb des Bildes nur wenig Raum für ein anspruchsvolles Porträt der modernen, moralischen Existenz, und wir sollten uns statt dessen in der Tat der Brillianz von James' ästhetischen Experimenten oder seiner vorgeblich traditionellen, raffinierten psychologischen Analyse als den Merkmalen seines wahren Wertes zuwenden.

Jedoch gerade daß wir in seinem Werk eine skeptische und pessimistische Haltung gegenüber genau diesen Kategorien vorfinden, hilft uns dabei, James von der Fin-du-siècle-Stimmung um ihn herum zu trennen. Obwohl James wie viele andere Schriftsteller des späten neunzehnten Jahrhunderts seine historische Umgebung von den großen, moralischen Handlungsrahmen und Kategorien und Typologien, in denen früher intelligible, menschliche Beziehungen und ein Verstehen möglich waren, unleugbar entleert sieht, dann bleibt immer noch, daß nicht zu erklären wäre, wie seine Romane und Erzählungen funktionieren, wie sie uns fesseln und ergreifen, wenn es ihm nicht gelungen wäre, so etwas wie eine Notwendigkeit, die praktische Unumgänglichkeit moralischer Kategorien zu erzeugen, die uns seine Geschichten vor Augen stellen.[18] Während die moralische Dimension zu einem Gutteil die wichtige Möglichkeit mit einschließt, daß die eigenen Handlungen gegenüber denjenigen gerechtfertigt werden können, die von ihnen betroffen sind (das von James häufig benutzte Wort ist „mit sich und der Welt im reinen sein [squared]“), haben die Kriterien für ein Akzeptieren oder eine wechselseitige Anerkennung nichts mit einem natürlichen Gesetz, der Weisheit der Tradition, der Zustimmung des Gemeinwesens,

18 Ich stimme daher nicht mit Sallie Sears (1968) überein, wenn sie die Behauptung, daß die grundlegenden Ergebnisse von James alle „negativ“ seien, zum beherrschenden Rahmen für ihre Untersuchung macht, sein Scheitern und seine Unentschlossenheit als so groß ansieht, daß sie diese nicht einmal als tragisch bezeichnen will. Siehe z. B. S. 38-39. Es ist richtig, daß kein Schriftsteller jemals mehr auf die Vielschichtigkeit miteinander konkurrierender und unversöhnlicher Standpunkte hingewiesen hat und daß sich niemand weniger auf gefällige Synthesen oder eine Hinnahme aus bloßer Resignation verlassen hat als James. Aber Sears Ansatz schätzt die Moral bei James als zu eng ein, glaube ich (wesentlich als Moralismus), und wird den Quellen, aus denen unsere Bewunderung für die einen und insbesondere unsere Verachtung für die anderen stammt, nicht gerecht. Angesichts dessen ist es auch schlicht unwahrscheinlich, daß ein einfallsreiches Talent wie James so kühn und undialektisch als „negativ“ eingestuft werden könnte. Wenn man einen Roman von James liest, ist das nicht dasselbe wie die Beobachtung eines psychologischen oder moralischen Zugunglücks, eines großen Zusammenstoßes miteinander konkurrierender Standpunkte. In *What Maisie Knew* geht es sicherlich nicht bloß um den „Sinn des Menschen in all seiner Doppeldeutigkeit“ (S. 28). Maggies Eltern sind einfach schrecklich, und in der Hinsicht herrscht keine Doppeldeutigkeit überhaupt. Dasselbe könnte man von Osmond sagen, von der (letzten, wenn auch beschränkten) moralischen Position von Kate Croy oder der Engstirnigkeit von Mrs. Newsome. (Sears' negativer Ansatz macht sie jedoch glücklicherweise unempfindlicher gegenüber der großen Anziehungskraft, welche die „kleine Nonne“, Maggie Verver, anscheinend für so viele Leser hat.)

religiösen Schriften oder einem religiösem Gefühl, reiner praktischer Vernunft, der Lösung von Klassenkonflikten oder mit einer Bezugsgröße wie einem *phronimos*, einem erfahrenen Mann von praktischer Klugheit, zu tun. Eigentlich vollführen alle wichtigen Charaktere einen Drahtseilakt inmitten einer Unmenge normativer Turbulenzen, aber ohne Netz und doppelten Boden, und um ihr Gleichgewicht zu bewahren, sind sie vollkommen voneinander und von ihren Gesprächen und Verhandlungen und ihrer Wahrnehmung abhängig. Hierin liegt viel „Hochmodernes", mit anderen Worten, es wimmelt von abwesenden Göttern und so vielen anderen, geringeren Gottheiten, die ebenfalls abwesend sind, wie der Menschheit, dem Fortschritt und dem Glück oder dem Wohlstand.[19] Doch es gibt auch keine metaphysische Langeweile, keinen Nihilismus, keine Nostalgie der Hochkultur (mit einem Amerika, das vereinfacht als kulturlose Moderne dämonisiert wird), kein „säkularisiertes" Christentum wie bei Dickens oder George Eliot, nicht einmal einen Conradschen Stoizismus, keine symbolistischen, neuen Religionen. Die Jungen – Milly Theale, Ralph Touchett – sterben unschuldig, ungerecht, aber niemand erhebt seine Faust gegen Gott. Große moralische Krisen werden nie gelöst, doch kein Anflug von Verzweiflung oder gar Skepsis klingt in dem Ton am Ende an, wie herbstlich, ja, elegisch der Ton in den späteren, genialen Werken auch klingen kann. Es herrscht das starke Gefühl eines Stillstehens der Zeit, ein historisches nunc stans, das mancher, am radikalsten Kojève, als die Hauptstimmung der Moderne ansieht: das Fehlen von Grenzbereichen, von Abenteuern, von Kriegen, die alles bedeuten, von Suche, von dem Heiligen Gral, revolutionären Bestrebungen, etc. Mit James haben wir begonnen, uns in der einzigen Wildnis niederzulassen, die noch bleibt, dem „Inneren", aber ohne irgendein Gespür für teleologische, progressive Entwicklungsstadien des Erfolgs oder irgendeine Straßenkarte oder ein Ziel; wir besitzen nur das endlose Geschwätz und die Unentschlossenheit und die Revisionen und abermaligen Revisionen der spätmodernen, urbanen Welt. Dennoch oder vielleicht gerade deswegen, spürt man einen Hauch wirklicher Ruhe, wird besonders in den späten Romanen ein moralischer Ton angeschlagen, der mehr ist als Resignation, Pessimismus oder Skepsis.

Will man verstehen, wie James dieser Ton gelingt, worauf eine solche moralische Gegenseitigkeit hinausläuft, dann hängt das davon ab, daß man die historische und gesellschaftliche Analyse versteht, die in den dargestellten Begegnungen vorausgesetzt wird. Wie alles andere bei James kann dies allerdings ebensogut eine trickreiche Interpretationsfrage sein, weil es so etwas wie eine nicht-literarische Prosa, einen direkten, beschreibenden Journalismus oder eine wirklich philosophische Aussage bei James nicht gibt. (Auch die Vorworte

---

19 James wendet sich der Frage der Religion nicht sehr häufig zu, und er verspürt offenkundig wenig Sympathie für die Kirche, aber ebenso offenkundig ist er entsetzt über das, was er in *Daisy Miller* als ihren „Ersatz" darstellt: eine Kultur der Heuchelei, des sozialen Konformismus und des Klatsches. Siehe die St. Peter-Szene in *DM*, 42/104.

der New Yorker Edition bewegen sich innerhalb der großen literarischen Themen von James: die angemaßte Autorität zur Revision, das Leugnen, es gebe originale Texte, daß er sein Leben, selbst als Autor, „zu spät" lebt oder sogar immer wieder, usw.)

Solche Überlegungen sind bei James zwar fast omnipräsent, sie sind aber nicht alle auf das Internationale Thema beschränkt, und ein Beispiel mag diesen Punkt veranschaulichen. In Romanen wie beispielsweise *The Awkward Age* ist die ziemlich merkwürdige Frage nach dem „richtigen Weg", wie ein junges Mädchen zum ersten Mal verstehen soll, was es bedeutet, eine junge Frau zu sein, wie sie mit dem mißlichen Alter zwischen dem einen Stadium und dem anderen fertig werden soll, auch mit dem Gewicht der historischen Fragen befrachtet, die wir in unsere Erörterung einbezogen haben.[20] Die Frage nach dem Übergang wird zu einem Bild für unser eigenes mißliches Zeitalter, eine Übergangszeit zwischen einem Zeitalter der Geheimnisse, des Ausweichens, der Repression und rigider sozialer Kontrolle und einer Zeit gefährlichen Wissens und einer Freiheit, die mit derselben Wahrscheinlichkeit Selbstsucht und Eitelkeit produziert wie Selbstsicherheit und Integrität.

Die Leitfigur des Romans ist ein Salon, eine Gruppe ziemlich selbstzufriedener Mitglieder der Gesellschaft, die sich für sehr fortschrittlich halten, „Eingeweihte des Tempels der Analyse" (*AA*, 205), eine Möchtegern-Gruppe nach dem Stil von Bloomsbury-avant-la-lettre, witzig, zynisch, kein Kreis um einen König, weil es kein Königtum und keine etablierte Hierarchie oder irgendeine Verbindung mit einer Öffentlichkeit oder Verpflichtungen bei Hofe gibt. Es gibt allerdings eine Leiterin, Mrs. Brookenham, und sie lebt in einer Welt, die James beharrlich und konstant vor allem als „modern" beschreibt, in einem neuen London.

Es ist eine Welt, in der zum Beispiel Schönheit noch etwas gilt, aber jetzt eine neue, moderne „Schönheit":

> „Aber Schönheit in London – grell, schreiend, ins Auge fallend, ein erschlagende Schönheit, flach wie ein Plakat an der Wand, eine Seifen- oder Whiskyreklame, etwas, das die Menge anspricht oder im Rampenlicht auftaucht, erzielt einen solchen Preis auf dem Markt, daß ihr Fehlen bei einer Frau mit einem Mädchen im heiratsfähigen Alter endlosen Schrecken auslöst und für das elende Paar eine Art sozialen Bankrotts darstellt. London liebt das Verborgene oder Heimliche nicht, hat weder die Zeit noch den Geschmack noch den Sinn für etwas, das weniger leicht erkennbar ist als die rote Flagge vor der Dampfwalze. Es will Bargeld an der Kasse und Buchstaben, die zwei Meter hoch sind." (*AA*, 31-32)

Es ist eine Welt, in welcher der großzügige, aber orientierungslose Mitchy (der von „Güte korrumpiert" ist), der Sohn eines wohlhabenden Reeders, einen Platz finden kann, einen Platz, den ihm nur sein enormer Reichtum eingetra-

20 Eine der besten Diskussionen der moralischen Fragen, die in diesem Roman gestellt werden, findet sich bei Krook (1962).

gen hat, und einen Platz, der seine Kollegen gelegentlich daran erinnert, wer er ist.

> „,Bei jemandem bleiben' – Nanda nahm das offenkundig mit einem Zartgefühl auf, das ihm völlig fehlte –, ,dessen Vater von den bemerkenswert großen Füßen meines Großvaters Maß zu nehmen pflegte, indem er auf einer kleinen Matte kniete, wie Mama sagt? Ja, das stört niemanden von uns. Glauben Sie, es sollte anders sein?' fragte Nanda." (*AA*, 139)

„Das Moderne", sagt Mrs. Brook, „ist immer meine ganz besondere Note gewesen – ich habe mich, offen gesagt, ganz auf meine Zeit eingelassen – denn wer ist man schließlich, daß man vorgeben könnte, es abzulehnen, dorthin zu gehen, wo sie uns hinführen mag?" (*AA*, 106)

In einer solchen Welt wird die moralische Frage so dargestellt, als erlaube sie nur wenige Optionen. Da gibt es die selbstsüchtige, oberflächliche, heuchlerische Welt der Harolds, Pethertons und Trishys, die allesamt eine Art Apotheose der Eitelkeit und gekünstelten Unechtheit von Rameaus Neffen darstellen. Da gibt es, als eine Art Verteidigungsreaktion, die noch größere Scheinheiligkeit, repräsentiert von der Herzogin, die so tut, als ob man die alten, jetzt völlig leeren, sozialen Formen einfach dadurch erhalten könne, daß man eigensinnig darauf beharrt, als ob man den Sinn retten und damit eine Pflicht anerkennen könne, als handelte es sich um ein (absurdes) Theaterstück, und alles das so lange, wie niemand darum bittet, auch einmal hinter den Vorhang schauen zu dürfen. Und dann gibt es die echte, ungeheuchelte Moral der Nostalgie, der wahrhaft besseren Zeiten, die lange vergangen sind, diesen Überrest an Stabilität und Privilegien und Geschmack der Vormoderne, die Welt, der es gelang, so lange in der neuen Welt des Geldes, der Macht, der Vulgarität und der Instabilität zu überleben. (Es gibt in diesem Roman eine Art Rip-Van-Winkle-Figur, Mr. Longdon, der nach sehr langer Abwesenheit wieder in dieser Gesellschaft auftaucht, erfüllt von einem vornehmen Entsetzen über das, was er vorfindet, und in dem die Flamme einer alten Liebe zu Lady Julia brennt, die selbst eine Verkörperung dessen ist, was ein nostalgischer Moralismus immer rühmt und daher ohne Gefahr rühmte, des Toten, das für immer der Vergangenheit angehört. James ist sich der verschiedenen Formen, die eine solche nostalgische Hoffnung annehmen kann, sehr wohl bewußt. Lady Julia wird sogar als „Griechin" bezeichnet (*AA*, 132); Burke selbst wird zitiert (*AA*, 187).

Die interessanten Charaktere nehmen eine Stellung ein, die der anderer Charaktere in vielen anderen Romanen ganz ähnlich ist – irgendwo dazwischen, unfähig, mit Mr. Longdon „zurückzugehen", unfähig, den Schritt nach vorne zu tun, in die völlige Kapitulation vor der Käuflichkeit wie Harold und Petherton, die Augen zu schließen und weiter zu machen wie die Herzogin, oder unentschieden hin und her zu schwanken wie Mrs. Brook. Nanda, Mrs. Brooks Tochter, und Van, Mrs. Brooks platonischer Liebhaber, bilden das Zentrum des Dramas, und wie so oft verengt sich die moralische Frage auf eine konkrete

Frage: „Was *macht* eine Ehe aus?", was schuldet man dem anderen bei einem solchen Gelübde der Intimität wirklich (ein Sachverhalt, der durchaus nicht einfach als Frage nach dem formuliert wird, was der eine geben und was der andere nehmen will), und insbesondere, was könnte eine solche Frage in einer solchen Welt bedeuten. Wiederum, ganz typisch, ist das Problem hier die Art und Weise, wie das nackte Vorhandensein von Geld und seine Macht eine solche Frage so kompliziert machen kann. Ein genaues Verstehen dieser Frage wird angeboten und für diejenigen, die gut handeln wollen, ein Verstehen der Motive. Mr. Longdon, der beobachtet, wie wichtig das Geld für alle diese Leute ist, versucht zu helfen, indem er sich verpflichtet, Nanda ein großes Vermögen zu überschreiben, wenn Van sie heiratet. Damit erreicht er nur, daß die Lage für Van komplizierter wird und es ihm unmöglich gemacht wird, herauszufinden, was er fühlt, was er (angesichts einer solchen unverdienten Großzügigkeit) schuldig ist. Nanda liebt Van ungemein, ist aber in ihrem eigenen Dilemma befangen. Sie ist ein „modernes Mädchen", hat die („modernen") Gespräche der Erwachsenen mit angehört, versteht die Abgründe, in welche diese neue Welt versinken kann, und weiß genug, um zu wissen, daß Van der Welt von Harold, Petherton und Trishy gefährlich nahe steht, daß man von ihm nicht gerade sagen kann, er stehe für sehr vieles ein. (Diese Gefahr ist in den europäischen Befürchtungen verborgen, daß die Mädchen „verdorben" werden könnten, wenn man ihnen „zu früh" erlaubt, die Welt der Erwachsenen zu betreten. Dem liegt die Annahme zugrunde, daß die beiderseitige erotische Anziehungskraft von der jungfräulichen Unwissenheit des Mädchens abhängt, daß sie nicht stimuliert und aufrecht erhalten werden könnte, wenn die „wirkliche Wahrheit" über Männer und ältere Frauen bekannt wäre. Das trifft auf Nanda nicht zu, aber wie wir sehen werden, wünscht sie, es träfe zu, und versucht sie vorzutäuschen, daß es zutrifft, versucht sie, die vormoderne Fabel „durchzuspielen".) Die tiefste Ironie des Romans liegt darin, daß ihr eigenes Gefühl, daß Van fähig ist, über „all das" hinauszugehen, ihre Überzeugung einschließt, daß er ein geeigneter Verehrer wäre, wenn es ihm etwas „ausmachte", daß sie das über ihn weiß; er wäre am begehrenswertesten, wenn er sie nicht *wollte*!

> „‚Willst du wirklich vergebens lieben?'
> Es war eine Frage, und die Art und Weise, wie sie sich zu ihm umwandte, schien zu sagen, daß diese eine überlegte Antwort verdiente. ‚Ja.'" (*AA*, 210)

Unerwiderte Liebe erweist sich als das wichtigste Bild für die moralische Schlußfolgerung, die solche Komplexitäten produzieren – ein Bild für die Schlußfolgerung, daß jedes Versprechen auf Intimität, jedes Treuegelöbnis oder jede verpflichtende Erklärung ein gewisses Verstehen erfordert, eine klare Vorstellung und eine Bestimmung, welcher Sinn in einer solchen Welt unmöglich (oder zumindest extrem schwierig) ist, und daß doch das Streben nach einem solchen Sinn und damit ein solches Versprechen nicht aufgegeben werden können (Liebe stirbt nicht, sie bleibt nur auf immer unerwidert, ist sich nie der Bedingungen ihrer Verwirklichung sicher), selbst wenn der Selbstzweifel, den es in Charakteren wie Nanda hervorruft, oder die nostalgische Idealisierung, die es bei Longdon erzeugt, einer gewissen Komik nicht entbehren. Wie das Mißlingen von Liebe mit dem moralischen Sinnproblem verknüpft ist und wie James' Gefühl für das Problem der Moderne den Kontext für beides herstellt, wird im folgenden wiederholt zur Sprache kommen. Am Schluß verfügt Nanda über ein gewisses Gespür für das, was sich ereignet hat.

> „Aber unter dem Bann ihrer Skrupel fuhr sie fort zu erklären. ‚Viele von uns, die meisten von uns, sind außergewöhnlich – wie Sie vor langer Zeit sahen und wie Sie zeigten, auch fühlten. Wir können nichts dagegen tun. Es ist wirklich nicht unser eigener Fehler. Es gibt so viel anderes, was außergewöhnlich ist, daß *wir*, wenn wir daran teilhaben, ganz natürlicherweise auch so sein müssen.' Alles war ihr ganz offenkundig klarer als jemals zuvor und ihr Gefühl dafür hatte einen neuen Ausdruck gefunden; so daß sie, als sie endete, vielleicht viel älter war als ihr Freund. ‚Alles ist anders als es sonst war'." (*AA*, 310)[21]

III

Oberflächlich betrachtet liest sich *The American Scene* wie eine normale Reisebeschreibung, in diesem Fall von einem nörglerischen, lange Zeit im Ausland lebenden Mann geschrieben, der nach zwanzig Jahren für zehn Monate auf einen, ihn quer durch das Land führenden Besuch heimkehrt und alte, angenehme Erinnerungen wieder auffrischt, dabei aber beständig über die vor seinen Augen entstehende Gesellschaft grollt, die ihm wie ein „Bastard" erscheint: eine gierige, ständig sich verändernde, traditionslose Konsumgesellschaft, in der Reichtum auf krude Art zur Schau gestellt wird, Wolkenkratzer alle menschlichen Dimensionen überschreiten, ein Ort, wo Sitte oder Anstand kaum noch zu finden sind, viel weniger denn zu analysieren. Der „ruhelose Analytiker" ist offenkundig gereizt, verärgert, vor allem aber völlig verblüfft.

Beispiele für die kritische Seite seiner Haltung scheinen sich überall zu finden und damit auch weitere Beweise für die herkömmliche Lesart des Internationalen Themas. Das Beweismaterial scheint überzeugend zu belegen, daß

21 Bei Ozick (1993) findet sich eine sehr schöne Erörterung der Rolle, die *AA* für die Entwicklung von James als Romanschriftsteller spielt. Sie ist im wesentlichen eine Entwicklung vom Realismus des neunzehnten Jahrhunderts zur Moderne und Ozick beschreibt sie auf eine Art und Weise, die sich mit der hier gewählten Darstellung in Einklang befindet: als eine Art Sinn-Überfrachtung, was in diesem merkwürdig theatralischen Roman zuerst ins Auge fällt. Ozick schildert auch viele anregende Details über die Beziehung zwischen James' späterer Entwicklung und seinem Privatleben, insbesondere über sein Desaster als Theaterautor und den Tod von Alice James und den Selbstmord von Constance Fenimore Woolson.

James das gängige Tocquevillesche Bild – Amerika als großes Labor für das Schicksal der ganzen Moderne (Amerika als Repräsentant von Europas Zukunft, nicht von seiner Kindheit) – und die Tocquevilleschen Voraussetzungen akzeptiert, wobei offen bleibt, ob alles das, was im Ancien régime vornehm und angenehm war, alles das, was in der Neuen Welt niedrig und kommerziell ist, überleben wird.[22]

Alles, was der Erzähler jetzt in Sunnyside, Washington Irvings wunderschönem Landsitz, finden kann, ist nur „das letzte, schwache Echo eines Glücks, das für immer vergangen ist" (*AS*, 118),[23] sonst sieht er überall ein Land, das mit verbissener Effizienz und einer freudlosen Ökonomie organisiert wird, als ob es insgesamt ein gut geführtes Hotel sei (*AS*, 80-81); die wunderschöne, alte Trinity Church gibt es noch, aber sie erscheint jetzt lächerlich und „ziemlich gräßlich" verkleinert neben diesen „riesigen, Geld produzierenden" Strukturen, „die sich im Wind mit einer anmaßenden, klippenähnlichen Großartigkeit auftürmen" (*AS*, 65); das „Zeichen" von New Yorks besonderer Energie ist, daß „es nicht an sich glaubt; es gelingt ihm nicht, selbst um den Preis von Millionen, dich davon zu überzeugen, daß es an sich glaubt" (*AS*, 84); es ist ein Land großer Freiheit, aber der „Freiheit aufzuwachsen, um ruiniert zu werden ..., die einzige Freiheit, die auf die Kinder zukünftiger Generationen wartet" (*AS*, 104); ein Land, das sich mehr „extremen Überlegungen" zur „Zahnfrage" hingibt als irgend etwas anderem (*AS*, 135), was vielleicht verständlich ist, wenn man weiß, wie besessen Amerika von Süßigkeiten ist. All das löst die Frage aus: „Die Lohnarbeiter, die alten Arbeiter, die man aus anderen Ländern kennt, waren bekannt für ihren Liederreichtum; ist es dementsprechend dem amerikanischen Volk gegeben, für die Vielzahl seiner ‚Bonbons' bekannt zu werden?" (*AS*, 147)

Wie auch immer, keine dieser Nörgeleien (in denen vieles von dem Entsetzen von James' Vater über das amerikanische Handels- und Konsumverhalten nachklingt) wird einfach als solche präsentiert, als Beobachtung mit einem unmittelbaren Anspruch auf Wahrheit oder Wahrscheinlichkeit. Sie werden alle

22 Vgl. noch einmal Dawidoffs Erörterung (1992) und das, was Dawidoff als James' „zartfühlende Großzügigkeit" gegenüber den Amerikanern bezeichnet. David Furth zeigt auch, daß James zur Zeit von *TAS* erkannt hat, daß die Frage Amerika nicht die Frage nach den Chancen sein kann, sich am Ende einer europäischen, organischeren, fest begründeten, traditionsgebundenen Gesellschaft anzugleichen. Er ist beständig versucht, zu den Kategorien des Hawthorne-Essays zurückzukehren (selbst wenn sogar dort Zweifel auftauchen; siehe das Zitat am Ende dieses Kapitels), aber er erkennt, daß es ein solches „Europa" nicht mehr gibt und daß die Kategorie einfach nicht geeignet ist, um Amerika zu verstehen. Vgl. David L. Furth (1979), besonders die treffenden Bemerkungen auf S. 35.

23 Trotzdem ist James' Nostalgie für das provinzielle, einfache, nicht kommerzialisierte Amerika relativ neu, verglichen mit seinen beißenderen Kommentaren zwanzig Jahre früher, wo Amerika für ihn weithin eine Frage von Abwesenheiten ist. Siehe die Diskussion bei Furth (1979), S. 10-22. Zusammen mit Dawidoff ist Furth einer der wenigen Kommentatoren, der bemerkt und auch etwas daraus macht, daß James sich offenkundig nicht sicher ist, welchen Ton er anschlagen soll, um zu beschreiben, was er sieht, daß er große Bedenken hat, die Rolle eines neuen Tocqueville zu übernehmen, daß er zu seiner eigenen Überraschung sieht, wie sehr er das liebt, wovon er erwartet hatte, er verachte es.

mit einer doppelten Einschränkung versehen und immer auf typisch Jamessche Art und Weise dargestellt. Zunächst einmal werden sie, mit einer Stimme ausgestattet, als Charaktere geschildert, als ob sie eine Reaktion auf eine bestimmte, sich noch herausbildende Gestalt seien, die sich unsicher ist, wer sie ist oder was sie fühlt, nicht so sehr der historische James als vielmehr ein „aus dem Ausland heimkehrender Fremder", eine Erscheinung, so lebendig und lebhaft wie nur irgendeine von den Szenen oder Reaktionen selbst. Diese Erscheinung erhält verschiedene Namen und die Namen wiederholen sich so häufig, daß sie in unserem Bewußtsein mehr in den Vordergrund treten als irgendein normaler Erzähler in der ersten Person: Der „ruhelose Analytiker" ist die häufigste Bezeichnung, aber es gibt auch den „heimatlosen Wanderer", den „liebevollen Beobachter", den „unheilbaren Exzentriker", einen „Pilger", einen „kindlichen Geist", eine „verführte Person", den „zurückgekehrten Abwesenden", den „grübelnden Analytiker" und den „reuigen Heimkehrer".[24] Zweitens werden alle wiedergegebenen Reaktionen so behandelt, als seien sie selbst Objekte der Befragung und keine Berichte (deswegen sind die beständigen Verweise auf eine dritte Person wichtig). Solche Reaktionen werden als Gelegenheiten für eine häufig kritische Selbstbefragung wiedergegeben und nicht als direkte Äußerungen von „Kritik". Meistens lautet die Frage, die sie aufwerfen: Was heißt es, wenn man so fühlt, so verstört ist? Was hat man dann von diesen Leuten zu dieser Zeit unter diesen Bedingungen? Warum bin ich an ihnen so interessiert, ja, von ihnen besessen? Warum nehme ich Anteil daran oder warum nimmt „er" Anteil daran, dieses Alter ego, das ich bin und nicht bin? (Beide Einschränkungen setzen den bekannten Tropus der Reiseliteratur voraus, daß man durch das Reisen etwas über sich selbst lernt und dabei auch durch ein Land in seinem Inneren reist, daß man in seiner Beziehung zu und in seinen Reaktionen auf andere Umstände sieht, wer man wirklich ist, und in James' Darstellung besonders, als ob man jenes Selbst nur in diesen Beziehungen und Reaktionen sein

24 Diese Technik der Personifikation ist nicht auf *AS* beschränkt. Siehe hierzu die von Tanner (1995), S. 5, zusammengestellte Liste solcher „Romanfiguren". Tanner sieht auch ganz richtig, warum James sich für eine solche Technik entscheidet. Siehe seinen Kommentar zu dem „angepaßten Geist", S. 5-6. Hollands These (1982) zu diesen vielfältigen, mit merkwürdigen Namen versehenen Erzählern, lautet, daß James sich sowohl als „Beteiligten" wie als „Beobachter" des Schauplatzes Amerika sieht, und zwar deswegen, weil er erkennt, daß die große Leere und Unausgefülltheit des Schauplatzes vor ihm ebensosehr eine Möglichkeit wie schlicht einen Mangel bedeutet, daß es keine historische Moderne gibt, die dem widersteht (und keinen Standpunkt für einen bloßen Beobachter außerhalb davon), und daß man keine andere Wahl hat, als zusammen mit diesen Beteiligten einen neuen Sinn „herzustellen", selbst wenn man das nur zögernd und mit ein wenig Ironie tut (S. 419). Holland behauptet, sehr viel mehr im Sinn Tocquevilles als Dawidoff oder Furth, daß ein entscheidendes Thema in *The American Scene* „Anpassung" und Nachgiebigkeit sind und nicht so sehr konservativer Widerstand. Was meiner Meinung nach ebenfalls betont werden sollte, ist die Frage, wie ein solcher neuer Sinn hergestellt wird, daß James selbst, auch als Individuum, vorschlägt, das „im Dialog" zu tun, reagierend und rückblickend, auch in bezug auf sich selbst. Mithin, wiederum, die „Personifikationen und sprechenden Stimmen als Attribute für Gebäude und ganze Städte" – nach der Art von „Halluzinationen und Märchen" (S. 412).

könnte.) Und gleich als der „reuige Heimkehrer“ zurückkehrt, warnt er sich selbst sofort vor den vielen „Inkonsistenzen“ einer „überstürzten, kritischen oder eingebildeten Reaktion“ und verspricht sich selbst statt dessen während seiner Reise, daß er sich bemühen will um

> „... eine Art fließende Anerkennung – eine milde, warme Welle, die sich an der Abfolge von Ansichten und Objekten nach einem merkwürdigen inneren Rhythmus bricht und häufig, zweifellos, mit einer solchen Gewalt, daß in den Phänomenen selbst nur wenig ohne Scham zu rechtfertigen war.“ (*AS*, 6)

Und keiner dieser aufgezeichneten, unmittelbaren Eindrücke, manchmal „gewalttätig“, immer „fließend“, bleibt ohne einen zweiten, häufig ganz entgegengesetzten Blick auf dasselbe Phänomen stehen.

Wenn zum Beispiel die Eisenbahn in Amerika überall „das frühere, glückliche Verhältnis der Proportionen“ im Anblick der Landschaft verdorben zu haben scheint,

> „... der schwere, beherrschende amerikanische Zug, der die Beziehungen der betroffenen Teilnehmer so sehr zu verkehren scheint und dabei irgendwie suggeriert, daß das Land für die ‚Autos‘ existiert, die es bedecken wie eine erobernde Armee, und nicht die Autos für das Land ...“ (*AS*, 24),

dann eröffnen gleichzeitig die weite Ausdehnung des amerikanischen Transportapparates, die Züge und die Züge tragenden Frachter, eben die Tatsache, daß so viele Ansichten „erobert“ worden sind, unserem Analytiker zum erstenmal einen Zugang zu New York, der es ihm, als er sich der Stadt vom East River aus nähert (*AS*, 58), erlaubt, gerade mit Hilfe dieses neumodischen und omnipräsenten Apparates „die grenzenlose, kühle Sicherheit“ und den „Geist, den es so großartig vorführt“, zu sehen. Das alte Glück der Proportion ist zerstört worden, aber er kann sich auch der Anziehungskraft des Neuen nicht entziehen.

Daß er nicht in der Lage ist, sich der Anziehungskraft dessen zu entziehen, was er sieht – selbst dann nicht, wenn er davon abgestoßen wird – erklärt viele seiner Reaktionen, auch wenn es extrem schwierig ist, sie im Rahmen des vorliegenden Buches zur Sprache zu bringen und verständlich zu machen. Aus Gründen, die im folgenden eingehend dargestellt und untersucht werden, ist der einsame Reiseschriftsteller keine für James natürliche Form; unser „Analytiker“ bedarf offensichtlich eines Gesprächspartners, einer Gegenwart, in der er seine eigenen ersten Reaktionen reflektieren, in der er ihnen vielleicht entgegentreten oder sie befragen kann und in der dann sogar sein eigenes Verständnis dieser reflektierten Reaktionen verkörpert und zur Anschauung gebracht werden kann, alles, damit sie schließlich in Form gebracht, damit sie entschieden werden, um jener „Entschiedenheit“ willen, die mit einem gewissen Gefühl der „Rechtfertigung“ einhergeht, die erreicht werden muß. Da bei James eine Meditation ohne irgendein Gespräch schier unmöglich ist, muß er sich die Gespräche hier immer vorstellen, muß sich vorstellen, wie er sogar mit dem Wind spricht oder mit den Statuen im Park oder mit ganzen Gemeinschaften und Völkern, die er personifiziert. Keine dieser Spekulationen ist angemessen, eine Tatsache, die den leichten, erstaunten, wehmütigen, überall unentschiedenen („unzusammenhängenden")[25] Ton des Buches erklären hilft, einen Ton, der wie nichts anderes James' Wertschätzung für und seine Unzufriedenheit mit der modernen sozialen Welt und deren Schicksal in Erinnerung ruft.

So wird er am Anfang seiner ursprünglich recht feindseligen Reaktion auf New York, insbesondere auf die „Hotelkultur" des Waldorf, durch die personifizierte „Stimme der Luft" unterbrochen. Diese Stimme erinnert ihn daran, wie ungemein „interessiert" er an eben dem ist, was er „kritisiert", ja, daß er ein „Opfer" seines Interesses ist. „Du kannst ihm nicht entkommen" (*AS*, 83), auch seiner „besonderen Verantwortung" als Amerikaner kann er nicht entkommen, seiner Fähigkeit, sowohl „den Genius Amerikas als auch seine Schmach" zu sehen. Die Stimme erinnert ihn daran, daß er, James, sehr wohl weiß, daß insbesondere New York als der pulsierendste und historisch repräsentativste Teil des amerikanischen Schauplatzes eine „schlechte, unerschrockene Schönheit" ist, wie eine der besten Formulierungen von James über Amerika lautet.

> „... das Geschöpf, dessen auffallendste Prätention ist, daß es zu denen gehöre, denen immer alles schon vergeben sei. Aus welchem Grund ‚vergeben'? fragst du natürlich; aber bedenke, daß du fragst, während du vergibst. O ja, das tust du; genau das hast du selbst gesagt. So liegt alles vor dir; ordne es, wie du kannst. Arme, liebe, schlechte, unerschrockene Schönheit; es muß wirklich irgend etwas an ihr sein –!" (*AS*, 84)

Wenn es nicht die Stimme des Windes ist, welche ihn über die ruhelose Moderne Amerikas hinwegtröstet und beruhigt, welche diese Verzeihung unvermeidlich bewirkt, „hört" er entweder etwas in der Atmosphäre um ihn herum, als ob sogar die Gebäude zu ihm sprächen, oder er spaltet sich selbst auf, schafft eine Gestalt, die ihn beruhigt, eine Stimme, welche die „Segnungen der Zukunft" sehen und ihm so die „Erlaubnis" geben kann, „nichts mehr befürchten zu müssen" (*AS*, 136). Als der Analytiker an einem warmen Sommernachmittag am Central Park vorbeigeht, in der Nähe der leeren Häuser der Reichen, die den Sommer über fort sind, verleiten ihn die Stimmen um ihn herum zu einer kleinen Meditation über die Geschichte (obwohl er bezeichnenderweise vor einem so umfassenden Thema „errötet"). Er bemerkt, daß „die Geschichte niemals wirklich in vollem Sinn unmittelbar und grob gesehen das ist, ‚was geschieht', sondern die viel feinere Komplexität dessen, was wir in sie hineinlesen und im Zusammenhang mit ihr denken". (*AS*, 136-137)

---

25 Furths nützlicher Begriff; siehe insbesondere seine Diskussion am Ende (1979), S. 45-62, a. a. O.

Was diese Seite unseres Analytikers in einer möglichen Zukunft „hört“, wird dann subtil und elliptisch erwähnt, aber diese Bemerkungen sind entscheidend, um die allgemeinere Beziehung zwischen dem Internationalen Thema und der moralischen Vielschichtigkeit der Romane zu verstehen. Denn was unseren Analytiker so sehr erstaunt, ist gerade die Stille, die *Leere* dieser wunderschönen Häuser an jenem Tag.

> „Es war die weite, kostspielige, leere Neuheit, erlöst durch die ungewöhnliche Ruhe und getönt von dem schönen Licht, und ich weiß kaum, ich bekenne es, warum sie sich mürrisch oder besorgt äußern sollte, warum ihre Beredsamkeit nicht erschöpft war, als sie sich selbst auf diese Weise als ungemein reich und höchst modern definiert hatte.“ (*AS*, 137)

Die Antwort auf die Frage, was so mürrisch und besorgt war, ist, wie er sagt, „in dem Wort ‚modern‘ eingeschlossen“. Während dieser halben Stunde, behauptet er, sei er „inniger als jemals zuvor mit dem Sinn dieses Begriffs in Berührung gekommen“ (ebd.). Diese „letzte Offenbarung der Moderne“ ist gerade dieses Gefühl der Leere, das Gefühl für das Fehlende, das aber gerade dadurch auf eine beständig vorhandene, noch unerfüllte Möglichkeit hinweist, auf versperrte Möglichkeiten, die in traditionellen, aber verläßlicheren und stabileren Gesellschaften in vorhersagbaren Zyklen ritualisiert sind. Es ist, als ob in dieser bemerkenswerten Passage jetzt die Moderne selbst aus den leeren Häusern „spricht“.

> „Wir haben alles, siehst du das nicht? jede Fähigkeit und jedes Verlangen, jeden Vorteil der Erziehung und jede Empfindsamkeit des Gefühls; kein ‚Trinkgeld‘ der Welt, nichts, was unsere Zeit zu geben in der Lage ist, ist bei uns verschwendet; so daß alles, was wir jetzt begehren, das ist, was Sie, Herr Auktionator, zu verteilen haben, die große, wahre Chance einer kommenden Zeit.“ (*AS*, 137)

Unser Analytiker hat also die Erlaubnis, daß er nichts mehr befürchten muß; für solche Menschen gibt es so etwas wie „Schicksal“ nicht. Alle Eigenschaften, die sie reich und sorglos und naiv und kindlich machen, machen sie auch mächtig und offen, potentiell frei von Aberglauben und Ritualen, eifrig, neugierig, bereitwillig. Die kulturelle „Leere“ Amerikas ist in *The American Scene* verstörende Wirklichkeit, aber gerade das macht sie zu einer Leere, die jetzt mit Möglichkeiten „angefüllt“ werden kann, wie es nie zuvor in der Weltgeschichte möglich war, macht sie „modern“, um das Wort zu verwenden, das James hier so faszinierend findet. „... Denn was waren die Venezianer am Ende“ (die stilvollen Venezianer Veroneses) „als nur Kinder einer Republik und des Handels?“ (*AS*, 138)

Und unser Analytiker stellt fest, daß es nicht bloß die Radikalität der vielen, in dieser ungeformten Gesellschaft sichtbaren Möglichkeiten ist, die beruhigend sein kann. Es gibt auch eine breite, positive Evidenz für das Entstehen des

Menschlichen und damit des menschlichen Maßes, das vielleicht ein Wiederentstehen aus dem Chaos der langen Gründung Amerikas ist. Unserem Analytiker tut es gut, bloß die „langen, kühlen" Korridore des Presbyterianischen Krankenhauses entlang zu gehen, selbst wenn sie „Hallen des Schmerzes" sind, und die „exquisite Kunst" zu bewundern, „mit der sie es in einem solchen Medium fertigbrachten, sich mit Stille zu umgeben", „wo der Genius der schrecklichen Stadt mit gefilterter und gemilderter Energie einzusickern schien, mit seiner geläuterten, riesigen, guten Natur" (*AS*, 140-141). Obwohl der „unmittelbare Eindruck" für einen fremden Besucher in New York der von Vulgarität ist und „ein Ausdruck von Gewalt", kannst du immer feststellen, wenn dieser Eindruck „dich nicht schon unheilvoll betäubt" hat, daß „noch etwas da ist, etwas für dich zurückgehalten wurde". Es gibt also noch ein anderes Bild dieser modernen Welt, neben der Stille der Möglichkeit, die jene Häuser andeuteten (obwohl dieser historische Sinn mit Bedacht in der Parenthese des folgenden Zitats wieder heraufbeschworen wird):

> „... das Bild eines Gartens mit den schönsten Blumen – oder solchen, die bald zu den schönsten gehören würden – von einer enormen, widerborstigen Hecke mit einem Bewuchs umgeben, der verteidigt und aggressiv ist, der kratzt und herausfordert und nicht ohne Blutvergießen berührt werden kann." (*AS*, 141)

In *The Awkward Age* gibt es einen Augenblick, in dem ein so ähnlicher Ton anklingt, daß er zitiert werden sollte. Mitchy, der unermeßlich reiche Sohn eines Reeders, weiß, daß er von den alten Gesellschaftslöwen vor allem wegen seines Vermögens geschätzt wird. Er weiß sich nicht zu kleiden, ist in vielerlei Weise ungeschickt, der Inbegriff des neuen Mannes, durch und durch modern. An der Oberfläche erscheint er leichtsinnig, zu sorglos, zu nachsichtig mit seinen Freunden aus der guten Gesellschaft, ohne hinreichende Integrität oder Tiefe. Er ist so modern und scheinbar wurzellos und fast vulgär, weil er erfüllt von den neuen Ideen ist. Er „hat seine Ideen – er glaubt, daß es auf nichts wirklich ankommt. Er sagt, wir sind alle an einem Punkt angelangt, der das Ende von allem ist" (*AA*, 140). Aber Mitchy, der in dem kraftlosen Kreis, zu dem er stößt, fast allein ist, nimmt beständig den Standpunkt derjenigen ein, die ihm wichtig sind, er ist nicht an die Identität einer Rolle gefesselt, er ist in der Lage, ihr Leben als sein eigenes zu sehen, erkennt in Wort und Tat seine Abhängigkeit von ihnen allen in einer Weise an, die ihm eine Art Unabhängigkeit und Integrität verleiht. Er stimmt einer Ehe zu, die er nicht will, als sei es eine Art Liebespflicht (gegenüber einer anderen Frau, Nanda) und bewegt sich eindeutig auf einer Ebene moralischer Reflexion und Selbstlosigkeit, die nur eine andere Person, Mr. Longdon, annähernd (am Ende aber doch nicht) erreicht. Dieser Austausch zwischen Alt und Neu beschließt Buch IX und enthält dieselbe elliptische und verhalten hoffnungsvolle Aussage wie *The American Scene*.

„Mr. Longdon wurde seinerseits etwas blaß: Er sah angestrengt auf den Fußboden. ‚Ich verstehe – ich verstehe.' Dann blickte er auf. ‚Aber – für einen alten Kerl wie mich – ist das alles so seltsam.'
‚Es ist seltsam.' Mitchy sprach sehr freundlich. ‚Aber es ist in Ordnung.'
Mr. Longdon schüttelte den Kopf, traurig und heftig. ‚Es ist alles falsch. Aber Sie sind in Ordnung!' fügte er in einem anderen Ton hinzu, als er hastig davonging." (*AA*, 280)

Und schließlich, kurz vor einer entscheidenden Wendung im Buch *The American Scene*, in der Nähe der Bowery und des East End von New York, und vor einer Reise entlang der Ostküste, die dem „widerborstigen" und aufregenden New York nie gleichkommen wird (nur, so deutet er an, das monströse Chicago könnte das vielleicht), gibt es einen letzten, beruhigenden Augenblick im Metropolitan Museum. Das große amerikanische Interesse am Erwerb, in so vielerlei Hinsicht so protzig und gierig und vulgär, ist trotzdem auf eine seltsame Art auch beruhigend, bereits eine Andeutung, daß es kein absolutes Spießbürgertum geben wird, daß es eine Anziehungskraft „von Werten, vor allem des Geistes" zu geben scheint, der man sich nicht entziehen kann, daß „dieser New Yorker Geist eine Evolution vollziehen wird – eine Evolution, die im voraus und in aller Schärfe erkennbar ist" (*AS*, 143). Die große Zeit des Erwerbs (ein Projekt, das unser Wanderer sich nicht scheut als raubgierig, ungerecht, ausbeuterisch und gewalttätig zu beschreiben, eine Ansammlung kräftiger Ausdrücke, die man zur Beschreibung von General Sherman hätte verwenden sollen, wie er nachdrücklich betont) wird auch die große Zeit der Erziehung sein. Die Kosten für den neuen, „reinen Tisch" der Moderne werden unermeßlich sein und „sollten uns Tränen in die Augen treiben" (*AS*, 144). (Das ist ganz besonders der Fall, wenn es bereits Anzeichen gibt, daß diese Kosten und Versprechen am Ende nicht eingelöst werden, daß Vulgarität und Kommerz sehr wahrscheinlich nicht den Weg für etwas anderes bereiten, sondern daß sie alles sind, was da ist. Auch diese Befürchtung legt der ominöse Schluß des Buches nahe.) Und während viele Leser zum Beispiel James' Darstellung von Adam Verver so verstehen, als weine James heimlich hinter der Bühne, entgeistert angesichts solcher Plünderungen und solcher Macht, gelten hier die Plünderer des alten Europa als „strahlende Demonstrationen" von etwas Beruhigendem. „Das Museum würde, kurz gesagt, ein großartiges werden, und in dem durch Genialität ausgezeichneten, zukünftigen Leben würden solche Opfer [für die geplünderten Europäer] auf nichts zusammenschrumpfen, auch wenn sie dem Scheiterhaufen des Sardanapal gleichkämen" (*AS*, 144). Und ähnlich später, als er sich zur Library of Congress äußert: „Ist das Beispiel dieser bemerkenswerten Schöpfung ausnahmsweise ein Beispiel, in dem das heftige Winken mit dem Zauberstab des Geldes ein Interesse hergestellt *hat*? Ich fühle, daß die Antwort nur zaghafte Zustimmung sein kann" (*AS*, 261).[26]

26 Vgl. Christopher Newmans Bemerkungen: „ ‚Ich bin nicht kultiviert, ich bin nicht einmal gebildet; ich weiß nichts über Geschichte oder Kunst oder fremde Sprachen oder irgendwelche

Seine Reaktion auf das Grab von Grant ist genauso komplex. An europäischen Maßstäben gemessen, beleidigt sein einfaches, demokratisches Aussehen den Geschmack.

> „Und doch zieht man merkwürdigerweise den Schluß, der Riverside Pavillon habe seinen Ausdruck um keinen Deut weniger verfehlt als der Invalidendom in Paris; man fühlt vielleicht sogar seinen Triumph, indem er das Bedürfnis nach Zurückhaltung zu seinem letzten Wort macht." (*AS*, 110)

Und

> „Man muß das Grab von Grant seiner Bestimmung und seiner Zukunft mit der einfachen Bemerkung überlassen, daß es, wenn es auch wirklich keine der wirkungsvollsten Gedenkstätten darstellt, diejenige ist, die am meisten entbehrt wird. Im großen und ganzen ‚gefiel' es mir entschieden." (*AS*, 110)

Das sind die Eindrücke und Doppeldeutigkeiten, die für die wichtigen und weithin mißverstandenen Kapitel im Buch über die Bowery „und das Gebiet darum herum" gesammelt wurden, für den Kern der New-York-Abenteuer des Erzählers, mit den merkwürdigen Bildern von Henry James, von allen Menschen, die von einer Bar zur nächsten durch das New York der Arbeiterklasse und der verschiedenen Volksgruppen wandern und sich dabei gründlich amüsieren, auf eine andere Art „beruhigt".[27] Er erlaubt zunächst einem seiner Teilcharaktere, dem furchtsamen, angsterfüllten, von Vorurteilen bestimmten Wasp, alles zu beherrschen, auch wenn sein eigener Status als „Immigrant" bewirkt, daß ein starkes, beruhigendes Gefühl der Vitalität und des Mutes und der Hoffnung heraufbeschworen wird, das aus einem solchen Pluralismus erwächst. Im großen und ganzen „gefallen" sie ihm auch. Die Furcht vor einem Antisemitismus wird durch die Hoffnung auf ein „Neues Jerusalem auf Erden" ausgeglichen. Die Möglichkeit einer neuen Form moralischen Lebens bedeutet, daß New York eine „Stadt der Erlösung" sein kann, verglichen mit den „dunklen, schmutzigen, erstickenden Ghettos anderer Städte" Europas, an die er sich erinnert. Er schließt (bereits in einer Weise, die schon auf Schwierigkeiten mit dem „Sinn" des „Modernen" hinweist):

---

anderen gelehrten Dinge. Aber ich bin auch kein Dummkopf und ich garantiere, daß ich etwas über Europa wissen werde, wenn ich es gesehen habe. Ich fühle etwas in meiner Brust hier,' fügte er kurz darauf hinzu, ‚was ich nicht erklären kann – eine Art heftiges Verlangen, ein Begehren, die Arme auszustrecken und etwas an mich zu ziehen'" (*A*, 27/37). James verläßt sich ziemlich stark, denke ich, auf dieses „heftige Verlangen".

27 Sehr viel mehr über James' historisches Gespür in *AS* und die Beziehung zwischen diesem Gespür und dem Sinnproblem siehe Haviland (1997). Haviland ist besonders überzeugend in ihrer Argumentation sowohl gegen die konventionellen, konservativen Lesarten von *AS* (wie die von Howe) als auch gegen die zeitgenössischen postmodernen oder Fouceaultschen Lesarten (wie die von Selzer, um das unerfreulichste Beispiel zu nennen). Die Verbindungslinien, die sie zwischen James' analytischer Haltung und anderen, insbesondere zu Veblen, aufzeigt, sind sehr aufschlußreich.

„Die Doppeldeutigkeit ist das Element, in dem das Ganze für mich schwimmt – so nächtlich, bacchantisch, mit ungeheuren Hüten und Federn und Volants besetzt und doch anscheinend so unschuldig, wieder fast patriarchalisch, und in dieser Mischung kommt es nichts gleich, *was man sonst irgendwo kennengelernt hat*. Es atmete sein einfaches ‚New York! New York!' bei jedem Anstoßen einer Frage; so daß ich nur zufrieden, dieses Mal durch Analysen *angenehm verwirrt*, wie ein Echo antworten kann, ‚Bemerkenswertes, unbeschreibliches New York!'" (*AS*, 155)

Dieser letzte Abschnitt erinnert uns an James' sehr viel früheren Essay über Hawthorne (der Eindruck, den er auf viele, einschließlich Howells, macht, scheint nur mit dem „Aufbau" der Textstelle zu tun zu haben, nicht mit dem klingenden Schluß); bereits ein sehr schöner Hinweis auf das, worauf James hinaus will, sowohl im Hinblick auf Amerika allgemein wie auf Amerika als Bild der Moderne.

„Die negative Seite des Schauspiels, nach der Hawthorne während seines kontemplativen Herumschlenderns und Träumens Ausschau hielt, könnte vielleicht wirklich mit ein wenig Geschick fast ins Lächerliche gezogen werden; man könnte die Beispiele hoher Zivilisation, wie sie in anderen Ländern vorhanden sind und im Gefüge des amerikanischen Lebens fehlen, so lange aufzählen, bis man sich verwundert fragte, was noch bleibt. Kein Staat im europäischen Sinn des Begriffs und freilich auch kaum ein spezifischer nationaler Name. Kein Souverän, kein Hof, keine persönliche Loyalität, keine Aristokratie, keine Kirche, kein Klerus, keine Armee, kein diplomatischer Dienst, kein Landadel, keine Paläste, keine Schlösser und auch keine Herrenhäuser, keine alten Landhäuser, keine Pfarreien, keine mit Stroh bedeckten Hütten oder mit Efeu bewachsenen Ruinen; keine Kathedralen, keine Abteien, keine kleinen normannischen Kirchen; keine großen Universitäten oder öffentlichen Schulen – kein Oxford und kein Eton und kein Harrow; keine Literatur, keine Romane, keine Museen, keine Bilder, keine politische Gesellschaft, keine sportbegeisterte Klasse – kein Epsom und auch kein Ascot! So in etwa würde eine Liste der im amerikanischen Leben fehlenden Dinge aussehen – ihre Wirkung auf das englische oder französische Vorstellungsvermögen wäre wahrscheinlich eine allgemein abstoßende. Die natürliche Bemerkung im fast gespenstischen Licht einer solchen Anklage wäre, daß, wenn diese Dinge ausgeschlossen sind, alles ausgeschlossen ist. *Der Amerikaner weiß, daß noch eine Menge bleibt; was es ist, das bleibt, – das ist sein Geheimnis, sein Spaß, wie man sagen kann.*" (meine Hervorhebung, *H*; 351-352)[28]

---

28 Die Untersuchung zu Hawthorne, geschrieben im Jahr 1879, spiegelt James' Versuch wider, seine Entscheidung, einen amerikanischen Schauplatz zu verlassen, den er beständig als „provinziell" beschreibt, sich selbst gegenüber zu rechtfertigen, und steht in scharfem Gegensatz sowohl zu der Nostalgie von *The American Scene* (wo das Vorkriegsamerika häufiger als einfach und friedlich beschrieben wird und nicht als eine „dünne" und eine dürre Kultur) als auch zu seiner Versöhnung mit der „schlechten, unerschrockenen" Schönheit oder dem modernen Land, zu dem es geworden ist. Dieser Gegensatz und auch vieles andere, was im Hinblick auf die ästhetischen und kritischen Eigenschaften von *AS* hilfreich ist, wird bei Furth (1979) beschrieben. Siehe James' Brief an Howells, wo er weiterhin sowohl das Bedürfnis nach den „Requisiten" der Geschichte, das den „Romanschreiber anregt", als auch die Einzigartigkeit des amerikanischen

Schauplatzes verteidigt, die durch das Fehlen von solchen Requisiten bestimmt ist. (*L*, 72). In *Washington Square* ist dieses Fehlen ein wichtiges, inneres Element des Romans. Es macht einerseits die amerikanische Anfälligkeit für die Liebe (Tante Penniman) und andererseits die Motive für den Haß verständlich, den Dr. Sloper auf den Zufall, das Glück und die menschliche Unzulänglichkeit empfindet (der überzeugt, wie er ist, glaubt, daß ohne eine solche Tradition nur der menschliche Wille und die Vernunft ein annehmbares Leben gestalten können). Ohne solche „Requisiten" läßt uns dieses Buch in einer Art Hawthornescher Situation zurück: die sanfte und gefährliche Unschuld von Catherine und der „wissenschaftliche" Eigensinn unseres neuen Rappaccini, Sloper.

3
„Grobheiten aus wechselseitigem Widerstand"

„Aber ein anderes ist der Gedanke, ein Anderes die Tat, ein Anderes das Bild der Tat. Das Rad des Grundes rollt nicht zwischen ihnen."
„Vom bleichen Verbrecher"
Also sprach Zarathustra

Friedrich Nietzsche

I

Ein Zugang zur Frage der Objektivität und der Autorität moralischer Kategorien besteht darin, daß man das Problem als historische und praktische und nicht als metaphysische Frage formuliert. Unter dieser Voraussetzung wäre es nur in bestimmten Gesellschaften, in besonderen historischen Situationen, wenn eine besondere Lebensweise und ein historisches Gedächtnis, besondere Wirtschaftsformen, Möglichkeiten, Erziehungsniveaus usw., vorhanden sind, gewissermaßen praktisch notwendig, daß die Normen, die das Verhalten einschränken, so erfahren werden, als seien sie auf das fundamentale Recht eines jeden Individuums auf ein freies Leben und auf die gegenseitige Anerkennung eines solchen Anspruchs gegründet. In einer solchen Gesellschaft, unter solchen Bedingungen, wäre die unverstellte Erfahrung eines anderen Subjekts die Erfahrung eines anderen Subjekts, das mit den gleichen „Rechten" ausgestattet ist. Von dieser Annahme ausgehend hätte es keinen Sinn, wenn ich mir selbst ein solches Vermögen zuschreiben könnte (in einer Gesellschaft, in der ich tatsächlich *mich selbst* so verstünde, als verfügte ich über ein solches Vermögen, als sei ich ein Handelnder), ohne anzuerkennen, daß ich einer von vielen mit demselben Vermögen sein muß.

In jeder Gesellschaft müssen wir uns selbstverständlich aufeinander verlassen und wir müssen einander in einem gewissen Maß vertrauen können, und zwar über den physischen Besitz und die Verteidigung des Eigentums und das direkte Durchsetzen von Vereinbarungen mit Gewalt hinaus. Wir tun das, indem wir die Berechtigung der Ansprüche auf Vertrauen und Treue anerkennen. Aber, so lautet die Behauptung, in manchen Gesellschaften werden solche Normen als gegenseitige Verpflichtungen zwischen Individuen angesehen. Wir könnten annehmen, daß die Individuen sich in einer solchen Gesellschaft einem

Faktum gegenüber sehen, an dem sie sich orientieren, dem sie sich nicht entziehen können: daß nämlich jeder konsistente Weg, als Subjekt zu handeln, sein Leben zu führen, die Annahme einschließt, daß es ein Minimum an nicht weiter zu begründenden Verhaltensstandards gibt, die man gegenüber jedem anderen als einem freien Wesen einhalten muß; ja, auch daß es mir möglich ist, mein eigenes Leben zu führen, könnte von einer solchen, zwischen freien Subjekten bestehenden Reziprozität und Gegenseitigkeit abhängen. Man verstünde solche Normen also als gemacht und aktiv am Leben erhalten, aber im Gegensatz zu der relativierenden Tendenz, die sich einstellt, wenn man die Dinge zu stark historisiert, würden sie nicht dadurch, daß man sie macht, beliebig oder entbehrlich. Man könnte behaupten, daß in solchen Gesellschaften (und nur in solchen Gesellschaften) etwas Wesentliches in dem Faktum, daß jeder alles tun kann, daß jeder überhaupt Taten tut, das gleiche Vermögen aller voraussetzt, dasselbe zu tun.

Dies allein führte uns vielleicht nur näher zum Krieg aller freien Subjekte gegen alle und nicht zu einer verbindlichen Anerkennung der gleichen Freiheit für alle, die für die Institution der Moral zentral ist. Die *historische* Sichtweise könnte uns aber erlauben zu zeigen, daß man im Lauf der Zeit nicht nur vor allem sich selbst als einen individuell Handelnden erfahren hat (daß eine bestimmte historische Erfahrung dies unausweichlich macht), sondern daß man innerhalb einer solchen Erfahrung, wenn man ihre Natur richtig versteht, diese Fähigkeit nicht ohne eine Anerkennung der Ansprüche anderer und nicht ohne Respekt vor ihnen ausüben könnte, und daß ich mich bei meiner Lebensführung auf eine solche Gegenseitigkeit verlassen können muß. Die Ausübung meiner Freiheit bedeutete dann vielleicht eine tiefe Abhängigkeit von anderen, von einer Gemeinschaft frei handelnder Personen. Daß eine solche Abhängigkeit besteht, wäre keine metaphysische, sondern eine historische Wahrheit mit einem gewissen Grad an Allgemeinheit und Unausweichlichkeit.

Das wäre zumindest eine Möglichkeit, um sich vorzustellen, welchen Status die Ansprüche anderer auf Respekt haben, und um sich die eigene Abhängigkeit von einer solchen Gegenseitigkeit vorzustellen. Geschichtliche Wesen dieser Art mußten (um diese weitreichende Annahme noch einmal zu wiederholen) sich selbst zwingend als freie Wesen denken, sie mußten ihr eigenes Verhalten durch das Aufstellen von Normen einschränken, und sie mußten wissen, daß auch moralische Normen, welche die Anerkennung einer solchen beiderseitigen Freiheit und die Abhängigkeit von anderen, als frei erkannten Subjekten, widerspiegeln, solchen Wesen allein angemessen sind. In derartigen Gesellschaften fungiert die Verpflichtung zur Ehrlichkeit oder zum Einhalten von Versprechen zwischen Individuen oder die Behandlung des anderen als eines moralisch Gleichgestellten (in gleicher Weise frei und verantwortlich) nicht bloß als ein Weg unter vielen, um die Ordnung in der Gesellschaft aufrechtzuerhalten, und sie erweist sich auch nicht einfach als angepaßtes Verhalten. Die Erfahrung, daß man selbst von einer gewissen Reziprozität in den Beziehungen zu anderen abhängig ist, ist auf einer konstituierenden Ebene zu einem „wer wir sind“ geworden, als ob es eine „Vereinbarung zu einer Lebensform“ sei, als ob ein „Aussteigen“ unmöglich oder inkohärent sei oder die Verwirklichung der eigenen Freiheit verhindere. Aus einer solchen Perspektive ist es vielleicht nicht möglich, schlüssig, deduktiv zu behaupten, daß dies, diese besondere Form der Abhängigkeit zu dem wird, „was wir geworden sind“. Wir sind vielleicht nur imstande, in verschiedenen Zusammenhängen, alltäglichen und außergewöhnlichen, zu „zeigen“, daß es keine Möglichkeit gibt, erfolgreich weiter zu machen, ohne die Kraft und die Unverzichtbarkeit solcher Normen „für uns“ anzuerkennen (selbst wenn man sie leugnet oder sich ihnen widersetzt). Es könnte sogar in der Natur einer solchen Norm liegen, daß sie nur auf diese Weise sichtbar gemacht werden kann, so daß der Roman am Ende die große, philosophische Form der Moderne wäre.

Solch eine denkbare Darstellung wirft selbstverständlich zahllose Fragen auf. Am offenkundigsten ist diese: Wenn die allgemeine Frage ist, woraus das Verbindliche solcher mutmaßlicher Ansprüche der anderen an uns resultiert, und die allgemeine Antwort lautet, daß wir einfach so geworden sind, oder daß man das Risiko eines unersetzlichen Verlusts eingeht, vielleicht den Verlust der Intelligibilität seines Tuns, wenn man solche Ansprüche nicht anerkennt und diese Anerkennung nicht irgendwie lebt, – dann scheint die Darstellung naiv zu sein. Diejenigen, die sich einer solchen Anerkennung widersetzen oder sie ignorieren, machen schließlich weiter wie bisher; sie stürzen offensichtlich nicht in Inkohärenzen und scheinen keinen Verlust zu erleiden. Aber zumindest im Kontext von James' Romanen ist es wichtig, daß wir sehen, was sie verloren haben, wie wenig von dem, was sie zu verstehen glauben, irgendwohin paßt, irgendein Rad in der Welt, in der sie leben, antreibt, ganz besonders nicht das Rad der Intelligibilität, des Verstehens. Es ist ganz leicht für sie, nicht zu wissen, was sie nicht wissen, und ein Ritual oder ein Schauspiel vorzuführen, die gerade das nicht bedeuten, was sie für seine Bedeutung halten, und auch nicht viel anderes. Überdies gibt es keinen besonderen Grund, warum ein solcher Grund oder eine Darstellung dieser Bindung die Art von Grund sein soll, die wir einem egoistisch Handelnden nennen könnten, um ihn davon zu überzeugen, sich zu ändern. Die Romane können manches über einen solchen Anspruch und über einen solchen Verlust zeigen, ohne daß sie derlei Gründe angeben.

Wie wir festgestellt haben, ist James' Auffassung der *modernen* Gesellschaften (ein von ihm, wie wir gesehen haben, häufig und komplex verwendetes Adjektiv) recht sensibel für die historische Besonderheit solcher Gesellschaften und ganz unsentimental und ein wenig düster in bezug auf die Fragilität solcher moralischer Ansprüche und des Vermögens der Individuen, sie anzuerkennen. Die Erwachsenen in *What Maisie Knew* scheinen in einem profunden Sinn repräsentativ zu sein und keine schillernden Ausnahmen, die reichen und anomischen Amerikaner und die geckenhaften, kraftlosen Europäer der *Reverberators* sprechen für sich. Eine neue Art und Weise, Geld zu erwerben und anzuhäufen, eine schwindelerregende, neue Form sozialer Mobilität, die mit dieser neuen Ökonomie verbunden ist, eine neue Kultur, die sich obsessiv der Arbeit und dem finanziellen Erfolg verschrieben hat, Konsumverhalten, ein Kult der Berühmtheit und des Ruhms, eine Massenkultur, die sich auf Journalismus und Werbung gründet, eine neue Auffassung vom Individuum als einem nicht vertrauenswürdigen Zentrum des Egoismus, eine neue Art der Abhängigkeit von den Ansichten anderer in bezug auf die gesellschaftliche Wertschätzung und viele andere Faktoren bedeuten, daß sich die Dinge nicht einfach verändert haben, sondern daß sie sich auf eine beispiellose Art und Weise verändert haben. Sie alle tragen dazu bei, die schlichte Bemerkung von Nanda zu bestätigen: „*Alles* ist anders, als es zu sein pflegte.“ Selbst zynische, kollektive Vermutungen über Gier und Käuflichkeit, die sich in der Philosophie der frühen Moderne großer Beliebtheit erfreuten, haben keine große Wirkung, auch wenn sie sehr verbreitet sein mögen. Man bräuchte selbst in einem solchen Ganzen ein gewisses Gespür für die eigenen Vorteile und Interessen und einen verläßlichen Weg, das Verfolgen solcher Interessen bei den anderen vorwegzunehmen, damit es funktioniert. Das moderne Umfeld, für James auf den ersten Blick durch ein massives Versagen der weitaus meisten gemeinsamen, normativen Strukturen gekennzeichnet, macht die Festlegung oder das Verstehen eines bestimmten Sinns – psychologische Einsicht, ehrliche Selbstbeschreibung, ein wirklich gemeinsames, soziales Verstehen, verläßliche Handlungs- und Absichtsbeschreibungen aller Art – fast unmöglich, mit Sicherheit aber sehr schwierig. In einem solchen historischen Umfeld erscheinen nicht nur alle derartigen, von uns gerade benannten, moralischen Beurteilungen bedroht, sondern sie laden überdies – genau wie Hegel es einst vorhersah – zur Heuchelei geradezu ein, sie dienen als Vorwand für Beurteilungskriterien, die niemand erfüllen kann oder will oder weiß, wie er sie erfüllen soll, und für eine „Hartherzigkeit“, die kein scheinheiliges, sondern ein fast pathologisches Beharren auf einer Selbstlosigkeit ist, die alles tatsächliche Handeln wertlos macht, weil sie eigennützig ist.

Wenn man dann fragte, was es mit einer Gesellschaft auf sich hat, die moralische Kategorien wie Treue, Vertrauen, Ehrlichkeit, Zuverlässigkeit, Achtung und die Anerkennung einer gewissen Gegenseitigkeit (oder alle die Themen, um die so viele von James' Erzählungen kreisen) tatsächlich zu *den* Problemen macht, und was diese ihrerseits zu so schwierigen und unvermeidlichen Streitfragen macht, dann hätte man zumindest dieselbe Frage gestellt wie James. Einerseits gibt es in der von James beschriebenen, historischen Situation eindeutig vieles, was man nur als pathologischen Befund bezeichnen kann, und sie zeitigt sicher viele pathologische Befunde. Die Orientierungslosigkeit und Instabilität, die Gefahr radikaler Unbestimmtheit bildet den Hintergrund für viele Jamessche Themen. Da gibt es die großen, schmerzhaften Zweifel, die so vielen Romanfiguren gemeinsam sind, ob „man wirklich gelebt hat“ oder ob man nur „vorgegeben“ hat zu leben. Da gibt es das Thema in allgemeiner Form, die Differenz zwischen dem vorgeblichen Sein und dem Sein (oder das häufige Thema der Theatralität, der Soziabilität, die nur Theatralität ist, wie in *The Tragic*

Muse). Da gibt es die Furcht vor Bloßstellung (als ob man wirklich als ein Nichts bloßgestellt würde) oder das allgemeine Thema der Bloßstellung (das Debütanten-Ritual oder die vorgebliche Einführung von jemandem in „etwas“, was nicht wirklich „da“ ist). Da befürchtet man, fehl am Platz zu sein (besonders als „Amerikaner in Europa“), und ist daher beständig auf der Hut, keine Schande auf sich zu ziehen, da gibt es die Erfahrung der Schande und dann den dadurch verursachten Zyklus von Rache und Ressentiment.[1] Da gibt es die bizarren Anhänglichkeiten und Abhängigkeiten, die Doppelgänger und Zwillinge, Herren und Sklaven, toten Autoren und lebenden Forscher, und andere pathologische Befunde sozialer Abhängigkeit. Da gibt es die beständige Realität oder Gegenwart des Unausgesprochenen, das ungesagt bleibt, weil es nicht gesagt werden kann, aber dennoch wirklich ist (wie in Isabels oder Strethers endgültiger Erkenntnis), die Faszination durch Geheimnisse und die Obsession durch einen verborgenen, entscheidenden, aber noch nicht gefundenen Sinn, die Geister und die Frage nach ihrer Realität, usw. Das alles sind Reflexionen dieser Situation, der Moderne, als einer Zeit, in der die verläßlichen Formen der Sinngebung zusammenbrechen und eine Art von Soziabilität ihren Anfang nimmt, die genau diese Ungewißheit und oft auch Zweifel und Paranoia widerspiegelt.

Und doch beginnt sich gerade in dieser Spiegelung auch zu offenbaren, welchen Sinn eine solche Lage hat. Wie wir sehen werden, trägt das, was zu der modernen, von Verlust und Scheitern gekennzeichneten Situation beiträgt, zwangsläufig – wenn sie richtig verstanden und auch akzeptiert und angemessen anerkannt wird – zu dem Streben nach einem historisch anderen Leben bei, einem freien Leben, einer Freiheit, die unvermeidlich und notwendig kooperativ bestimmt und irgendwie beschädigt ist, die den Handelnden fehlt, wenn sie nicht wirklich wechselseitig ist. (Ein Hinweis dazu findet sich in *The Wings of the Dove*: Kate Croy hat sofort das Gefühl, daß Milly, obwohl sie so gut ist, etwas fehlt, etwas, das unmittelbar mit ihrer modernen Macht zu tun hat (mit ihrem großem Reichtum und ihrer daraus folgenden, enormen Unabhängigkeit) und damit ironischerweise zu einem Makel ihrer sehr modernen Tugenden wird. Ihr fehlte „die Vorstellung von Schrecken, von Sparsamkeit, *die in jeder Weise zur Gewohnheit gewordene Vorstellung einer bewußten Abhängigkeit*

1 Das ist das Hauptthema von Mackenzies Buch (1976). Obwohl dieses Buch zahlreiche wertvolle Beiträge zu dem sozialen Umfeld enthält, das eine solche Angst erzeugt, ist Mackenzies Ansatz weitgehend psychologisch. Er will die Erfahrung der Schande und die dadurch inspirierte Rache der Bereitschaft gegenüberstellen, die Obsession durch die „Identität“ zu opfern, eine Bereitschaft, die durch Ehre oder Liebe erreicht werden kann. Seine Darstellung, wie die Charaktere beständig erfahren, daß sie nicht die sind, für die sie sich hielten, und was das bei ihnen bewirkt, ist faszinierend und sehr hilfreich. Ich möchte jedoch versuchen zu zeigen, daß James' Interesse sich nicht auf das unvermeidliche Versagen der Ehre, der gegenseitigen Achtung oder der Liebe richtet, sondern auf die zufälligen und falschen Erwartungen, die solche Zyklen auslösen. Die Andeutungen zum Thema Ruhe, wie sie in dem vorhergehenden Kapitel während der Diskussion des Moderne-Themas bei James erwähnt wurden, weisen auf die moralische Situation und auf die Art von Versöhnung hin, mit der James sich befassen will.

von anderen“, und damit war sie „nicht eine Person, mit der man tauschte, mit der man auch nur Chancen tauschte“ (*WD*, 125/128).)[2]

Ich hoffe, daß zumindest plausibel wird, daß James keine von Skepsis bestimmten Schlußfolgerungen über die Unbestimmtheit zieht und daraus das Bedürfnis nach moralischen Kategorien erwächst; und er ist auch nicht nur an der Psychologie von Charaktertypen interessiert, die ihre Handlungen in gewisser Anerkennung dieser Normen einschränken (als ob zum Beispiel das häufige Vorkommen von Opfer und Selbstlosigkeit wirklich nur Furcht, Repression und Vermeiden ausdrückte). Die Normen sind häufig selbst der Kern der Sache und ihr Status steht immer zur Debatte, wird nie übergangen oder psychologisiert (als besondere Glaubensvorstellung eines einzelnen behandelt). Wie er erkennt, daß man sich einem solchen Modus des Selbstverständnisses oder des Verständnisses anderer nicht entziehen kann oder wie man ihn sich aneignet, ist die Frage, die ich stelle. Und wenn man behauptet, es gebe eine, wie auch immer geartete, praktische Notwendigkeit, so bleibt sie in jedem Fall eine historische Notwendigkeit, der sich niemand in einer so ausgeprägt historischen Welt entziehen könnte, ohne daß er aufhörte, ein Persönlichkeit, ja, eine Person überhaupt zu sein.

II

Man kann einleitend mehrere Dinge dazu bemerken, in welcher Weise James die Frage präsentiert, wie eine solche Notwendigkeit und deren Sinn im Leben der geschichtlich Handelnden erfahren wird. Zum einen liegt James' Interesse bei der Bedeutung, die moralische Überlegungen im Leben und nicht bloß als Richter über das Leben haben; er stellt die moralische Betrachtungsweise nicht als eine Art äußere Beschränkung dessen dar, was im Leben erlaubt ist, einen bloß gelegentlich erfolgenden Anruf des Gewissens. Sicher sind in den Situationen, die James uns präsentiert (so historisch reflektiert sie auch sein mögen), viele alltägliche Merkmale der Moral erkennbar, insbesondere implizite Behauptungen zur Realität moralischer Konflikte (daß im Abwägen zwischen den eigenen Interessen und dem eigenen Wohlergehen und einem moralischen Anspruch an uns ein Konflikt liegen kann) und zu der Annahme, daß alle Subjekte bestimmte berechtigte, universal gültige, moralische Ansprüche besitzen.

2 Auch das ist alles in doppelter, vielleicht in dreifacher Weise ironisch. Erstens, wer weiß schon in diesem frühen Stadium, warum Kate Milly als so göttlich unabhängig erscheinen lassen will, welches Interesse sie bereits jetzt hat zu glauben, daß Milly so frei und unangreifbar sei. Zweitens stimmt das nicht ganz. Millys allzu menschliche Abhängigkeit wird sich bald zeigen. Drittens, die Befürchtung über ein Wechseln der Plätze ist nur zu berechtigt, aber aus einem Grund, den Kate nicht kennt und der, fatalerweise, ganz und gar unabhängig von jeder Macht ist, die Millys Geld ihr verleihen könnte.

Aber James hat eine ganz charakteristische Art und Weise, den Ort solcher Anforderungen und berechtigter Ansprüche in einem modernen Leben abzubilden, charakteristisch sowohl aufgrund seiner historischen und sozialen Sensibilität als auch aufgrund der Art und Weise, wie er die Institution der Moral selbst darstellt. Das heißt, er zeichnet die Moral nicht als distinktes oder separates Ziel, das man formulieren und anstreben sollte, zeichnet nicht moralische Helden und Heldinnen, die sich bemühen, gut zu sein, oder sich bemühen zu verhindern, daß ihr bestechliches Eigeninteresse ihre Motivation zur Erfüllung ihrer Pflicht durchkreuzt. Seine Charaktere, sogar und besonders die besten unter ihnen, kämpfen einfach um ihr Leben, versuchen zu leben. (Wenn sie Amerikaner und intelligent sind, versuchen sie, ein Leben zu leben, das in angemessener Weise auf die weit ausgreifenden, neuen Möglichkeiten antwortet, die durch die Gründung Amerikas möglich geworden waren; sie werden von Europa angezogen wie von den eigenen Eltern, sie nutzen es als Quelle und Fundus für Erfahrungen, sind jedoch mißtrauisch gegenüber den Eltern und begierig nach etwas Eigenem; wenn sie Europäer sind, versuchen sie, jene gesellschaftlichen Formen und Konventionen zu bewahren, zu schützen und zu verteidigen, welche die Basis für das lange Training und die Disziplin bilden, die die Ausbildung von Geschmack erst möglich machten, die aber gleichzeitig zu töten und zu mumifizieren drohen, was sie erhalten wollen.) Meistens versuchen sie einfach, zu heiraten oder verheiratet zu bleiben oder eine Ehe zu ertragen oder sie zu vermeiden, aber alles in allem scheinen die Besten unter ihnen zu versuchen zu leben, so als ob sie herausfinden wollten, wie man sein Leben führen muß, oder als ob es heute, in einer so geschichtlichen Welt, eine schwierige Aufgabe sei, ein eigenes Leben zu haben, das keine Bahn ist, die man einfach einschlägt, weil man am Leben ist. Und innerhalb der wechselseitigen Vereinbarungen zu diesem Bestreben präsentieren sich die Ansprüche der Moral, als könne man sich ihnen praktisch nicht entziehen oder als seien sie nur unter ausgesprochen großen Kosten zu umgehen, wenn man ein Leben „führen“ will. Negativ gefaßt ist die Frage also: wie kann James zeigen, was für diese (historisch eingeordneten) Subjekte von ihrem Standpunkt aus verloren geht, und zwar nicht nur, wenn sie zum Gegenstand des Tadels werden, falls solche Überlegungen unbeachtet bleiben oder durch Rationalisierungen, die der Selbsttäuschung dienen, weggeredet werden (wie bei Densher und Kate Croy).

Ein Mittel, mit dem er das erreicht, besteht darin, daß er vor allem ein Thema immer wieder in vielfältigen und vielschichtigen Variationen hervorhebt, einen Gedanken, den er, wie ich glaube, für ein Kennzeichen der neuen, ziemlich anomischen Massengesellschaft hält, die sich um ihn herum gebildet hat: die Tiefe und die Art der Abhängigkeit voneinander, die von einzelnen, freien Subjekten erfahren wird, die Erfahrung, daß es nötig ist, die Ansprüche des einen an den anderen gleichmäßig anzuerkennen, vorausgesetzt, auf dieser Basis ist eine solche Abhängigkeit und eine gewisse Bindung an andere vorhanden. Dabei handelt es sich um einen Punkt, der auch in dem Internationalen Thema einen herausragenden Platz einnimmt, auch in seiner Darstellung der Implikationen, die in dem trügerischen, ja, verhängnisvollen, amerikanischen Streben nach einem angeblich modernen Ideal völliger individueller Unabhängigkeit oder „Selbstsicherheit“ enthalten sind und in dem in gleicher Weise trügerischen, zerstörerischen, „europäischen“ Beharren darauf, daß Wertschätzung, Stolz oder soziale Abhängigkeit von zentraler Bedeutung sind: das Beharren auf *der* Bezugsgröße des „Angemessen-gesehen-Werdens“ und nicht so sehr des Selber-Sehens oder gar des Tätig-Werdens. Wenn, mit anderen Worten, Charaktere wie Isabel Archer und Strether und Maggie eine Art moralisch signifikante Unabhängigkeit erreichen, es schaffen, sich in einem gewissen Sinn „freizukämpfen“, dann ist das keine heldenhafte oder romantische Unabhängigkeit. Sie enthält auch ein gewisses Zugeständnis an die spezifischen Anforderungen der modernen Soziabilität und anderer Personen (häufig als Problem der Heirat in Szene gesetzt: was es in dieser modernen Welt bedeutet, eine Liebesheirat zu suchen, was es heißt, eine solche Abhängigkeit anzuerkennen und Treue zu versprechen, und damit, warum dies ein Bild für den ganzen Tanz um Anerkennung und moralisches Vertrauen ist; in einigen Fällen, wie bei Strether, dadurch dargestellt, daß er nicht heiratet).[3] Sie enthält weiterhin ein Zugeständnis, das zwar resignativ oder fatalistisch erscheinen kann, aber in einem komplexeren, Jamesschen Sinn an die Art von Unabhängigkeit oder Freiheit erinnert, die in modernen Gesellschaften möglich ist und hier möglicherweise einen Wert hat, und sie enthält seine Weigerung, sich der Versuchung durch verschiedene falsche Alternativen auszusetzen.

Eine solche Dialektik findet man bei James häufig. Das beginnt bei kleinen Details: Während wir beobachten, wie Milly Theale anfängt, sich zu verändern, anfängt, sich für interessant zu halten und zu glauben, daß sie ein bestimmtes Leben verdiene, erkennen wir, wie sehr das, was sie glauben lernt, eine Funktion dessen ist, wie man sie in London sieht, daß „Milly tatsächlich anfing, sich von dem hübschen Mädchen [Kate] den Blick auf ihren eigenen Zustand auszuborgen“ (*WD*, 125/128). Und das reicht bis zu Themen, die sich bei der Beschreibung der emotionalen Logik von Liebendem und Geliebten in vielen Romanen in gleicher Weise finden, bis hin zu einer sehr weit ausgreifenden Darstellung, die von James häufig mit vielen historischen, die Geschlechtergrenzen überschreitenden Kehren und ironischen Wendungen durchgespielt wird und die vom Echo des in dem ursprünglichen Unabhängigkeit-Abhängigkeits-Kampf verborgenen Ödipus-Komplexes widerhallt. (Und damit sind wir wieder beim Internationalen Thema: Amerikaner und Europäer setzen die Gründung einer neuen Zivilisation in Szene, ein Problem, das man ebenfalls mit Hilfe des Ödipus-Komplexes erklären könnte: Die Mutter Europa wird innig geliebt und ebenso innig gehaßt wegen ihrer Treue zu dem ältesten Vater, dem Brauch; die gegenteilige Frage ist häufig, ob diese stets infantilisierten Ameri-

3 Vgl. die Zusammenfassung über die Ansichten zur Ehe bei Henry James sen. von Haviland in Kapitel 8 (1997) und ihre außergewöhnliche Kritik an James sen. und Lacan.

kaner erwachsen werden können?[4]) Die doppelte Unzulänglichkeit jedes einfachen Ideals von Abhängigkeit oder Unabhängigkeit deutet im Vergleich auf eine bestimmte Form moralischer Gegenseitigkeit hin, die den anderen in angemessener Weise berücksichtigt, was jetzt für einige möglich, für jeden aber, der ein würdiges Leben führen will, notwendig ist. Ein berühmter Wortwechsel in *The Portrait of a Lady* spricht das Thema direkt an und liefert erste Hinweise auf die zahlreichen verwandten, stillschweigend implizierten Dimensionen, von denen einige radikale Vorstellungen über die Natur des Bewußtseins und damit des Selbstbewußtseins betreffen. Ich hoffe, diese alle jetzt zusammenbringen zu können.

Isabel hatte gerade über das angeblich „häßliche Backsteinhaus" von jemandem bemerkt, es sei ihr „völlig egal". Madame Merle antwortet.

> „,Das ist sehr taktlos gedacht. Wenn Sie erst so lange gelebt haben wie ich, werden Sie sehen, daß jedes menschliche Wesen eine Schale hat und daß man diese Schale in Rechnung stellen muß. Unter Schale verstehe ich die ganze Hülle äußerer Umstände. Es gibt keinen Mann oder eine Frau ganz für sich allein; jeder von uns besteht aus einem Bündel von Zubehör. Was sollen wir denn unser ,Selbst' nennen? Wo fängt es an? Wo hört es auf? Es fließt in alles, das zu uns gehört – und fließt dann von dort wieder zurück. Ich weiß, daß ein großer Teil von mir in meinen Kleidern steckt, die ich aussuche. Ich habe eine große Achtung vor *Dingen*. Das eigene Selbst ist – für andere – unser Ausdruck unseres Selbst; und unser Haus, unsere Möbel, unsere Kleidung, die Bücher, die man liest, die Gesellschaft, die man pflegt – diese Dinge sind alle Ausdruck unserer selbst.'
> Das war sehr metaphysisch; allerdings auch nicht mehr als verschiedene andere Bemerkungen, die Madame Merle bereits geäußert hatte. Isabel liebte die Metaphysik, war aber nicht in der Lage, ihrer Freundin bei dieser kühnen Analyse der menschlichen Persönlichkeit zu folgen. ,Ich stimme mit Ihnen nicht überein. Ich glaube, es verhält sich gerade umgekehrt. Ich weiß nicht, ob es mir gelingt, mich selbst auszudrücken, aber ich weiß, daß nichts anderes mich ausdrückt; alles andere ist im Gegenteil eine Grenze, ein Schranke, und zwar eine völlig willkürliche. Mit Sicherheit drücken mich die Kleider, die ich für mich auswähle, wie Sie sagen, nicht aus; und der Himmel verhüte, daß sie es je tun!'
> ,Sie ziehen sich sehr gut an', warf Madame Merle leichthin ein.
> ,Vielleicht; aber es kümmert mich nicht, ob ich danach beurteilt werde. Meine Kleider mögen meinen Schneider ausdrücken, aber sie drücken nicht mich aus. Vor allem ist es nicht meine Entscheidung, daß ich sie trage; sie werden mir von der Gesellschaft vorgeschrieben.'

---

4 In *The Ambassadors* hat Strether das Gefühl, daß eine erzwungene Rückkehr nach Amerika etwa so wäre, als würde er „an Woollett zurückverwiesen so wie jugendliche Missetäter in Besserungsanstalten eingewiesen werden" (*AM*, 201/250). Chad bemerkt über seine Landsleute auch: „Sie sind Kinder, sie spielen das Leben!" (*AM*, 203/253). Vgl. auch folgende Formulierung des Problems in *The American*: „In Amerika, überlegte Newman, haben Burschen von fünfundzwanzig und dreißig Jahren alte Köpfe und junge Herzen oder zumindest eine junge Moral; hier haben sie junge Köpfe und uralte Herzen, eine tiefgraue und faltige Moral." (*A*, 79/103)

‚Würden Sie lieber ohne sie gehen?‘ fragte Madame Merle forschend in einem Ton, der die Diskussion praktisch beendete. (*PL*, 173/207f.)[5]

III

Solche Passagen offenbaren bereits, mit welcher Ambition James sich dem Problem des modernen moralischen Lebens zuwendet.[6] Das Zitat zeigt, daß er ganz klar der Meinung ist, man müsse, wenn man die konkurrierenden und einander häufig widersprechenden Ansprüche auf eine Behandlung von bestimmter Art und andere berechtigte Ansprüche verstehen will, nichts weniger als die Natur intersubjektiver Erfahrung selbst verstehen, die Art und Weise, wie sich eine diskursive Intelligenz eine Meinung darüber bilden kann, was ihr geschieht, und wie moralische, insbesondere unterschiedliche moralische Ansprüche, die sich auf solche Meinungen gründen, gebildet werden können oder, um eine bekannte Formulierung von James zu verwenden, wie man am Ende „mit sich und der Welt im reinen [squared]“ sein kann. Da nach allgemeiner Auffassung moralische Sachverhalte häufig und unvermeidlich Ansprüche anderer an uns enthalten, was wir tun oder unterlassen sollen, ohne Rücksicht auf die Kosten für unser eigenes Interesse, hängt sehr vieles davon ab, wie wir die anderen, die dafür wichtig sind, verstehen, wer von unserem Tun betroffen ist oder nicht, und wie wir zu einem Verständnis dessen gelangen können, was uns geschieht. Und wie bereits erwähnt, hängt sehr vieles von der Natur der sozialen Abhängigkeiten ab, innerhalb deren diese Verhandlungen vonstatten gehen. James' Auffassung ist nicht die von Madame Merle, aber er nimmt ihren Standpunkt sehr ernst und bringt den Sachverhalt mehrmals im eigenen Namen zur Sprache, am bekanntesten ist die häufig zitierte Passage aus dem Vorwort zu *Roderick Hudson*.

5 Vgl. auch eine ähnliche Diskussion in *The Awkward Age*, die auf Mr. Longdons Frage an Nanda folgt: „Sie meinen, daß die Dinge, von denen Sie sprechen, von anderen Menschen abhängen?“ Ihre Antwort zeigt, daß James sich sowohl der historischen als auch der gesellschaftlichen Seite einer solchen Abhängigkeit bewußt ist und wie tief diese Abhängigkeit reicht. „Ihre“ bezieht sich in dem folgenden Zitat auf Nandas Großmutter, Lady Julia, die in dem Roman ein fast mythisches Bild für die Nostalgie der „verlorenen Zeit“ vormoderner Empfindsamkeit darstellt. Nanda sagt, „Wenn wir beide in Teilen das Resultat anderer Personen sind, *waren ihre anderen Personen ganz verschieden*“ (*AA*, 141, meine Hervorhebung). Und in einer Formulierung mit einer typisch Jamesschen Wendung: „Großmama war nicht das Mädchen, das sie nicht sein konnte – und ich bin es auch nicht“ (*AA*, 141). Vielleicht das beste Bild für das Problem, auf das James abzielt, findet sich in *The Ambassadors* in der berühmten „Lebe-alles-was-du-kannst“-Rede in Glorianis Garten, diskutiert in Kapitel sechs.

6 Ich will damit nicht sagen, daß James sich einfach mit Madame Merles Auffassungen identifiziert (sie weisen bereits auf ihren egoistischen Zynismus hin); ihre Bemerkungen stellen nur den Rahmen her, in dem James das Problem und insbesondere das Problem des Gegensatzes zwischen Isabels Unschuld und ihrem Eigensinn behandelt.

„In Wirklichkeit hören Beziehungen nirgends auf und das exquisite Problem des Künstlers ist es auf ewig, nach seiner eigenen Geometrie immerhin den Kreis zu zeichnen, in dem sie das *dem Anschein nach* in gelungener Weise tun. Er befindet sich in dem ewigen Dilemma, daß die Beständigkeit der Dinge für ihn Komödie und Tragödie ausmacht; daß diese Beständigkeit niemals durchbrochen wird, auch nicht für einen Augenblick oder um einen Zoll, und daß er, um überhaupt etwas zu tun, sie gleichzeitig gründlich befragen und gründlich ignorieren muß.“ (*RHP*, 1041/525)

In jüngster Zeit haben viele James-Leser seine sehr ungewöhnliche, ja, revolutionäre Darstellungsweise solcher Probleme schätzen gelernt. Vielleicht sensibilisiert durch die moderne Literaturtheorie und aus Mißtrauen gegenüber der bloßen Möglichkeit „individueller“ Intentionen und Sinngebungen[7] und damit auch gegenüber der traditionell psychologischen Lesart von James, haben manche Autoren stärker das hervorgehoben, was bei ihm eindeutig da ist. Ein wenig ironisch haben sie aus dem, was frühere Kritiker als Untugend empfanden, eine Tugend gemacht: erstens, das nur schwer Faßbare des psychologischen Sinns, bestimmter Intentionen oder gar stabiler Identitäten seiner Charaktere, und zweitens, die komplexe Beziehung zwischen Bewußtsein und Macht, oder, in dem menschlichen Leben, wie er es darstellt, der schmale Grat zwischen Interpretieren und Verstehen einerseits und Herstellen und Hineinlesen andererseits. Weil diese Leser ihre Interpretationen auf alle möglichen Theorien gegründet haben, von Freud über die Feministen bis zu den Poststrukturalisten, selbst bis hin zu den Foucaultschen „Theorien des Verdachts“, haben sie den zentralen Aspekten des Sinnproblems bei den Charakteren von James entsprechend große Aufmerksamkeit gewidmet; jenem Problem, das in unserer angeblich postmo-

7 Interessanterweise findet sich die Position, zu der James in Widerspruch steht, wiederholt im Individualismus von William James und in seiner Behauptung wieder, daß wir nicht von *dem* Gedanken sprechen, sondern von „meinem Gedanken, jeder Gedanke gehört jemandem“. James (1983), S. 221. Dieser Punkt und viele andere sind in einem der besten, jüngst erschienen Bücher über James ausführlich dargestellt und überzeugend entwickelt: Posnock (1991). Vorläufig hier nur die Feststellung einer Meinungsverschiedenheit: Posnock stellt wie Cameron in Fußnote 12 James' Ästhetik und Ethik in Begriffen dar, die noch zu sehr Adorno verpflichtet sind, zu befangen in der Bedeutung eines „negativen“ Moments in James' Bild des modernen Lebens, so als ob der Einbruch einer unbeschreiblichen, „unvermeidlichen Abweichung“, der „unleserlichen“ oder „nicht assimilierbaren Besonderheit“ zeige, daß eine „addierte“, moderne, instrumentalisierte, kommerzialisierte Welt auf ewig unmöglich sei. Ich stimme diesem Bild der Jamesschen Erlösung nicht zu, die zumindest in zahlreichen Fällen als Bindung an ein „Denken der Nichtidentität“ oder an das „Mimetische“ oder als Überschreiten, Verletzen von Grenzen, Ausschweifung usw. gesehen wird. (Das ist richtig, selbst wenn man Posnocks These zustimmt, daß Mead, Dewey, Adorno und Henry James als Versuche gelesen werden können, „den Jamesschen(W.)/Bergsonschen Verzicht auf die Identitätslogik zu sozialisieren“, S. 136.) Denn trotz aller größeren historischen und sozialen Empfindsamkeit, die in Posnocks Bild eingefangen werden, und trotz aller seiner Versuche, sich von Ansätzen wie dem Trillings (vgl. S. 83) abzuheben, hat eine solche negative Dialektik noch zu vieles mit Trillings ursprünglicher, hochmoderner Feier der Doppeldeutigkeit als dem großen Ideal einer wahrhaft liberalen Vorstellungskraft gemeinsam.

dernen Welt etwas ganz Vertrautes, ja, Zukunftweisendes ist: Unbestimmtheit, Abwesenheit, Wissen und Nicht-Wissen in bezug auf denselben Inhalt.[8]

Die deutlichste, dramatische Evokation dieses Merkmals des Jamesschen Bewußtseins ist schlicht und einfach das Scheitern, das beständige Scheitern der Personen in bezug auf ihre Fähigkeit, hinreichend oder eindeutig genug zu verstehen, was vor sich geht, was die Gesten und Worte der anderen Personen bedeuten könnten. Selbstverständlich geschieht das manchmal, weil die Charaktere einfach beschränkt sind oder, ganz besonders, weil sie getäuscht werden oder sich große Mühe geben, nichts zu verstehen (Densher ist das beste Beispiel für den letzten Punkt). Aber die Probleme entstehen nicht an dem zuerst genannten Punkt, und selbst die zuletzt genannten Erklärungen bieten kaum eine brauchbare Analyse, denn genauso häufig steht der moralische Sinn von „Täuschung“ genauso sehr in Frage (so versuchen etwa zumindest die beiden Hauptbetrüger in *The Wings of the Dove* oder Madame de Vionnet und Chad, sich selbst etwas einzureden).

Noch umstrittener und dabei von größter Bedeutung für das Moral-Thema ist, was als generelle Instabilität oder Unzuverlässigkeit einer möglichen geistigen Substanz der Jamesschen Charaktere im allgemeinen erscheint. James hat eindeutig ein generelles Interesse daran, wie man von einem Gehalt, von einem festgelegten Sinn von Glaubensvorstellungen sprechen kann, und er stellt das Phänomen in einer Weise dar, die sich über viele standardmäßige Erklärungsoptionen hinwegsetzt. Es gibt zwar selbstverständlich keine Jamessche Position zum Bewußtsein oder der Zuordnung von Glaubensvorstellungen, keine Darstellung der Wahrnehmung, geistiger Ursachen, praktischer Vernünftigkeit usw., zumindest in den Bereichen nicht, wo er implizit eindeutig zu Fragen der Motivation oder des Verstehens von Handlungen anderer Personen und

8 Selbst vielen früheren Kritiken von James wird aufgrund solcher Einflüsse wieder neues und ein interessanteres Leben eingehaucht. Zum Beispiel der Frage des Bewußtseins und der vermeintlichen Grenzen von James' Darstellung (eine Streitfrage, die so alt ist wie Gides Frustration). Bersani (1969), „die Jamessche Lüge“, behauptet besonders auf S. 128-155, daß James „gegenüber dem Interesse an psychologischer Tiefe bemerkenswert resistent ist“. Das ist der Ausgangspunkt für seine Kritik an den Leistungen von James' Prosa und zeigt sich in der Summe in folgendem, extremem Zitat: „Der Geist des Jamesschen Bewußtseinszentrums ist in dem Sinne frei, daß er Wünsche erfindet und befriedigt, die nur auf einen minimalen Widerstand entweder der äußeren Welt oder innerer Abgründe treffen. Sprache ist nicht mehr vor allem eine Reflexion oder eine Sublimierung vorhandener Wünsche; sie fördert neue Formen des Seins“ (S.146). Dies, sagt er, „versklavt das Bewußtsein bei James erneut“, weil „eine von der Psychologie gelöste Intelligenz Mustern folgt, die niemandem gehören ...“ und „das Aufgehen des Charakters in der Sprache kann auch die Dehumanisierung des Begehrens bedeuten“ (S. 146). Diese Auffassung scheint sich auf eine (vorgeblich Jamessche) Auffassung von Sprache als einer Art „neutrales Territorium“ zu gründen, „das sich immer ‚außerhalb‘ eines bestimmten Selbst“ befindet (ebd.). Das ist, wie ich zeigen möchte, ganz entschieden nicht James' Auffassung von Sprache oder Intelligenz; er sieht sie viel mehr als eine soziale Praxis zwischen Subjekten denn als ein „System“ außerhalb der Subjekte, und das Jamessche „ich“ ist ganz entschieden immer und überall „begrenzt“ und radikal abhängig – von anderen Subjekten, in einem immer wieder neu geführten Kampf um eine Gegenseitigkeit, die von moralischen Ansprüchen und damit, ganz entschieden, von einem eindeutig menschlichen Begehren widerhallt.

dergleichen Stellung bezieht, aber er präsentiert uns das Bewußtsein nicht als einen Behälter oder ein Fenster zur Welt, als ob der Geist bloß Gedanken ergriffe, die auf ihn warten, oder seine Wörter verwendete, um sie Bedeutungen anzuheften, oder als ob ein Geist individuell, durch eine Denkanstrengung, eine Intention oder Einsicht erreichen, einen bestimmten Sinn erfassen könnte. Im Gegensatz zu allen diesen Bildern des Suchens, Findens, Eindeutig-Machens und Erfassens in den von James beschriebenen Kämpfen, scheint das, was man nach Ansicht der anderen denkt, in komplexer Weise von den etwaigen Reaktionen, Dispositionen, dem Zögern und den Aktivitäten der anderen abzuhängen, als ob wissen hieße, daß man sich mit den anderen in einer normativen Weise befaßt, die auf verschiedene Schicklichkeiten oder Unschicklichkeiten abgestimmt ist oder nicht. (Ich werde in Kürze ein Beispiel dafür nennen.) Das wird von James häufig elliptisch ausgedrückt, indem er das, was er die „ausgehandelte“ Natur des psychologischen Sinns nennt, hervorhebt, so, als existierte dieser tatsächlich irgendwo „zwischen“ und nicht „in“ den Personen. Und auch das vergrößert die Ungewißheit und Unklarheit sowohl bei den Romanfiguren wie bei uns. Deswegen scheint es keinen Weg zu geben, nicht bloß für uns nicht, sondern ebensowenig für sie, den Gehalt ihrer Gedanken zuverlässig zu erkennen, zu wissen, was sie denken. Und, wie er uns sehr eingehend zeigt, ist es die Art des in *The American Scene* beschriebenen und durch das Internationale Thema dargestellten Umfeldes, das die Verhandlungen und Abhängigkeiten um so vieles intensiver, unzuverlässiger und unausweichlicher macht: die Abwesenheit eines konventionellen, gesellschaftlichen und politischen und religiösen Rahmens, und das neue Spiel, das der amerikanische Erfolg, sein Geld, die soziale Mobilität, seine destabilisierenden, entwurzelnden Wirkungen, sein Skeptizismus und sein Säkularismus notwendig macht.

Wenn man sagt, viele Jamessche Charaktere scheinen nicht zu wissen, was sie denken, dann heißt das selbstverständlich nicht, daß sie sich ihres mentalen Zustands nicht bewußt sind. Es heißt nur, ich bemerke, daß das, was ich tatsächlich über meine eigene Haltung oder über andere bewußt denke, für die Meinungen und Glaubensvorstellungen, die man mir (am Ende) mit Recht in bezug auf solche Dinge zusprechen kann, eine Bedeutung haben könnte, aber nicht haben muß. Es kann sein, daß ich die Meinungen, die ich habe, nie „wirklich gedacht“ habe, und was ich mir selbst bewußt erzähle, kann durchaus etwas sein, was ich überhaupt nicht glaube.[9] Das könnte immer noch darauf hinzudeuten scheinen, daß das Problem in einer Art epistemologischer Opakheit besteht (es *gibt* eine solche Meinung und ich bin irgendwie daran gehindert, sie zu erkennen), oder daß eine Art Selbstverleugnung besteht oder mir das nicht bewußt ist, usw. Man könnte von mir sagen, daß ich durch das, was ich tue, offenbare, was ich wirklich glaube, nicht beispielsweise durch das, was ich sage oder mir bewußt mache. Aber wie ich in den nächsten Kapiteln zeigen werde,

9 Eine schöne Diskussion von diesem und anderen Phänomenen findet man in dem Aufsatz von van Frassen (1988), S. 123-157, besonders S. 125-127.

scheint James' Position viel radikaler zu sein als diese Position der „Opakheit“. Die Frage, was ich tatsächlich glaube oder was mich in Wahrheit motivierte, usw., ist nicht einfach etwas, von dem man sagen könnte, es sei überhaupt „da“, wie sehr unsere Einsicht auch epistemologisch verfeinert werden mag. Man kann darüber in einem gewissen Sinn nur retrospektiv verfügen, weil „dort“, in der Zukunft, der einzige Ort ist, an dem es „sein“ könnte.

Für die Philosophen des zwanzigsten Jahrhunderts war es schwer genug, die Möglichkeit eines Vorstellungsgehalts mit einfachsten propositionalen Einstellungen zu erklären. Versucht man darüber hinaus, die Fragen zu verstehen, die in einem solchen Kontext mit der Möglichkeit eines gemeinsamen psychologischen Sinns, einer gemeinsamen Bewertung verbunden sind, oder versucht man zu verstehen, wie man sich vorstellen, wie man (heute, in einer solchen Welt) verstehen soll, welchen Sinn es hat, daß beispielsweise eine amerikanische Erbin „ihre Heimkehr verzögert“ oder eine frühere Geliebte plötzlich, vor der Hochzeit des früheren Geliebten, zurückkehrt, dann sind alle diese Fragen so schwierig, daß sie fast keine nachhaltige philosophische Behandlung erfahren, zumindest nicht auf eine Weise, die irgendwie dazu beitragen würde, die Frage zu beantworten: Worüber könnte man in einer solchen Situation angemessen nachdenken und warum?

Und diese Atmosphäre in den Romanen macht es verständlich, daß James die Aufmerksamkeit unseres skeptischen Zeitalters wieder auf sich zieht und daß der Rahmen der Befragung sich etwas verschoben hat. Der Nachdruck, der heute auf das gelegt wird, was auch bei James immer über das „hinausgehen“ muß, was ein einzelnes Bewußtsein enthalten könnte, das Hervorheben der Diskontinuitäten im Bewußtsein und auch in der Identität, des beständigen, frustrierenden „Verschiebens“ des Sinns, der Behandlung des Bewußtseins nicht individuell, sondern im Rahmen konkurrierender Strukturen, Codes oder Konventionen, und dann die Betonung des Versagens solcher Strukturen beim Aufbau eines verläßlichen Sinns, die Betonung der Jamesschen Faszination durch das Geheimnisvolle, Verborgene und Unausweichliche, das Unterdrückte, was man sich selbst zu sehen nicht erlaubt, usw., und das theoretische Beharren darauf, daß all dieses über traditionelle Formen von Vieldeutigkeit, Spannung und Konflikt weit hinausgeht, das alles zusammen hat einen ganz anderen Henry James erzeugt.[10]

---

10 Das hat in den Attacken auf und in den Verteidigungsreden für Henry James einen tiefgreifenden Wandel bewirkt. Die alte Kritik lautete für gewöhnlich, daß James' Interessen von so hohem formalen, epistemologischen Anspruch und so überreflektiert seien (als ob James' Romane zu einer besonderen Art ethnischer Prosa für reiche WASPs zählten, ein Altar für die lebendigen Toten, die neurotischen, neuenglischen Bleichgesichter), daß nichts Menschliches mehr übrig bleibe. Eins der bekanntesten Beispiele: das Unbehagen, das F. R. Leavis hinsichtlich *The Golden Bowl* in seiner Arbeit von 1954 formuliert, S. 196. Oder: „Prachtvolle Prätentionen, kleinliche Durchführung! – die Früchte einer verantwortungslosen Vorstellungskraft oder das gestörte Wertgefühl eines Geistes, der in einem leeren Raum tätig ist, ohne durch ein klares Bewußtsein für menschliche Ursachen und Wirkungen korrigiert zu werden“, wie es bei Van Wyck

Aber diese Hervorhebungen weisen auch auf ein ganzes Bündel von Alternativen hin – modernistisch, ich-zentriert, realistisch, individualistisch auf der einen Seite, alle gegen die Priorität des Diskurses gerichtet, gegen die beständige Wiederkehr des Unterdrückten, gegen das Artifizielle (oder die konstruierte Natur) der Persönlichkeit, oder auf der anderen Seite einfach das Fehlen von Sinn –, ein Bündel, in dem die Alternativen zu absolut gedacht sind. Die Attacke auf die konventionelle, realistische Lesart sieht eine ganze Reihe von Dingen in der merkwürdigen Behandlung der Romanfiguren durch James richtig, aber ihr entgeht auch ein Gutteil der normativen Dimension des Sinns und der Intelligibilität, die James zwar umformt, an der er aber doch festhält.[11] Bei James ist das Verstehen noch immer an die Möglichkeit gebunden, etwas richtig zu erkennen und die Richtigkeit von Handlungen einschätzen zu können, und der unentrinnbare Anspruch einer solchen Möglichkeit an uns wird ziemlich realistisch abgehandelt. Was wir versuchen, richtig zu erkennen, was in unserem Umgang mit anderen das Richtige zu tun wäre, was insbesondere dies alles heute erforderlich macht, das zusammen bildet den zentralen Kern von James großer, inspirierender Frage.[12]

Brooks (1925), einem extremen Kritiker, heißt, der offenbar ohne jede Sympathie für das Jamessche, zumindest für das „spätere" Jamessche Abenteuer ist. Brooks steht mit solchen Urteilen sicherlich nicht allein, und die Gesellschaft, in der er sich befindet, ist, zumindest was den Einfluß anbelangt, bedeutend: Granville Hicks, Charles Beard, V. L. Parrington, marxistische oder marxistisch inspirierte Kritiken wie die von Terry Eagleton oder Frederick Jameson, bis hin zu den geistlosen Attacken von Maxwell Geismar, Habbeger usw. usf. (Selbstverständlich blieb James nicht ohne Anwalt, hatte er doch Personen wie Pound, Eliot, Fitzgerald, Edmund Wilson, Richard Blackmur und später Dupee, Quentin Anderson und Lionel Trilling auf seiner Seite. Aber diese Anwälte sperrten ihn in das Lager der modernen Hochkultur, das lediglich viele Jamessche Mythen, nur diesmal zustimmend, weiter verbreitete.) Bei Posnock (1991) findet sich in Kapitel 3 ein schöner Leitfaden durch das Dickicht der konventionellen Darstellungen (und auch ein ausgezeichnetes Argument gegen die „engen, dualistischen und repetitiven" Formen des alten Kampfes „Jakobiter" gegen „Anti-Jakobiter").

11 In diesem Sinne sollte man Wayne Booths Bemerkungen (über den unzuverlässigen Erzähler in *The Aspern Papers*) bedenken, daß man „in der Geschichte immer wieder die Hände über dem Kopf zusammenschlagen und zu dem Schluß kommen muß, daß James schlicht und einfach zu wenig Anhaltspunkte für die Urteile geliefert hat, von denen er eindeutig erwartet, daß wir zu ihnen imstande seien." Booth (1962), S. 361. Aber es gibt keine „Anhaltspunkte" und es kann keine geben. Es gibt kein „Muster im Teppich" oder „das einzig Wahre", das man herausfinden könnte. Das wiederum bedeutet nicht, daß bei James überall moralische Skepsis regiert. Gerade ihre Abwesenheit ist der moralische Punkt, ist genau das, was uns in einer eindeutig normativen Abhängigkeit verbindet. Das ist hier meine These.

12 Eine der interessantesten gegenwärtigen Diskussionen (und ein wertvoller Führer durch viele andere) findet sich bei Cameron (1989). Cameron ist eine überzeugende Kritikerin der psychologisch-realistischen Lesart von James (auch von dem James, der in seinen Vorworten spricht). Sie verwendet für ihre Analyse, vor allem von *The American Scene, What Maisie Knew, The Golden Bowl* und *The Wings of the Dove*, interessanterweise Raummetaphern, um zu zeigen, daß James im Gegensatz zu dem, was er sagt, das Bewußtsein nicht als „stabil, subjektiv, innerlich" oder als „einheitlich" schildert, S. 77. Ich denke, sie hat recht, wenn sie das sagt, und werde versuchen, auch solche Aussagen zu verteidigen wie: „Denn in den Romanen ist das Bewußtsein vom Selbst getrennt. Es wird neu als äußerlich erfahren, gemacht, um als intersubjektives Phänomen Gestalt anzunehmen, ja, um sozial zu werden" (S. 77). Das mag zwar nützlich sein

IV

In der Tat bekräftigt die vorher bereits erwähnte Situation in Teil I von *The Golden Bowl* in großer Verdichtung und Komplexität den früher erwähnten Punkt hinsichtlich der Merkwürdigkeiten und radikalen Implikationen von James' Darstellung des Denkens, Verstehens und eines möglichen Sinns und stellt sie in einer Weise dar, welche die enorm komplexen, moralischen Probleme dieses Romans unmittelbar entwickelt und daher, wie ich hoffe, hier einer ausführlicheren Darstellung wert ist.

Freilich ist *The Golden Bowl* kein leichter Roman, in den man einfach „abschweifen“ kann, und er widersetzt sich jeder kurz gefaßten Diskussion. Er ist derjenige unter James' Romanen, wo sich dramatisch am wenigsten ereignet, aber wo das, was geschieht, am meisten bedeutet. James schichtet Lage um Lage möglicher Sinngehalte, Doppeldeutigkeiten und Ungewißheiten auf, als ob er sehen wollte, wie weit er gehen kann, bevor das „Eis“ am Ende bricht.

Die Fabel ist einfach genug. Ein sehr reicher, amerikanischer Geschäftsmann und Witwer, Adam Verver, reist mit seiner Tochter Maggie durch Europa, um Kunstwerke für ein geplantes, großes Museum zu sammeln. Offensichtlich wird eine ganze Stadt, „America City“, von Adam finanziert. Durch die ehestiftenden Bemühungen einer amerikanischen Freundin, die den sprechendsten Namen aller Jamesschen Charaktere trägt, Fanny Assingham, begegnet Maggie einem italienischen Fürsten, der in einer Art vornehmer Armut lebt und eben-

---

und das durchgängig räumliche Gerüst macht es für Cameron leichter, Behauptungen zu verteidigen, wo das Bewußtsein nicht ist und was über eine Auffassung des Bewußtseins als „Behälter“ stets „hinausgeht“, usw., es vermag aber nichts zu dem beizutragen, was James positiv meint. Wir bekommen kein umfassenderes Gefühl dafür, was James uns zu zeigen versucht – wie das „Dazwischen“, in dem das wirkliche Bewußtsein existiert, durch die wechselseitigen Reflexionen und Korrekturen und durch die wechselseitige Sorge und normativen Beschränkungen, die das moderne soziale Leben konstituieren, hergestellt und erhalten wird. Cameron hat folglich ganz recht, denke ich, wenn sie auf S. 175 phänomenologische Interpretationen zu James wie die von Paul Armstrong (1983) kritisiert, sie hat aber auch mit ihrer Vermutung recht, daß „frühere“ Formen der Phänomenologie, wie die Hegels, ein Modell sowohl für eine weniger subjektzentrierte als auch für eine, moralisch gesehen, vielfältigere Intersubjektivität liefern könnten. Das enthält teilweise das, was ich hier zu zeigen versuche. Eine Folge dieses Problems ist: Wenn Cameron selbst mit dem Sinnproblem und seiner Teilbarkeit konfrontiert wird (angesichts dessen, was es bei James alles nicht sein kann), zieht sie sich am Ende auf die bekannte Formel zurück, daß man der Rede nicht trauen kann, das Denken undurchschaubar ist und Sinn „daher“ „hineingelesen“ wird (S. 108). In dieser Weise behandelt sie besonders Maggie. In meiner Darstellung dagegen „moralisieren wir nicht über den Roman, sehen wir seine Thematik nicht in der Moral liegen, was ein letzter Akt ist, um die Willkür unserer Interpretationen dadurch zu kodifizieren, daß wir ihre Unvermeidlichkeit behaupten“ (S. 120), weil wir nicht „imstande sind, die Vorstellung von einem Sinn als Frage aufrecht zu erhalten“. Es ist vielmehr so, daß die Moral – eine bestimmte Art der Anerkennung unserer Abhängigkeit von anderen und ihrer berechtigten Ansprüche – vor allem gerade deswegen unvermeidlich auftaucht, weil wir durch das Lesen des Romans anerkennen, daß die verborgene oder geheime Bedeutung, die entdeckt werden kann, die in individuellem Besitz ist, unverfügbar ist und die Romanfiguren das in ihrem Leben verwirklichen.

falls einen sehr passenden Namen trägt, Amerigo, und heiratet ihn. Ehe diese Bindung zustandekam, war Amerigo der Geliebte einer eindrucksvollen, aber armen Amerikanerin gewesen, Charlotte Stant, die, wie sich herausstellt, sowohl eine alte Freundin von Fanny als auch eine Schulfreundin von Maggie ist.[13] Weder Amerigo noch Fanny setzen Maggie über diese zurückliegende Liebesbeziehung in Kenntnis. Nach der Hochzeit spürt Maggie, daß ihr Vater sich in ihrer Gesellschaft wie ein fünftes Rad am Wagen fühlt und ermutigt ihn zu einer Heirat. Er folgt ihr; er heiratet Charlotte Stant. Maggie und ihr Vater glauben, daß nun jeder „mit sich und der Welt im reinen [squared]“ sei, und scheinen dann völlig zu ihrer Lebensweise vor Maggies Heirat zurückzukehren, sie verbringen fast ihre ganze Zeit miteinander und mit Maggies neugeborenem Kind und führen dadurch Charlotte und den Fürsten gesellschaftlich immer mehr zusammen. Wir sollen glauben, daß zwischen diesen beiden immer noch eine beachtliche Spannung vorhanden ist, ja, daß die Funken sprühen, wenn sie einander sehen. (Sie hatten die Beziehung beendet, weil keiner von ihnen über Geld verfügte.) Auf Betreiben von Charlotte beginnen sie eine ehebrecherische Affäre. Maggie kommt dahinter und stellt sie nicht zur Rede. Stattdessen bemüht sie sich, alles verdeckt zu halten und unter Kontrolle zu bringen. Sie hat Erfolg. Charlotte und Adam reisen am Ende nach America City, ein Schicksal, so wird uns glauben gemacht, das schlimmer als der Tod ist, und Maggie und der Fürst beginnen gemeinsam ein neues Leben.

Die wirkliche Schwierigkeit für eine kurz gefaßte Diskussion ergibt sich aus der großen Subtilität des moralischen Tons, die durch die Erzählweise und die Präsentation der Charaktere erzeugt wird. Die Subtilität ist so komplex, daß der Roman unter seinen Lesern nichts als Kontroversen auslöst. (Die Schlüsselfrage ist hier immer ein Frage von großer Bedeutung gewesen: Was soll man moralisch damit anfangen, wie soll man Maggies Bemühungen bewerten, ihre Ehe zu retten und den Stein des Anstoßes, Charlotte, zu entfernen.) Ich kann hier nur wenige Beispiele dafür anführen, wie James meiner Meinung nach seine psychologisch-historischen und moralischen Themen verbindet, um diese Komplexität herzustellen, aber den Kontroversen werden sie kaum gerecht.[14]

---

13 Ein kurioser Aspekt dieses Romans ist, daß James uns nur wenig über Charlotte mitteilt, nicht zu vergleichen mit der „anderen Londoner Frau, hochmodern, unausweichlich beschädigt, ehrenhaft frei“, Kate Croy, in *The Wings of the Dove*, S. 40/44. Aber die Ähnlichkeit sowohl zu der Modernität als auch zu der moralischen Komplexität Kates ist offenkundig und hat weitgehend dieselbe Funktion: nämlich die Frage zu stellen, woraus sich moralische Grenzen herleiten sollen, wie sie auf Romanfiguren wie diese angewendet werden sollen, warum selbst diese sie anerkennen sollten. (Um uns auf diese Frage vorzubereiten, läßt James im Fall von Kate das Bild der Condrips vor uns erstehen, läßt er uns den Geruch gekochten Fleisches in Marions kleinem Zimmer kosten, die „ungewaschenen Kinder“ sehen und noch vieles andere mehr.)

14 Es gibt zahlreiche andere Passagen, die man zur Veranschaulichung heranziehen könnte. Eine besonders brillante Darstellung findet sich am Anfang von *The Wings of the Dove*, als Milly, zunächst spielerisch, anfängt, darüber zu spekulieren, was es bedeutete, was es jetzt bedeutet, daß ihre schnell gewonnene, neue, intime Freundin Kate nie ein Wort über ihre argwöhnisch beobachtete Beziehung zu Densher hat fallen lassen. Das verknüpft sich schnell mit der Frage,

Beispielsweise ist die Bedeutung von Charlotte Stants Rückkehr nach London, unmittelbar vor der Hochzeit des Fürsten mit Maggie, in James' Erzählung nicht, wie wir an Fannys besorgten Spekulationen ablesen können, einfach unklar, als ob man sie so oder so sehen könnte und das Problem darin bestünde, herauszufinden, welche Seite mehr Evidenz für sich beanspruchen könne, wo der richtige Sinn zu finden sei. Sie hat, merkwürdigerweise und zu unserer Enttäuschung, überhaupt keinen Sinn, selbst für Charlotte nicht, selbst wenn sie glaubt, daß ihre Intentionen klar seien und alles erklären könnten. Statt dessen scheint ein möglicher Sinn durch die Konstellation von Reaktionen, Erwartungen und Intentionen und vermuteten Anstandsformen bedingt zu sein, die kein einzelner Charakter als Gedanken erfassen kann. Und das wird bei James häufig genauso radikal präsentiert, wie es klingt, so daß es nicht darum geht, ob eine plausible, mögliche Interpretation korrekt ist oder bestätigt werden kann. Ursprünglich ist in gewisser Weise eben das Gespür für eine solche Möglichkeit die Funktion einer bestimmten sozialen Konstellation, die man als individueller Geist nicht erfaßt, nicht einmal als Teil, als daran beteiligter, verhandelnder, aktiver Teil. Der Geist ist in James' Darstellung in einem so dichten Netz von Abhängigkeiten und wechselseitigen Reflexionen befangen, daß er nichts anderes als das – allerdings unsichere und sich beständig umgestaltende – Geflecht seiner Beziehungen und wechselseitigen Reflexionen zu sein scheint.[15] (Teil

---

warum Densher, als er ihnen in Amerika begegnete, sich nicht anmerken ließ, daß er gebunden war und sich, wenn auch nur geringfügig, so verhielt, als sei er frei, Milly unter anderen Voraussetzungen „aufzusuchen“. Beide Lücken stellen also die Frage, was es bedeuten würde, stellte man Kate jetzt die eine oder beide Fragen, wenn sie als Ereignis unvermeidlich durch Kates Erkenntnis überschattet würden, Milly werde das Problem nun im Licht des Wissens behandeln, daß sie (Kate) das nicht getan hatte. Kates Schweigen wird also nicht durch den Verweis auf ein verborgenes, am Ende entdecktes, damaliges Motiv, auch kein Motiv der Selbsttäuschung, „erklärt“ oder verstanden. Was man „jetzt“ einem solchen Motiv „damals“ zuschriebe, bestimmte, in gewisser Weise retrospektiv und wie ein gemeinsames Bindeglied, mehrere Elemente der angeblichen Tatsache „damals“, was die Angelegenheit eigentlich, folgte man dem gesunden Menschenverstand, beilegen sollte. (Die einfachste Begründung all dessen in James' Sinn ist die, daß Kate wirklich nicht wußte, warum sie geschwiegen hat, und man vielleicht sagen könnte, daß sie „abwartete“, um das herauszufinden.)

15 Nachdem Charlotte und der Fürst nach einem gemeinsamen Aufenthalt auf dem Land, währenddessen ihre Affäre begonnen hatte, nach London zurückgekehrt waren, spürte Maggie allmählich, daß in ihrer Beziehung zu dem Fürsten etwas nicht stimmt. Sie redet sich ein, daß das Problem ihre übereifrige Aufmerksamkeit für ihren Vater ist, daß sie den Fürsten glauben ließ, er solle in ihrem Leben nur eine marginale Rolle spielen. Sie beschließt, das zu korrigieren, indem sie sich inniger um den Fürsten kümmert. Was geschieht, was ihre neue Aufmerksamkeit bedeutet, könnte man unterschiedlich beschreiben: Es sieht aus wie eine Art Tendenz in der Ehe, mit unvollständigen Beweisen für das Warum und mit einer Maggie, die eine vernünftige, aber viel zu unschuldige Hypothese entwickelt. Oder wie Selbsttäuschung. Maggie ist bereits durch Charlotte ein bißchen eingeschüchtert und eifersüchtig auf deren Kleider und deren Weltgewandtheit, und sie muß den Unterschied in den Reaktionen des Fürsten auf Charlotte und auf die „kleine“, „spröde“, „nonnengleiche“ Maggie spüren, aber sie verbirgt das volle Eingeständnis ihres Wissens vor sich selbst. Oder Maggie fängt erst jetzt an, den Fürsten wirklich zu wollen, als sie erkennt, daß er von ihrer „Rivalin“ und im wahrsten Sinn des Wortes „Stiefmutter“ begehrt wird. (Gott weiß, wie kompliziert das sein könnte: Indem sie den Fürsten Charlotte

eines solchen Verstehens von seiten eines angenommen Individuums müßte eine Art korrektes Antizipieren des anderen sein, der eine solche Bindung oder ein mögliches Antizipieren seitens des ersten Subjekts richtig interpretiert oder erstmals antizipiert; es müßte etwas sein, das von diesem anderen, von ihm oder von ihr, abhängt.[16])

Da die mögliche Lösung einer solchen Frage nicht wie etwas Verborgenes behandelt wird, das nie zu finden ist, muß James zeigen, was seiner Meinung nach vor sich geht, wenn die Romanfiguren versuchen, ihre Verwirrung zu überwinden. Und sie müssen das zumindest vorläufig tun, wenn sie handeln sollen. Der Roman beginnt mit nichts als Verwirrungen dieser Art, als er uns über Charlottes Rückkehr in Kenntnis setzt. Der Anfang zeigt uns Fürst Amerigo, wie er über seine Heirat mit Maggie nachdenkt, und er eröffnet in einem merkwürdigen Mollton, voller Vorzeichen und Schatten zukünftiger Leiden vorauswerfend, die in dem symphonischen Zusammenspiel der nachfolgenden Themen aufklingen. (Er eröffnet mit einer historischen Anspielung, die später wichtig wird: Amerigo ist einer jener Römer, die London als Zentrum des neuen, wahren „Reiches" bevorzugen, das mehr ein Reich ist als das alte Rom es je war, ein Reich des Handels und ein wirtschaftliches Imperium. Amerigo ist nicht uneingeschränkt stolz auf die machiavellistische Vergangenheit seiner Ahnen. Er strebt nach Erneuerung durch die Amerikaner und ihr Wirt-

---

entfremdet, beweist sie, daß sie selbst begehrenswerter ist als die Frau, mit der ihr Vater schläft?) Dasselbe Problem taucht auf, wenn man versucht, die Gründe zu erklären, warum sie jeden, der in Matcham (auf dem Land) war, nach Einzelheiten befragt. Während sie so sich selbst einredet, daß das Teil ihrer neuen Strategie sei, sich mehr am Leben des Fürsten zu beteiligen, wägt sie eindeutig auch die Erzählungen gegeneinander ab, aber genauso eindeutig ist, daß sie das nicht weiß oder sich selbst gegenüber nicht zugeben will, usw. Aber alle Erklärungen dieser Art setzen, denke ich, etwas voraus, was noch nicht da ist, Maggies eigenes Gefühl dafür, wer sie ist, wohin sie paßt, was in ihrer Ehe auf dem Spiel steht, was sie will. Sie hat keine verborgenen oder selbstbetrügerischen oder unbewußten Ansichten zu diesen Punkten. Sie hat gar keine Ansichten, und sie muß in diese ungemein kunstvolle Welt von höchst intelligenten Spiegelbildern und Licht und Schatten eintreten, um ihre Ansichten auszubilden. Das wird besonders in der unglaublichen Kutschenszene sichtbar, deren Beschreibung später folgt.

16 Eine Wirkung dieser Art von Doppeldeutigkeit besteht darin, daß James an den Leser Anforderungen stellt, die weitaus größer und ganz verschieden von denen fast aller anderen Romanciers sind. Es ist nicht nur „schwierig" herauszufinden, was vor sich geht, James weist eigentlich immer wieder darauf hin, daß auch er es nicht weiß, und er lädt uns stattdessen ein, als eine seiner Figuren in den Roman einzutreten, häufig bietet er dem Leser Personen an, wie hier Fanny, oder Maria Gostrey oder Henrietta Stackpole oder Susan Shepherd Stringham, indem er uns an ihrem Beispiel zeigt, wie leicht man die Dinge falsch verstehen kann. (Das erklärt teilweise den ungewöhnlichen Ton in einem Großteil der Kritik an James, oder zumindest finde ich ihn ungewöhnlich: es ist eine Art mit den Füßen aufstampfende Ungeduld über all den angeblichen Kleinkram und Unsinn.) Und diese Tatsache – um wieviel Vertrauen James doch bittet, wo er so weniges verspricht – berührt wiederum die Frage nach der moralischen Realität in seinen Büchern. Dieser Sachverhalt ist am schwierigsten angemessen darzustellen, ist aber weitaus der wichtigste. Das heißt wiederum: Die Tatsache, daß es keine abschließende Tatsache, die alles klärt, geben kann (eine der Implikationen seines historischen Themas) bedeutet nicht, daß die ganze Frage des „richtig erkennens" hoffnungslos ist oder in Skepsis endet. Ich werde in der in den nächsten drei Kapiteln folgenden Analyse Schritt für Schritt mehr dazu sagen.

schaftsimperium; er will an ihre Fähigkeiten glauben, ein für allemal, und schaut nicht auf sie herab, wie er es tun könnte. Daher ist er wie sein Namensvetter Amerigo Vespucci ein Bindeglied zwischen alter und neuer Welt oder verkörpert zumindest eine gewisse Hoffnung, daß es ein solches Bindeglied und nicht nur einen Gegensatz zwischen der Vergangenheit und der Zukunft geben könne.)

Ein ironisches und spielerisches Gespräch mit seiner Verlobten darüber, daß er Adams Sammlung nur als ein *morceau de musée* hinzugefügt worden sei, ist allerdings nicht uneingeschränkt ironisch. Es liegt eine erkennbare, beunruhigende Schärfe darin, und der Fürst fühlt einen seltsamen Appell, „irgend etwas für sich selbst zu tun, ehe es zu spät ist“ (*GB*, 20/22), so, als ob, merkwürdigerweise, die Ehe nichts für ihn wäre, als ob es bald „zu spät“ sein könnte. Bei einer Unterredung mit Fanny Assingham spricht er von der Ehe als einem „Ungeheuer“, das sich ihm nähert, er scherzt mit Fanny darüber, welches „Risiko“ es gewesen sei, Maggie und ihn zusammenzubringen, sagt ihr, daß er nur über das alte „italienische“ Moralgefühl, das so langsam im Begreifen ist, verfüge (wenn überhaupt), nicht über das „Fahrstuhlgeschwindigkeits“gefühl von Adam und den Amerikanern. Etwas ist nicht mehr da, ist nicht richtig. Wir wissen nicht, was, und werden plötzlich selbst als Charaktere in die Szene hineingeworfen und sind genauso desorientiert wie der Fürst (es gibt kaum eine Andeutung, daß er oder irgend jemand sonst weiß, was verkehrt ist), und Fanny, die sich offenbar für die Situation verantwortlich fühlt, ist irgendwie unbehaglich zumute.

Dann kommt Charlotte Stant in die Stadt. Wir erfahren rasch, zumeist durch Fannys Sinnieren, alle Einzelheiten über Charlotte und den Fürsten, und wir neigen instinktiv dazu, Fannys Versicherungen gegenüber ihrem Ehemann zumindest in dem Punkt zu trauen, daß die beiden, um es taktvoll auszudrücken, physisch nicht sehr weit gegangen sind, nicht über eine intensive, gefühlsmäßige Liebe hinaus. (Der Grund, den sie für ihre Überzeugung angibt, ist ein bißchen lächerlich: Sie „hatten nicht genug Zeit“, obwohl sie offensichtlich Monate zur Verfügung hatten.) Sehr schnell erfahren wir auch noch eine Reihe anderer Dinge, keinem davon wird irgendeine Bedeutung beigemessen, so daß es (ohne James' Talent) schwierig ist, die „Fakten“ in angemessen ausweichender und indirekter Weise so zu beschreiben, als ob es solche „Fakten“ gäbe. Wie schon früher bemerkt, waren Charlotte und Maggie Schulfreundinnen gewesen und hatten häufiger längere Zeit miteinander verbracht, auch noch, nachdem Maggie die Bekanntschaft des Fürsten gemacht hat. Aber weder Charlotte noch später der Fürst hatten ihre Romanze Maggie gegenüber je erwähnt, selbst dann nicht, als die Hochzeitsvorbereitungen getroffen wurden. Geschah dies, sind wir unmittelbar veranlaßt zu fragen, um Maggie zu schützen? (Darauf beharrt Fanny. Maggie, so behauptet sie, sei so empfindlich und nicht imstande, das „Böse“ zu begreifen, das merkwürdigste Wort, das man für etwas, was bloß eine angeblich unerfüllte und längst vergangene Romanze war, verwenden kann. Und das ist ein Faktum, das Fannys Ehemann schnell bemerkt.) Geschah es nur, um „Ärger“ zu vermeiden? War es strategisch, bloß um das Heirats „bestreben“ nicht komplizierter zu machen? Oder wurde durch das Zurückhalten von Wissen die Romanze irgendwie symbolisch am Leben erhalten, als ob die beiden einander nicht „verrieten“?

Fanny glaubt, daß Charlotte durch ihre Rückkehr vor der Hochzeit „großmütig“ gehandelt habe, aber sie ist durch diesen Akt eindeutig tief beunruhigt, was sich mit den Charlotte zugeschriebenen Motiven nicht in Einklang bringen läßt. Sie denkt, daß Charlotte die „Kosten“ einfach nicht berechnet habe. Wir haben noch keine Ahnung, welcher Art diese sein könnten, und es verwirrt uns, daß Fanny so besorgt ist, wenn doch die Ankunft so unschuldig ist, nichts als lediglich eine Angelegenheit von eventuell wenig zartfühlenden, aber unschuldigen Wirkungen und kein überlegter und vielleicht egoistischer Plan. Fannys Ansichten zu dem Sachverhalt sind in der Tat ein Bündel von Inkonsistenzen; sie glaubt, genauso wie Charlotte sich entfernt hat, nachdem klar war, daß der Fürst und sie nicht würden heiraten können, genauso „aufopfernd“ habe sie jetzt gehandelt und komme zurück, ohne an sich oder ihre schmerzlichen Erinnerungen zu denken und wolle nur eine „positive“, bestärkende Hilfe für Maggie sein. Aber Fanny hat bereits klar gemacht, daß Charlotte das am besten erreicht hätte, wenn sie einfach fortgeblieben wäre. Wunschdenken, Schuldgefühle wegen ihres eigenen Optimismus in bezug auf Charlotte und den Fürsten, wegen ihres eigenen Schweigens hinsichtlich der beiden gegenüber Maggie (was sie nicht erwähnt), das alles macht ihre Auffassung eindeutig kompliziert (und ganz und gar unzuverlässig, trotz des äußeren Anscheins), obwohl sie in dem Roman auch weiterhin als eine Art Kritiker aufzutreten scheint, der die Handlung interpretiert. Sie geht sogar so weit (entfernt sich so weit von ihrer eigenen, ausdrücklichen Ansicht, daß alles ganz unschuldig sei), daß sie auf eine schließliche Heirat von Charlotte hofft, aber nur als „Beweis“ dafür, daß sie geheilt sei, daß sie die Lage „akzeptiert“, als ob es eines „Beweises“ bedurft hätte.

Wir erfahren, daß Charlotte bei der Auswahl eines Hochzeitsgeschenks die Hilfe des Fürsten in Anspruch nehmen möchte. Fanny läßt sich tatsächlich zu einem Protest hinreißen und bietet statt dessen sich selbst als Helferin an. Der Fürst zögert ebenfalls und protestiert dagegen unter dem eindeutigen Vorwand, daß Charlotte kein Geld für ein Geschenk habe. Aber Charlotte besteht darauf, und sie treffen sich unter strenger Geheimhaltung und in dem Einvernehmen – als ob sie den Überraschungseffekt erhalten wollten –, daß sie nicht an Orte gehen wollen, die Maggie häufig aufsucht. (Das ist kein Problem: Maggie stöbert nicht in Antiquitätenläden herum, um etwas Wertvolles zu finden.) Dann die Schlüsselszene. Charlotte hält dem Fürsten während ihres Ausflugs eine Rede, eine seltsame, ausweichende, anspielungsreiche Rede. Sie möchte, sagt sie, nur diesen Augenblick „gehabt haben“, bevor er das tut, „was er tun will“ (sie bringt das Wort „Heirat“ offenbar nicht über die Lippen). Sie möchte diesen Augenblick nur nicht „nicht gehabt haben“, diesen Augenblick allein, in dem sie „sich selbst preisgeben“ kann und bereit ist, es „umsonst zu tun“.

Aber selbstverständlich ist der Augenblick nicht umsonst. Er muß ein Geheimnis bleiben (der Fürst hat das versprochen), und er verändert sehr vieles; er kompromittiert den Fürsten erheblich, wie immer sie es auch wenden. (Stellen Sie sich vor, Sie seien die Frau. Sie fänden durch jemand anderen heraus, daß Ihr frisch angetrauter Ehemann sich unmittelbar vor Ihrem Hochzeitstag mit einer (geheimen, bisher nicht entdeckten) Liebschaft aus seinem früheren Leben getroffen und es vor Ihnen geheimgehalten hat. Ihre Schlußfolgerung?) Und gerade eines tut Charlotte nicht: sie *gibt* sich nicht preis, indem „sie sich preisgibt“. Schließlich sagt sie nichts Bestimmtes, damit aber alles. Sie hat den Fürsten dazu gebracht, sie unter diesen sonderbaren Umständen zu begleiten, und sie hat gesagt, was sie sagen wollte: Sie wollte, daß es etwas gibt, was zwischen ihnen gesagt worden ist.

Einerseits legt der moderne Leser selbstverständlich in diese Szene alles hinein. Wir haben den Verdacht, daß Charlotte versucht, den Fürsten zu kompromittieren, irgendwie Macht über ihn zu gewinnen (dank des Geheimnisses), seine Schuldgefühle wegen seiner Liebe zum Geld auszunutzen, ihre Affäre wiederaufleben zu lassen, ihn daran zu erinnern, wen er wirklich liebt und immer lieben wird, ihn zu manipulieren. Aber in ihrem Tun liegt auch etwas Mutiges und Heroisches und sie scheint Abschied zu nehmen: Sie will nicht, daß das, was zwischen ihnen war, unbemerkt vergeht, unter den Teppich der privaten Geschichte gekehrt wird. Es muß eine gewisse Anerkennung finden. Und wir wissen bereits genug über den Fürsten, um seine Schwäche zu ahnen und ihr Beharren auf einer Geste zu bewundern, die sich dem völligen Vergessen widersetzt.

Und seine Reaktion ist genauso komplex. Er ist erleichtert, daß sie ihn „gehen läßt“, daß sie keine Forderungen stellt und nicht nach Erklärungen fragt. Aber genauso wie sie sich selbst preisgegeben hat und auch nicht, hat sie ihn selbstverständlich gehen lassen und ganz entschieden auch *nicht*. Das war der springende Punkt gewesen – ihn nicht gehen zu lassen –, das ist es, was er nicht sehen will und daher nicht sieht. Da ihm eine unmittelbare Antwort erlassen wird, entzieht er sich dieser völlig und antwortet Charlotte weder, noch geht er irgendwie auf sie ein, ein fatales Problem, wie wir sehen werden, wenn es möglich ist, daß ihrer beider Tun alles bedeuten kann. (Das „Bild“ für dieses Problem ist wiederum ein Geschenk, ein kleines Geschenk, das Charlotte ihm geben möchte und das er ablehnt.) Er antwortet nicht und „seine Lippen bleiben für die nachfolgenden, verschwommenen Entgegnungen und Einwände, die sich für ihn im Innern erhoben, verschlossen“ (*GB*, 102/81). (Wir bemerken, daß die Entgegnung noch verschwommen für ihn ist, als ob er einen „Einwand“ nur fühlte. Und wogegen würde sich sein Einwand richten?)

Alles zusammen baut den großen Schauplatz auf und zeichnet die Linien, die das Problem des Buches definieren. Charlotte möchte eine schöne Antiquität, die goldene Schale, als Geschenk kaufen. Der Fürst sieht sofort, daß sie fehlerhaft ist; sie ist nicht aus Gold, wie es den Anschein hat, sondern aus Kristall, und er verläßt das Geschäft. Charlotte kann keinen Fehler entdecken, hat aber aus dem Preis geschlossen, daß es einen geben „muß“. Deshalb die großartige Frage des Geschäftsinhabers: „Aber wenn es etwas ist, was man nicht herausfinden kann, *ist es dann nicht genauso gut als ob da nichts wäre*?“ (*GB*, 86/93). In der Tat. Das faßt alles zugleich in einer sehr typischen, berühmten Jamesschen Frage zusammen. Es könnte stimmen (als ob da nichts wäre), aber alles hängt dann davon ab, ob und wie und was es bedeuten würde, es vor jemandem zu verbergen, der es „herausfinden“ möchte. Da sich in der Romanhandlung so vieles darum dreht, was die Charaktere vorgeblich nicht sehen oder keinesfalls sehen wollen, und sie vor allem einander nicht helfen wollen, etwas zu sehen, wird diese Frage im Roman später zur zentralen Frage. (Wäre das, was der Fürst und Charlotte tun, „so gut als ob da nichts wäre“, wenn Maggie es nie herausfände? Sind nicht die Bedingungen, unter denen Maggie und der Fürst am Ende des Romans ihre Ehe weiterführen, wie eine positive Antwort auf die Frage des Geschäftsinhabers, weil sie vorgeben, man sei in der Lage weiterzumachen, da die Fehler jetzt „nicht gesehen werden können“?)[17] Der Fürst hat (wie er glaubt) sofort gesehen, daß die Schale fehlerhaft ist und ist hinausstolziert. Das ist seine Art, mit Fehlern umzugehen (oder vorgeblich damit umzugehen). Das gleiche gilt für die anderen vier Hauptpersonen. Aber in dem Roman ist allein Charlotte bereit, das große Risiko eines Fehlers auf sich zu nehmen, und sie geht sogar so weit, in bezug auf den Preis direkt und am Ende unzweideutig eine Lüge zu erzählen und macht es damit leichter zu behaupten, daß sie sich das Geschenk „leisten“ könne. (Der Preis betrug fünfzehn Pfund, sie erzählt dem Fürsten, er habe fünf Pfund betragen.) Und der Roman ist wie befreit und läuft.

Vieles davon ließe sich selbstverständlich in ein konventionelles Gerüst zur Intelligibilität von Handlungen einfügen. Wir verstehen, was andere tun, indem wir ihre Motive und Gründe verstehen, ihre Begehren und Überzeugungen, indem wir verstehen, was sie selber für ihr Bestreben halten und warum. Das alles schließt offenkundig ein, daß sie irgendwie herausfinden können, was sie begehren und glauben, und daß sie es anderen oder auch sich selbst gegenüber offenlegen oder nicht. Und auch, wenn es philosophisch schwer zu erklären ist, so ist doch offensichtlich, daß sie in einigen Fällen ihre eigenen Motive nicht nur vor anderen, sondern auch vor sich selbst verbergen würden. Fanny, der Fürst und Charlotte, würden alle eindeutig versuchen, dem Eingeständnis vor sich selbst auszuweichen, warum sie handeln oder gehandelt haben, auch wenn

---

17 Diese Frage kann man ebensogut benutzen, um den Sachverhalt in *The Wings of the Dove* dramatisch zuzuspitzen: Ja, es ist in der Tat Kates Frage an Merton in bezug auf Milly. Was ist unrecht daran, möchte sie wissen, wenn wir glücklich sind und sie den Fehler nicht finden kann oder stirbt, ehe sie es kann? Ich glaube, es ist keine Frage, daß James eine solche Haltung als Unrecht ansieht, und der interessante Punkt ist, warum er das denkt, woran er sich gebunden fühlen muß, um das zu glauben. Ich nehme an, daß es mit dem Verlust zu tun hat, den wir erleiden, wenn andere so behandelt werden, die Art und Weise, in der die Abwesenheit freier, widerstrebender, anderer Subjekte (eine Abwesenheit, die wir häufig konstruieren) unsere eigenen Bestrebungen und Projekte in Phantasien verwandelt, die in sich selbst befangen sind und nicht befriedigend sein können.

sie es auf „einer Ebene“ wissen. (Sie würden selbstverständlich wissen müssen, um solche Motive von sich selbst fernzuhalten.) Sie alle sind anscheinend eifrig damit beschäftigt, große Schleifen und Bänder um ihre eigenen und die Motive anderer zu winden und sie zu verhüllen, um die Heirat und für sich selbst die Möglichkeit des Ableugnens auf das richtige Gleis zu setzen.

Etwas an dieser Art der Darstellung ist zweifellos zutreffend. Aber sie übersieht auf fatale Weise das Mitleiderregende und die Verworrenheit der Szenen, ja, wie verzweifelt wichtig das Sinnproblem für jeden von ihnen ist, ihre eigene Verwirrung über das, was ihnen geschieht. (Man würde den Ton der Darstellung hier gröblich übertreiben, wenn man sagte, es würden Motive unterstellt, andere direkt zu täuschen und strategisch eigennützig zu handeln, was besonders gegenüber Charlotte von ungerechtfertigter Schärfe wäre.) Aber die Idee der Selbsttäuschung setzt an dieser Stelle voraus, daß für einen Teil des grundlegenden Sachverhalts – was geschieht, was bedeutet diese oder jene Geste (welche Motive stecken wirklich dahinter) – irgendeine Lösung gefunden worden sein muß und daß die Beteiligten jetzt ein Motiv für den Umgang damit oder ein Motiv, es in einem bestimmten Licht zu sehen oder gesehen zu haben, vor sich selbst verbergen.

Sie tappen jedoch mehr im Dunkeln als dieses Bild es zugibt, in großem Maßstab, aufgrund der Beschaffenheit der Welt, in der sie leben müssen, einer Welt, die von James als solche vollkommen bejaht wird. Die große Dichte der ersten Seiten der *Golden Bowl* besteht aus einer fast nicht zu bewältigenden Dichte von Möglichkeiten, nicht von verborgenen Bedeutungen oder Motiven der Selbsttäuschung, die es „tatsächlich“ gibt, die darauf warten, gesehen oder offengelegt zu werden. Und die Auflösung solcher Möglichkeiten verlangt nicht Ehrlichkeit oder tiefere Einsichten, sondern verlangt eine Form der Abhängigkeit von anderen und ein Eingehen auf andere, persönlich und individuell, einen gemeinschaftlich hergestellten Sinn könnte man sagen, so als ob jede Bedeutung nur „retrospektiv“ und „kooperativ“ bestimmt werden könnte, als ob das Leben nicht als Leben gelebt werden könnte, sondern nur als Material für ein erinnertes Leben – um hier auf die Nähe zu Proust hinzuweisen. Was Proust betrifft, so scheint das Leben im Jamesschen Universum in einem ewigen Futur II und den Modi des Konjunktiv geführt zu werden. Nicht in der Art: mein Motiv für mein jetziges Handeln X ist M, unter Berücksichtigung der Situation S. Sondern in der Art: Ich wollte X getan haben, aufgrund dessen, was M gewesen sein wird, sollte die Situation sich als S erwiesen haben.

„Eine ganz spontane Beschreibung des Falles“, wie James einmal sagt, wäre einfach die, daß in solchen intentionalen Kontexten die Motive des Handelnden von bestimmten Beschreibungen abhängig sind. Wenn diese Beschreibungen falsch sind, dann könnte man mit Blick auf das, was erreicht werden sollte, mit Recht sagen, daß sie andere Motive hätten haben sollen. Aber James hat in jede mögliche Beschreibung eine so massive Instabilität eingebaut, in jedes mögliche Selbstverständnis eine so vollkommene Vorläufigkeit eingefügt, jede Beschreibung so abhängig von den verschiedenen möglichen Interpretationen wechselseitiger Reflexionen und Inferenzen und zukünftiger Handlungen gemacht, daß diese beruhigende Formulierung keine Hilfe darstellt. Keiner der Charaktere weiß doch schon, was er beabsichtigt, nicht weil ihm die Motive verborgen sind oder weil er sie vor sich selbst verbirgt, sondern weil James ihre Motive in einem komplexen, sozial fließenden Raum zwischen ihnen „verortet“ hat und uns zeigt, daß sie nur im Licht von Vorwegnahmen und Erwartungen handeln können, die vollkommen ungewiß sind. (Es gibt in *The Ambassadors* eine schöne Wendung, die für diese Auffassung typisch ist. Strether besucht Madame de Vionnet, ist wieder einmal verblüfft von ihrer Wohnung und „er war sich in dem Augenblick sicher, *was immer er über den Grund seines Kommens herausfinden würde*, es würde nicht um eines Eindrucks willen sein, der ihm früher entgangen war“ (*AM*, 317/398, meine Hervorhebung). Die kursiv gesetzte Wendung deutet darauf hin, daß erst später geklärt wird, „weswegen er gekommen ist“.)

Und dies ist, so meine ich, von James so radikal gemeint, wie es klingt: als ob eine zukünftige Abmachung zwischen den Beteiligten mit der Bestimmung dessen enden könnte, was jetzt als ein „wirkliches“ Motiv in der Vergangenheit gelten könnte, fast vergleichbar der „rückwirkenden Verursachung“ in der Physik. Diese Vorstellung ist nicht auf eine große, epistemologische Opakheit begrenzt, die darin besteht, daß eine zukünftige Einsicht, eine Erkenntnis, die erst im nachhinein sieht, was eine mögliche frühere Absicht gemeint haben mag, uns einfach die bestmögliche Auffassung liefert, welcher Art eine solche Absicht gewesen sein muß. Eine solche Absicht, auf die wir uns jemals als Ursache oder Gelegenheit oder Rechtfertigung des Handelns hätten verlassen können, gibt es einfach nicht, nicht nur keine epistemologisch opake. Es gibt einen Weg zur Lösung der Frage, „was es bedeutet haben würde, dies zu tun“ und damit auch einen Weg, zu dem zurückzugehen, „was es für mich bedeutet hätte, es tun zu wollen, motiviert zu sein, es zu tun“, wenn man in Betracht zieht, was ich jetzt über die Bedeutung weiß. Aber nach den wirklichen, verborgenen Gründen suchen wir kaum.

Das alles scheint bei James ein großes, philosophisches Moment zu sein. Es betrifft die vielfach bemerkte „Unzuverlässigkeit“ des Standpunkts in seinen Romanen. Und er nimmt die Frage auf und treibt sie weiter, indem er das Problem der Lösung oder Wahrheitsfindung so behandelt, als sei es sowohl in umfassender Weise wertender (oder normativer) als auch psychologischer oder sachlicher Natur. Wenn Strether das, was er verstehen muß, wenn er Chads „Neigung“ für Madame de Vionnet versteht, gleichzeitig bewerten und beurteilen muß – er konnte nicht verstehen, ohne angemessen zu urteilen –, ist kaum fraglich, daß James selbst von dieser Frage fasziniert ist: was genau ist es, wonach Chad sich selbst fragt, und wie könnte er vielleicht zu einer Antwort kommen? Und James behandelt das ebensosehr als Frage der Beurteilung wie als Frage des Sachverhalts selbst, eine Beurteilung, die durch keinen festgelegten oder objektiven, normativen Maßstab gesichert ist. Man muß in einer entleerten, zur erschreckenden Möglichkeit gewordenen Welt, wie James sie als amerikanisches Vermächtnis in *The American Scene* beschrieben hat, zu einer solchen Einschätzung kommen und sie hier vornehmen. (Es ist die Hoffnung auf einen festen Maßstab, mit der Strether nach Europa kam, an den Waymarsh und Mrs. Newsome sich halten und den er bald für nutzlos hält.) Oder, als Isabel in der großen, mitternächtlichen Kaminszene endlich „versteht“, daß ihr Ehemann nicht der ist, für den sie ihn gehalten hat, und wir in den Genuß einer Art plötzlicher, epiphanischer „Offenbarung“ kommen, was sollen wir damit anfangen, daß die wie durch einen großen Wahrheitsblitz erhellte Erkenntnis absolut noch immer gar nichts klärt, keinen wirklichen Inhalt hat, nur den Weg zu neuen Problemen und Verwicklungen öffnet, die Frage, „wer“ Osmond „wirklich“ ist, eher nur komplizierter macht als sie löst (besonders da die Frage, wer er ist, notwendig die Frage einschließt, wer Isabel ist oder war oder jetzt ist oder sein wird)? Was sollen wir besonders damit anfangen, daß eben die Vorstellung, daß da etwas zu sehen ist, etwas aufgespürt wurde, ein Geheimnis, ein Muster im Teppich, eine wichtige Grundlage und eine tröstliche, endgültige Wahrheit über ein Leben oder ein tiefer, verborgener Sinn, daß diese Vorstellung, auch wenn sie auf zahllose Charaktere von James in ihrer frustrierend modernen Welt eine unausweichliche Anziehungskraft ausübt, genauso häufig mit geschicktester Jamesscher Ironie behandelt wird (so geschickt, daß viele Leser James weiterhin hartnäckig die Suche nach solchen Geheimnissen zuschreiben), behandelt wird als die große Geißel im Leben der Charaktere, als eine falsche Versuchung, das am meisten Zerstörerische (*Beast in the Jungle*), manchmal als das Dümmste (*The Sacred Fount*), woran man glauben oder worauf man hoffen könnte?

Und schließlich, selbst wenn die Unzuverlässigkeit oder die Verworrenheit der Umstände nicht im Vordergrund stehen und die Charaktere ein gewisses Gespür dafür zu haben scheinen, was sie denken oder beabsichtigen, ist die Behandlung, die James dem Problem des Bewußtseins und der Soziabilität angedeihen läßt, noch immer durch eine ganze Reihe von Herausforderungen an individualistische und traditionelle, geistige Rahmenvorstellungen gekennzeichnet. Wie sie erfahren, was sie ihrer Meinung oder ihrer Überzeugung nach motiviert, das stellt er in hoch komplexen, geistigen Beziehungen und nicht als introspektive Offenbarungen dar. Kurz nach dem Ende von Teil I in *The Golden Bowl*, nachdem der Fürst und Maggie schon einige Zeit verheiratet sind und ein Kind haben, ereignet sich zwischen Adam und seiner Tochter in dem Billard-Zimmer in Fawn eine jener „stummen“, bedeutungsvollen Szenen, für die James so berühmt ist. Adam „sieht“ zum erstenmal, daß Maggie sich um sein Wohlergehen sorgt, sich um ihn als ein besonderes Individuum mit einem Schicksal, das jetzt von dem ihren getrennt ist, sorgt, eine Art Sorge, die er vorher nicht gesehen hatte. (Mit der Heirat seiner Tochter hatte Adam einen seiner Schutzschilde gegen Frauen verloren, die auf eine reiche Heirat aus sind, und als Maggie erschien, war gerade eine von ihnen anwesend, und Maggie sah alles zugleich: diese Tatsache und die zukünftigen Möglichkeiten und wie sich das Verhältnis ihres Vaters zu ihr verändern würde. Sie sieht, daß sie es sieht, und sie sieht, daß er ihre veränderte Wahrnehmung sieht, wiederum alles zugleich.)

Aber was an dieser Szene so interessant ist, ist hier nicht so sehr die Frage nach der Unsicherheit und Unzuverlässigkeit (obwohl sie sofort auftaucht), sondern die Frage nach der Natur der Abhängigkeit des einen Bewußtseins vom anderen. In genau dem Augenblick, als diese „stille Explosion" einer Offenbarung stattfindet, als Adam sieht, daß Maggie ihn jetzt als einen, in ihrer Beziehung auf neue Art unabhängig Handelnden sieht, erkennt er plötzlich und zum erstenmal diese Tatsache und die vielen, für ihn selbst darin enthaltenen, möglichen Implikationen, aber wiederum nur dadurch oder weil er sie in ihr sieht. Er wurde zu jemandem, während er nach einem Fluchtweg vor dieser dummen Frau suchte, die ihn nicht einmal ein bißchen amüsierte, aber er wurde ein Mann mit einem Problem, mit einer neuen Eigenschaft. „Ihm wurde das schließlich während der Minute klar, als Maggie dort stand, bevor sie sprach; und während er spürte, was er sie sehen sah, spürte er außerdem, was sie in *ihm* sah" (*GB*, 114/121). Mit anderen Worten, Maggie sieht auch, daß ihr Vater ihr dies ansieht, sie erkennt, daß er gesehen hat, wie sie ihn in dieser neuen Weise betrachtete, und darin ist impliziert, daß ihre Beziehung zu ihm sich jetzt verändern wird, weil er von jetzt an sehen wird, daß sie von dieser neuen Sorge erfüllt ist. Auch sie ist jemand mit einer neuen Eigenschaft geworden, alles in diesem blitzartigen, beiderseitigen Aufleuchten.

Doch als ob es mit diesen Übungen nicht genug sei, läßt James es nicht dabei bewenden. Denn sie lernen nicht nur durch oder vermittels dieser Wahrnehmungen und Wahrnehmungen von Wahrnehmung, sich gegenseitig anders zu sehen, beide lernen auch, wie ihre Beziehung zueinander, als ein Paar in der Welt, sich verändert hat, indem sie sehen, daß sie beide auf eine neue Weise gesehen werden, selbst wenn – um hier das Risiko einzugehen, daß diese Zusammenfassung sich fast in eine Parodie verkehrt – ihre neue Beziehung ganz und gar daraus besteht, was sie von der gegenseitigen Wahrnehmung sehen und in welcher Weise das gesehen wird; wie die Art und Weise, wie sie die veränderte gegenseitige Wahrnehmung auffassen, selbst gesehen werden kann. Denn auch Fanny Assingham ist dort anwesend, und „ihr (Fannys) Gesicht konnte es vor ihm (Adam) nicht verbergen; in ihrer raschen Art hatte auch sie noch gesehen, was sie beide sahen" (*GB*, 114/121).

Das komplexeste Beispiel dafür, wie bei James sichtbare Voraussetzungen zu Bewußtsein und Sinn (ich will damit auf den sozialen Charakter der Intentionalität bei ihm hinweisen) seine Darstellung des moralischen Sinns unterstützen (den unausweichlichen Anspruch des anderen, sein eigenes Leben als ein besonderer und frei zu leben), findet sich am Anfang des zweiten Buches (Kapitel XXVII), nachdem der Fürst und Charlotte ihre Affäre begonnen haben und in Maggie der Verdacht aufkeimt, daß in ihren Beziehungen zu ihrem Mann etwas nicht stimmt. Maggie und ihr Vater hatten eine gemeinsame, private Reise nach Spanien geplant. Maggie zögerte, die Rede darauf zu bringen, weil sie ihre neue Kampagne zur Rückgewinnung des Fürsten fortführen will und offensichtlich spürt, daß ihr Vater den Wink verstehen würde. Das ist auch der Fall, und er bietet freiwillig an, daß man vielleicht besser nicht reiste, da es allen so ausgezeichnet gehe. (Wir wissen nicht, ob er das wirklich denkt, oder ob es das ist, wovon er denkt, Maggie denke es, und er möchte ihr gefällig sein, oder ob es das ist, wovon er denkt, Maggie denke es, aber den Verdacht hat, daß sie sich zunehmend Sorgen wegen ihres Mannes macht, als ob er dies von ihr wüßte, ehe sie selbst es weiß, oder ob er selbst einen Verdacht hinsichtlich der Intensität der Freundschaft zwischen seiner Frau und seinem Schwiegersohn hegt und er seine Frau schützen will. Die genannten Antworten scheinen alle richtig zu sein, aber auch hier gibt es keine Möglichkeit, sie zu „überprüfen“, *nicht einmal für Adam.*)

In einer Kutsche, bei der Rückkehr nach Hause von einer Gesellschaft, an der Adam nicht hatte teilnehmen wollen, führen Maggie und der Fürst ein erstaunlich dichtes, schwer definierbares Gespräch. Etwas stimmt nicht ganz in Maggies intensiverer, neuer Hingabe an ihren Mann und ihr gesellschaftliches Leben. Etwas ist ein wenig zu „glückselig“ (*GB*, 334/340) in der Art und Weise, wie Charlotte und der Fürst sich an die kürzlich auf dem Land verbrachte Zeit erinnern, und etwas verhindert, daß Maggie in dieser Episode ein vollwertiges, erwachsenes Mitglied ist. Sie spürt allmählich in dem „großen“ Interesse, daß die Leute an ihr „als“ Frau von Amerigo nehmen, einen Anflug von Mitleid und Herablassung (etwa derart: wie interessant, daß jemand „wie sie“ seine Frau ist); ja, sie fühlt sich „wie eine herausgeputzte Puppe“, die weitergereicht wird.

In der Kutschenszene sehen wir, wie das Gespräch zwischen Maggie und dem Fürsten zum Ausgangspunkt für eine wechselseitige Erkundung wird, die dort beginnt, wo Adams Entscheidung (und Maggies neu erwachtes Interesse) sie „zurückgelassen hat“. Von keinem der beiden kann man sagen, daß er „eine Meinung“ zu diesem Punkt habe. Über was beide verfügen, das sind Meinungen zu den möglichen Meinungen des anderen, und, auch wenn es sehr umständlich klingt, Meinungen dazu, was die Meinung des anderen zu den eigenen Meinungen ist. Auch hier hat jeder wieder ein Motiv, um in einer bestimmten Weise, nur aufgrund einer treffenden Antizipation des anderen, zu antworten; aber jede mögliche Antwort des einen ist ebenso durch die Erwartung des anderen bedingt.

Sie können keinen Weg finden, um diese Unsicherheit zu durchbrechen, die Waffen niederzulegen und sich zu umarmen. Maggie erwartet von dem Fürsten eine Erklärung, wie glücklich er darüber sei, nicht von ihr getrennt zu werden, und einen Vorschlag seinerseits für eine gemeinsame Urlaubsreise. Er tut nichts dergleichen, und sie ist verwirrt. Aber der Fürst kann dieses Widerstreben und die Erwartung spüren und weiß nicht recht, was er davon halten soll. Er muß immer auf der Hut sein, daß er nicht zu deutlich die Rolle des bezahlten Ehemannes übernimmt, damit er nicht die Illusion der Gegenseitigkeit zerstört, das heißt, er ist in diesen Dingen zweifellos immer sehr vorsichtig. Aber was Maggie selbstverständlich nicht weiß, ist, daß die Affäre zwischen dem Fürsten und Charlotte bereits begonnen hat und vor allem der Fürst nicht besonders begierig darauf ist, Charlotte zu verlassen, oder er würde sich zumindest, wie gewöhnlich, angesichts ihrer möglichen Antwort sehr unbehaglich fühlen. Und er denkt auch an Charlottes feinsinnigen Rat zum erfolgreichen Lügen. Sei nicht zu sehr darauf bedacht, gut und großzügig zu handeln, damit du nicht schuldbewußt erscheinst. Aber James läßt uns – was von entscheidender Bedeutung ist – sehen, daß auch er zögert, weil er erwartet, daß Maggie etwas sagt wie: „Vater konnte den wirklichen Grund erkennen, warum wir nicht reisen sollten. Er sieht, wie sehr ich dich liebe und wie sehr ich mich darüber freue.“ Sie spürt, daß er darauf wartet (und wir spüren, daß der Fürst eine solche Äußerung braucht, ob aus menschlichen oder strategischen Gründen, wird nie deutlich), und aus einer Laune heraus oder zu ihrem eigenen Schutz oder aus einem anderen Grund enthält sie ihm eine solche Bestätigung bewußt vor und wartet hartnäckig darauf, daß er den ersten, großen Schritt tut. Er fühlt diese Hartnäckigkeit und zögert doppelt. Sie fühlt sein Zögern usw. ... Damit enden sie bei dem, was als „Grobheiten aus wechselseitigem Widerstand“ (*GB*, 342/349) bezeichnet wird.[18]

Diese Grobheiten bleiben während des Romans bestehen und enden, wie ich meine, in einem großen, moralischen Desaster – genau deswegen, weil dieser Widerstand nie überwunden wird und die freie Gegenseitigkeit, die notwendig ist, um solche Fragen wie die nach dem Sinn zu lösen, nur implizit, durch Anspielungen und durch einen Mangel erfahren wird. Diese Ansicht zum Schluß des Romans oder zu Maggie ist nicht sehr populär. Viele Leser wollen aus der ganzen Doppeldeutigkeit, aus diesem „milchigen Nebel“, „den weißen Gardinen“ oder dem „goldenen Nebel“, wie der Fürst es wahrnimmt, eine Heldin aufsteigen sehen. Und Maggie wird deswegen häufig als eine Milly Theale mit

18 Obwohl ich *The Golden Bowl* hier vor allem verwende, um meine Thesen zum Bewußtsein und zur Motivation herauszuarbeiten, muß ich auch das große Interesse bedenken, das das Buch in bezug auf James' moralische oder ethische Einstellung im allgemeinen auslöst. Ich denke besonders an Martha Nussbaum (1990a) und (1990b) und Olafson (1988). Da ich den Schluß von *The Golden Bowl* als ein moralisches und persönliches Desaster aller vier Hauptpersonen empfinde, würde meine Kritik, wenn sie der Lesart von Nussbaum und dem ethischen Ideal, das sie am Ende in Maggie verkörpert sieht, gerecht werden soll (siehe S. 134, aber auch Nussbaums spätere Diskussion (1995)), viel mehr Raum beanspruchen, als eine Fußnote bieten kann. Dasselbe trifft für meine Kritik an Brudneys Versuch zu (1990), Maggies „Taktgefühl“ zu verteidigen. (Beide, Nussbaum und Brudney verteidigen eine Lesart von Maggie, die einer Interpretationslinie folgt, die durch eine, dem Realismus wohlgesonnene Literaturkritik der fünfziger und sechziger Jahre vorgegeben worden war. Siehe Sabin (1998), S. 223, und im Vergleich dazu Posners hilfreiche Skepsis (1998), S. 315-318.)
Ich stimme mit Olafsons Behauptung (1988) überein, daß die Lösung des Romans dennoch auf einem Geflecht von Lügen beruht, daß dies unbefriedigend ist und auch von James als unbefriedigend erkannt wird, und daß man die Anforderungen an eine erfolgreiche Ehe nicht besonders großzügig auslegen und daß man auch kein engstirniger Moralist sein muß, um zu sehen, daß ein solcher Zustand inakzeptabel ist (S. 303-312). Aber bei der Untersuchung der Frage, wie James uns zeigt, was an den Handlungen von Kate Croy und Maggie falsch ist, verläßt sich Olafson auf Kantische, ja sogar Habermassche Kriterien von Öffentlichkeit und von Bedingungen für Kommunikation, die nicht zur Verwendung des Internationalen Themas bei James passen (oder vielmehr auf metaphysische Punkte, die nicht zum historischen Verständnis der modernen Sitten von James passen), und auch nicht zu den radikaleren Konzeptionen von Bewußtsein und Sinn, die seinem Moralgefühl zugrundeliegen. Das etwa werde ich zu zeigen versuchen.

eisernem Willen angesehen, jemand, der bereit ist zu lieben und zu vergeben, aber nicht in der übernatürlichen und weltfremden Weise wie Milly; eher mit der Bereitschaft zu und sogar mit einer etwas machiavellistischen Toleranz gegenüber moralischen Kompromissen, die notwendig sind, um in ihrem Leben zu retten, was zu retten wert ist. (Diese Erhöhung Maggies ist auch eine Funktion des weitverbreiteten Wunsches, den „letzten“ vollendeten Roman so wie Shakespeares *Tempest* zu lesen, als einen letzten Abschied und eine endgültige Lösung oder zumindest ein heroisches Akzeptieren der Doppeldeutigkeiten, die im Schicksal von Isabel, Strether oder Milly so offenkundig ungelöst und inakzeptabel sind. Allein diese Versuchung, eine abschließende Lösung zu finden, sollte bei einem Schriftsteller wie James mehr zu denken geben, als das bisher anscheinend der Fall war.)

Es stimmt, daß Maggie einen Großteil ihrer Unschuld verliert und schließlich zu erkennen scheint, daß sie zwischen einem Leben als Erwachsene mit ihrem Ehemann oder einer Fortsetzung ihrer kindlichen Beziehung zu ihrem Vater wählen muß. Und sie wählt. Aber „ihre Intention mit der Beatrices in der *Göttlichen Komödie*, der Dame der Theologie, glcichzusetzen“, die „die Qualen der höchsten menschlichen Liebe erleidet“,[19] ist eine ziemliche Übertreibung, genauso wie ihre ziemlich selbstmitleidige Charakterisierung, daß sie bereit sei, alles „um der Liebe willen“ zu erdulden. Was für eine Liebe? Diese Liebe hat wenig Substanz und enthält kaum Leidenschaft, zumindest soweit wir sehen können; sie wird fast immer in der Terminologie des Problems von Besitz und Objekt beschrieben, und Maggies Leidenschaft brennt normalerweise dann am stärksten, wenn sie sieht, daß andere, im Grunde Charlotte, den Fürsten begehren. Sie ist die Tochter ihres Vaters und möchte vor allem bewahren, was sie hat; vor allem möchte sie kein Tor „gewesen sein“, sie möchte sich selbst als ebenbürtig behaupten, besonders, wenn das bedeutet, Charlotte zuerst zu quälen und dann zu vernichten. Sie spielt die Rolle des für unsere Sünden büßenden Christus genauso wie Adam die Rolle Gottvaters spielt (Anspielungen, die uns auf die große, hier enthaltene Ironie aufmerksam machen sollen). Aber es liegt ziemlich wenig „Vergebung“ in der Art, wie sie mit Charlotte umgeht, in der offenkundigen Genugtuung, die sie daraus zieht, oder in dem egoistischen Mitleid und den Krokodilstränen über ihre Schuld, mit denen sie sich selbst gratuliert und ihre Macht ausspielt. Sie geht sogar so weit, daß sie den Fürsten und Charlotte nach allem, was sie durchgemacht haben, ermutigt, sich noch ein letztes Mal allein zu treffen, bevor Charlotte Europa verläßt. Die Gefühllosigkeit und Schadenfreude einer solchen Geste ist so offensichtlich, daß es einer großen Willensanstrengung bedarf, Maggie deswegen zu bewundern, die Sache so zu sehen wie sie, als wahrhaft selbstlos und gütig. (Genauso schwierig ist es einzusehen, daß der Fürst durch diese vorgebliche Verzeihung irgendwie erlöst wird. Charlotte war für ihn das Hauptbindeglied zu der gesellschaftlichen Welt, die er liebte. Es gibt nur wenige Belege dafür, daß Maggie

19 Blackmur (1983), S. 51.

jemals imstande sein wird, diese Rolle auszufüllen, ist sie doch die spröde „kleine Nonne“, die „römische Matrone“, die „Madonna“ und die „Puppe“, die sie immer gewesen ist, wie hart und eigenwillig sie auch geworden sein mag. Wir können uns nur vorstellen, daß der Fürst seine Zeit so verbringt wie während des Wartens auf Charlottes Verbannung, indem er seine Bücher ordnet und wieder und wieder neu ordnet.)[20]

Und Adam bleibt, was er immer war, ein törichter Romantiker, dessen Interesse an Schönheit sich nie anders als in der Dimension des Besitzes zeigt. Wir haben in *The American Scene* gesehen, daß James bereit ist, den Nutzen der ganzen amerikanischen „Plünderung“ für Amerika unparteiisch zu betrachten, aber das muß nicht bedeuten, daß er den aktuellen Plünderer bewundert. Freilich kann Amerika und die moderne, moralische Welt, die es verkörpert, Menschen wie Isabel und Milly und Strether produzieren, deren Bereitschaft, die Gefahren, Unsicherheiten und Möglichkeiten zu akzeptieren, die die neue amerikanische Situation geschaffen hat, ungeheuer groß und mutig ist. Sie kann aber auch Menschen wie Adam produzieren, das ästhetische Analogon zu den neuenglischen Moralisten, der sich einem so umfassenden Wandel widersetzt, nach Trost in einer erfundenen Vergangenheit sucht (was eine gewisse Heuchelei enthält, denn die brutale Marktwirtschaft, die solchen Veränderungen zugrundeliegt, hat seinen großen Reichtum erst ermöglicht), oder in dessen [Adams] moralischem Analogon in einem religiös inspirierten Moralkodex, jemanden wie Maggie, die glaubt, daß es so etwas wie „das einzig Wahre“ geben muß, das die Europäer unter aller Oberfläche und dem spiegelnden Schein der Gesellschaft in ihrer Kunst und Kultur besitzen. Die törichte Zuversicht von Adam und Maggie, daß ihr großer Reichtum es ihnen einfach erlaubt, dieses zu „finden“ und zu „kaufen“, spiegelt eine parallele moralistische Auffassung wider, daß nämlich das Böse genau „geortet“, benannt und dann durch Willenskraft und Anstrengung vernichtet werden kann. (Das ist ein großes amerikanisches Thema; nicht umsonst ist unser Nationalepos *Moby Dick*.) Adams schweigsames, zurückhaltendes Wesen, seine Großzügigkeit trotz seiner Isolation und seines Distanzhaltens, spiegeln in ihrer fast völligen Asozialität genauso die Folgen einer solchen romantischen Hoffnung wie es auch sein manipulatives, ganz unsensibles „Werben“ um Charlotte tut und auch, in dem großartigsten aller Bilder für seine Losgelöstheit, sein antigeneratives, gegen die Zukunft gerichtetes Verhalten, seine mangelnde Bereitschaft (oder vielleicht sogar Unfähigkeit) mit Charlotte sexuell zu verkehren.

---

20 Zur Diskussion der Unterschiede in der kritischen Literatur, insbesondere mit Rücksicht auf Charlotte, siehe Sabin (1987), S. 65-81. Sabins spätere Diskussion des Schlusses (1998) ist ebenfalls nützlich, besonders ihr sehr eindrucksvoller Gegenangriff auf Edel, Holland und andere, die Maggies Lüge (wie z. B. Edel) als „konstruktiv“ auffassen, als eine der „Lügen, mit deren Hilfe die Zivilisation zusammengehalten werden kann“. Sabin hat ganz recht, daß dies wie die Lüge am Ende von Conrads *Heart of Darkness* klingt und genauso leer ist, und ihre allgemeine Argumentation gegen derartige Interpretationen ist recht eindrucksvoll.

Anders formuliert heißt das, die großen letzten Momente des letzten großen Romans werden von dem beherrscht, was in einem Roman von James immer komplexer ist als das Gespräch: vom Schweigen.[21] Nach Maggies kurzer Konfrontation mit dem Fürsten, als die goldene Schale zerbrochen war, versucht dieser herauszufinden, was sie Adam erzählt haben könnte oder auch, was sie wirklich wissen könnte (und er fragt offenkundig nicht besonders eifrig nach). Sie versucht herauszufinden, was er Charlotte erzählt haben könnte oder auch etwas über die Natur ihrer Affäre, was sie war, wie weit sie reichte (und auch sie fragt nicht sehr eifrig nach); beide fragen sich, was Adam wissen könnte. Dieser nimmt während des ganzen Romans dieselbe Position ein, er häuft große Macht an, indem er niemals wirklich redet, indem er nur ein schweigendes Objekt des Staunens ist. Und kaum irgend jemand sagt irgend etwas zu der armen Charlotte, die der einzige Charakter in dem Buch zu sein scheint, der imstande ist, wirklich menschliche Wärme zu zeigen.[22]

Damit will ich jedoch nicht sagen, daß man dieses Urteil eines moralischen Desasters für das letzte Wort von James über Maggies Schicksal halten sollte. Selbstverständlich ist auch sie ein Opfer, ist sie von dem Fürsten und von Charlotte schlecht behandelt, von ihrem Vater bis hin zu Kontrolle und Manipulation beschützt worden, und wenn sie auch, weil sie erwachsen wird, einen gewissen eigenen Willen und ein eigenes Selbstbewußtsein entwickelt, bleibt sie eine defensive, kalte, spröde, kleine Nonne, und das ist sicherlich kein restlos zu verurteilendes, moralisches Versagen, nicht einfach und absolut ihr (morali-

21 Ich nehme hier die These, die Mackenzie in Kapitel IV (1976) aufstellt, sehr ernst, daß nämlich James' Charaktere über ein Wissen verfügen, das nicht geteilt oder ausgesprochen werden kann. Es gibt in der Tat vieles, was zum Beispiel in Isabels Entschluß oder Strethers Entscheidung oder in *What Maisie Knew* unausgesprochen bleibt oder bleiben muß. Aber James scheint hier sehr darauf bedacht zu sein, diese Art von Schweigen nicht als eine Anerkennung des schlichtweg Unsagbaren zu behandeln, als eine Art Nichtwissen dessen, was man weiß, oder als einen weisen Weg, einen Skandal zu vermeiden und eine Ehe zu retten, sondern, wie bereits bemerkt, als „Grobheiten aus wechselseitigem Widerstand“, als Vorwand, sich unter unseren Augen zu verstecken. Es stimmt, daß diese Lesart die Reihe heldenhafter Amerikaner von Isabel über Strether bis hin zu Milly unterbrechen würde, aber ich habe versucht zu zeigen, wie tief die Schatten in James' Schilderung sind, die Adams Sammelei und seine Ansprüche und Maggies Egoismus einhüllen.

22 Das Problem bleibt dasselbe wie ganz am Anfang, 1878, bei *Daisy Miller,* oder 1880 in *Confidence*, das Problem, ob Vertrauen, Zuversicht, fundamentale Anerkennung und Akzeptieren des anderen, ob das alles irgendwie in Übereinstimmung mit dem Ideal eines freien Lebens möglich ist. Manchmal hört man, daß James einfach nicht daran glaubte, daß ein solches Vertrauen möglich sei, daß alle Liebe ein Null-Summen-Spiel sei, jemand gewinnt, ein anderer verliert. (Bell (1991) kommt dem manchmal sehr nahe.) Interessanter ist, so denke ich, daß James das Streben nach Gegenseitigkeit, wie schwierig, unwahrscheinlich oder risikoreich es auch sein mag, als unverzichtbar für jeden Versuch auf ein freies und unabhängiges Leben ansieht, und daß er das Scheitern solcher Hoffnungen nicht so darstellt, als sei es auf die Natur der Dinge zurückzuführen, als sei die menschliche Liebe einem grausamen, kosmischen Schicksal unterworfen. Es ist ganz wesentlich, zur Kenntnis zu nehmen, daß die Frage von Gleichheit und Gegenseitigkeit auch als Spiegelung des modernen Problems von Geld und Macht dargestellt wird und daß dieser Sachverhalt historisch und damit kontingent, nicht essentiell, abgehandelt wird, oder so, als ob er eine psychologische Notwendigkeit erzeuge.

scher) Fehler. Überdies ist es gar keine Frage, daß in ihrem Erwachen zur Selbstbehauptung moralisch ebenfalls etwas auf dem Spiel steht, etwas, das verlorenginge, wenn sie nicht irgendwie auf das, was ihr geschieht, reagieren und dagegen protestieren würde.[23] Wie wir am Beispiel von Isabel und Strether sehen werden (und was man ganz leicht an Personen wie Catherine Sloper am Ende von *Washington Square* oder Miriam Rooth in *The Tragic Muse* oder in *An International Episode* ablesen kann), will James die Identität seiner Charaktere auf keinen Fall in den reflektierenden Spiegeln anderer Identitäten auflösen. In diesem moralischen Universum ist eine Art Integrität oder Selbstsicherheit ebenfalls eine moralische Notwendigkeit, auch bei der Anerkennung der eigenen Abhängigkeit. Das alles beeinflußt das Urteil des Lesers und sollte es auch tun.

Wie am Anfang bereits bemerkt, führen uns die Bedeutung der Kategorie der Moral oder alle Behauptungen zum moralischen Versagen überdies nur zu einem besseren Verständnis des Romanschlusses. Es handelt sich um eine unverzichtbare und reale Kategorie; so wie die „Grobheiten aus wechselseitigem Widerstand“ vom Fürsten und Maggie in Szene gesetzt werden, bilden diese und ihre Weigerung, ihre Abhängigkeit anzuerkennen und durchzuspielen, den Kern eines wirklichen Scheiterns in der Geschichte. Aber alles zusammen führt uns direkt in verschiedene Fragenkreise ein, denen mit moralischen Begriffen nicht beizukommen ist. Was, zum Beispiel, ist die Quelle des Widerstands gegen eine wechselseitige Verpflichtung, was ist der Grund für das Schweigen, ja, für die Verweigerung gegenüber der Liebe? Es ist eine moralische Frage von einiger Bedeutung, daß der Roman am Ende so schweigsam und ausweichend ist. Aber James' Formulierung des wechselseitigen Widerstands lädt deutlich ebenso zu einer psychologischen Frage ein. Warum dieser Widerstand?

Auch hier könnte eine moralische Kategorie partiell von Bedeutung sein. Eine solche Ablehnung des anderen könnte in einem gewissen Sinn einfach mit einem moralisch verderbten Motiv zu erklären sein: Sichgehenlassen, Eitelkeit, Trägheit, korrupte Eigenwerbung. Aber es trifft auch zu, daß James seine Charaktere nicht in einer moralisch so endgültigen Art und Weise zeichnet, als ob sie nur individuelle Beispiele für moralische Verworfenheit seien. Wir wissen über viele häufig nur so wenig und sehen sie nur in einem so engen Zeitfenster, daß es vorschnell wäre, solche moralischen Bewertungen als abschließend oder

23 Die Situation ist sicherlich komplex genug, um auch Dorothea Krooks interessante Strategie (1962) zu rechtfertigen: ein Kapitel „für Maggie“, eins „gegen sie“. Ich sehe, worauf sie hinauswill, aber das geht – wie vorher bereits dargelegt – zu weit. (Dieses Aufspalten des Unterschieds oder das Hin und Her in bezug auf Maggie ist in der Literatur nicht ungewöhnlich und verrät eine verständliche Beklommenheit in bezug auf den moralischen Standpunkt selbst. Die Fälle Nussbaum und Krook sind bereits erwähnt worden. Das deutlichste Beispiel dafür sind vielleicht die beiden Vorworte von Blackmur für die Grove Edition von 1952 (dem das früher zitierte Beatrice-Zitat entnommen ist, sehr pro-Maggie) und für die Laurel Edition von 1963 (ziemlich genau das Gegenteil.) (1983, S. 147 ff. und S. 221 ff.). Auch das letztere geht meiner Meinung nach am Kern der Sache vorbei, denn es gründet sich auf ein grobes und ungenaues Verständnis des Ortes, den die Moral bei James in der Einschätzung seiner Charaktere einnimmt.

endgültig aufzufassen. Auch ist so vieles an dem dramatischen Gerüst eindeutig typologischer, ja, mythischer, als es Geschichten sein können, die nur von Individuen mit moralischen oder psychischen Mängeln handeln. Die „grundlegende Fabel“ für so viele Romane seit *Washington Square* (das vertraute Dreieck mit der Erbin, dem Mitgiftjäger und dem doppelzüngigen Komplizen, oft kompliziert durch den despotischen Vater) wird so häufig und selbstsicher eingesetzt, daß sein Vorhandensein allein ein gewisses Bestreben nach einem wiederholten oder gar archetypischen Widerstandsmuster einschließt. Ein Element in dem grundlegenden menschlichen Drama bei James (besonders in seinem spezifisch modernen Rahmen) macht die Selbstpreisgabe, die Risiken der Liebe oder auch der moralischen Anerkennung, schwierig, potentiell schmerzlich, sogar erschreckend. (Wenn zum Beispiel der tyrannische Vater der Mischung beigefügt wird (wenn das Dreieck „mit sich und der Welt im reinen [squared]“ ist wie in *Washington Square* oder in *The Golden Bowl*), kann man den Hinweis auf ein ursprüngliches Trauma oder auf Furcht als Quelle zukünftigen Widerstandes – diese häufig auftretende Andeutung eines Inzest oder eines „unaussprechlichen“ Begehrens als Quelle der Unterdrückung – nicht weiter vernachlässigen.)[24]

Die Richtung, die durch solche Fragen gewiesen wird, muß weiter erkundet werden, und wenn auch nur, um die moralischen Sachverhalte in den ihnen angemessenen Kontext zu stellen. Aber der moralische Sachverhalt selbst wird durch solche Erwägungen nicht weggeredet, sondern bleibt leicht zu identifizieren und zusammenzufassen, ein allerletztes Mal: „Aber wenn es etwas ist, was man nicht herausfinden kann, *ist es dann nicht genauso gut als ob da nichts wäre?*“

In der Tat. Ich denke, daß James die Haltung, die sich in dieser Frage zeigt, ablehnt, und daß das Schweigen oder die Verweigerung oder der wechselseitige Widerstand, die den Schluß dieses großen Romans beherrschen, zeigen sollen, wenn auch indirekt und elliptisch, was bei dieser Weigerung, die zur gleichen Zeit immer auch eine Weigerung ist, mit anderen zu kämpfen, unberücksichtigt bleibt. Angesichts des Symbols der goldenen Schale in dem Roman ist es unwahrscheinlich, daß wir Maggie und den Fürsten als jemanden sehen sollen, der solche Mängel sieht und sie schweigend und heldenhaft hinnimmt. (In der Tat ist die Schale oder das Geflecht sozialer Beziehungen, das ihr Dreieck verbindet, längst so in Mitleidenschaft gezogen, daß nichts mehr zu reparieren ist, und das, was sie behandeln wollen, „als ob da nichts wäre“, gegen dessen Anerkennung sie sich wehren, ist jetzt längst keine bloß von Mängeln behaftete soziale und familiäre Einheit mehr.) Maggie ist es, die sich entschlossen hat, die Frage des Geschäftsinhabers mit einem festen, wenn auch selbstbetrügerischen und feigen „Ja“ zu beantworten. Wenn man diese Dimension und diese Art von Un-

24 In einem Vortrag über *Washington Square* hat Bette Howland (1996) im Detail gezeigt, wie wichtig dieses fundamentale Dreieck in den wichtigsten Romanen von James ist und welche Wirkung Abwandlungen haben. Ich verdanke diesem Artikel sehr viel.

recht als „moralisch“ bezeichnet, als eine Weigerung, die Abhängigkeit von anderen anzuerkennen, ohne die ein unabhängiges Leben nicht geführt werden kann, mag das übertrieben scheinen, aber es ist Teil dessen, was ich im folgenden zu zeigen beabsichtige.

Selbstverständlich muß noch mehr gezeigt werden. Mein Vorschlag zur Darstellung der Beziehungen zwischen der moralischen Abhängigkeit und der erreichten Unabhängigkeit klingt insgesamt zugegebenermaßen programmatisch und sogar etwas formal. Die Lösungen für solche Konflikte und Zweifel können nicht für immer aufgeschoben und es muß die Frage angesprochen werden, wie solche Lösungen, selbst wenn sie kollektiv und weithin retrospektiv erreicht worden sind, überhaupt in einem so doppeldeutigen Kontext auftreten könnten. Und das Problem der Beziehung zwischen solchen moralischen Ansprüchen, wie deren mögliche Lösungen auch immer aussehen mögen, und den Ansprüchen beispielsweise der Liebe oder der Kunst oder den Versuchungen der Macht, steigen deutlich vor uns auf.

Als nächstes sollen James' Überlegungen zu denjenigen Charakteren behandelt werden, die der Versuchung nicht widerstehen können und glauben, daß irgendein Sachverhalt, ein verborgenes Geheimnis, das am Ende gelüftet wird, noch immer die richtige Art sei, sich solche Lösungen vorzustellen (Charaktere, die sich dem widersetzen, was ich als Moderne bei James beschrieben habe).

4
WILDE TIERE, GEHEIMNISSE UND GEISTER

„Mein bester MacGuffin, und darunter verstehe ich den leersten, den am wenigsten existierenden und den absurdesten, ist der, den wir in *North by Northwest* verwendeten ... dieser MacGuffin war auf seinen reinsten Ausdruck eingedampft: auf überhaupt nichts."

Alfred Hitchcock[1]

„Das Sein – ein MacGuffin"

Hans Blumenberg[2]

I

James gibt seinen Charakteren ein Umfeld und konfrontiert sie mit Problemen, die uns auf seine eigenen komplexen Behauptungen über die soziale Welt hinweisen, in der sie leben, und auf seine Auffassung, daß diese Welt etwas historisch Neuartiges darstellt. Ein wichtiges, wiederkehrendes Element in diesem Komplex ist die Gefährdung der Möglichkeit, einander zu verstehen und sich aufeinander zu verlassen, ist die Unbestimmtheit oder Unlösbarkeit von Elementen mit praktischer Bedeutung, und zwar der Elemente, die man benötigt, um auf andere zählen zu können oder um sich selbst auf etwas zu verpflichten. Im einfachsten Sinn betrifft das die Fähigkeit, die Dimensionen und Implikationen meiner eigenen Intentionen und der Intentionen anderer so gut zu verstehen, daß ich Versprechen geben, Erwartungen haben, Tadel äußern und insbesondere Vertrauen entwickeln kann, um die Minimalbedingungen in jeder sozialen Welt zu erfüllen. Fehlt dieses Verständnis, so ist das, wie wir gesehen haben, zuweilen die Folge von Dummheit oder einer egoistischen Weigerung zu verstehen. Zuweilen resultiert es auch, wie dieses Kapitel zeigen wird, aus der Unfähigkeit oder der Weigerung, die Bedrohung selbst zu verstehen, aus dem Versuch, auf Mittel zur Lösung und zur Bestimmung zu bauen, die nicht mehr zur Verfügung stehen. (In *The Turn of the Screw* gewinnt angesichts dieser Bedrohung eine Art wütendes Verstehenwollen die Oberhand, das eine Beantwortung der Fragen fordert, egal wie, bis an die Grenze von Wahnsinn und

1 Truffault (1967), S. 99.
2 *Frankfurter Allgemeine Zeitung*, 27. Mai 1987, S. 35.

Tod.) Aber auch in solchen Fällen ist die tiefere Quelle für die Schwierigkeit nicht einfach das Resultat von individuellem Versagen im gewöhnlichen Sinn oder von Eigensinn oder einer verhängnisvollen Hartnäckigkeit oder zumindest nicht ausschließlich (warum das Verstehen mißlingt, ergibt sich fast immer aus einem Komplex von Motiven und Bedingungen.)[3]

Das kann so klingen, als sei die Gefahr weit hergeholt. In den meisten Fällen scheinen wir imstande zu sein, den anderen so gut zu verstehen, daß wir Flugzeuge erreichen, Veranstaltungen koordinieren, in demselben Klassenzimmer auftauchen können usw. Aber offensichtlich gibt es da so etwas wie, einen anderen zu verstehen, und dann so etwas wie, einen anderen zu verstehen. Und der Verdacht, daß wir auf einer wichtigen Ebene unseres Verstehens häufiger scheitern als Erfolg haben oder vielleicht immer scheitern, ist nicht so weit hergeholt.[4] Das Interessante an James' Befürchtung besteht darin, daß er zwar an das Versagen von Individuen erinnert oder an das Deprimierende der fundamentalen Begrenztheit des Menschen, er aber auch zu verstehen gibt, daß diese Angst eine spezifisch moderne ist, daß sie entsteht, weil eine tiefe Übereinstimmung in bezug auf die Lebensform verloren gegangen ist, eben die Art von Übereinstimmung und Orientierung, die im Spiel sind, wenn solche Erwartungen, Versprechen und besonders Rückschlüsse erfolgreich sein sollen. „Europa" ist „gestorben", es besteht nur noch als „das Raunen eines ausgelöschten Lebens".[5]

Dieses Bündel von Behauptungen ist selbstverständlich viel umfassender und sehr viel umstrittener, als James mit bloßen Andeutungen je rechtfertigen könnte. Sie betreffen den Sachverhalt, ob und, wenn ja, in welcher Weise, man über ein bestimmtes Gemeinwesen sagen könnte, es erleide einen Sinnverlust, wie man das zuweilen in bezug auf ein Individuum sagen kann. Für gewöhnlich verstehen wir darunter, daß eine teleologische Struktur ihre Autorität für den Einzelnen verloren hat und keiner Loyalität mehr wert zu sein scheint oder so erfahren wird. Eine Hierarchie von Zielvorstellungen, wo die eine für die an-

---

3 Vgl. Tanners Bemerkungen über das „Vermeiden von Spezifizierungen" in *The Wings of the Dove*, einem Thema, das er zu Recht sowohl mit den moralischen Fehlern von Kate und Merton verknüpft als auch mit dem Problem selbst, dem Problem, daß man eine Spezifizierung nicht vermeiden kann. (1985), S. 14.

4 Vgl. die Klage in Philip Roths Roman *Amerikanisches Idyll*: „Ebensogut könnte man tatsächlich das Gehirn eines Panzers haben. Man mißversteht sie, bevor man ihnen überhaupt begegnet, schon während man daran denkt, ihnen zu begegnen, man mißversteht sie, wenn man mit ihnen zusammen ist; und dann geht man nach Hause, um allen von dem Treffen zu erzählen, und da versteht man sie schon wieder falsch ... Was bleibt, ist die Tatsache, daß es im Leben nicht darum geht, Menschen richtig zu verstehen. Leben heißt, die anderen mißzuverstehen, sie falsch zu verstehen und falsch und falsch und dann, nach reiflicher Erwägung, wieder mißzuverstehen. Daran merken wir, daß wir am Leben sind; wir irren uns. Vielleicht wäre es das beste, gar nicht mehr darüber nachzudenken, ob man jemanden richtig oder falsch versteht und würde einfach weitermachen. Aber wer das kann – der ist wirklich ein glücklicher Mensch." Roth (1997/1998), S. 35/44.

5 *IH*, 155.

dere und die andere wiederum für ein höheres Ziel wichtig war, usw., ist irgendwie zerfallen oder ein wichtiger, darin enthaltener Bestandteil ist schwächer geworden (kann keine Loyalität mehr verlangen) und bringt alles andere ins Wanken. Folglich sind auch alle Bestrebungen, die durch diese Struktur angeregt worden sind und sie angeregt haben, einfach unerfüllt geblieben. Es ist nicht leicht, mit Worten zu beschreiben, wie so etwas geschehen konnte (daß jetzt nichts mehr „wünschenswert" erscheint), aber es wäre töricht zu leugnen, daß so etwas geschieht. Melancholie dieser Art ist in der Prosa, dem Drama und der Lyrik der spätmodernen Welt nicht unbekannt. Und auch wenn es zugegebenermaßen umstritten und ziemlich abstrakt ist, wenn man eben diese Sprache benutzt, um zu beschreiben, was geschehen könnte, wenn eine gemeinsame Struktur von Zielvorstellungen oder ein teleologisches Bündel von Idealen seine soziale Autorität für ein ganzes Gemeinwesen verliert, wäre es für jeden, der die Literatur beispielsweise von Hölderlin bis David Mamet liest, sehr schwer, ohne diese Sprache auszukommen. Die Situation ist bei James nicht weniger schrecklich, wenn viele seiner Charaktere sie ignorieren oder verleugnen, nicht weniger verhängnisvoll, wenn seine Sprache nicht apokalyptisch ist.

Ich habe darauf hingewiesen, daß in dem Umfeld, das James beschreibt, entweder das Vertrauen in einen älteren Komplex von Konventionen und Erwartungen irgendwie die Kraft verloren hat, eine Orientierung zu geben, zu informieren, zu erklären (manchmal ganz unbemerkt für diejenigen, die sich noch darauf verlassen), oder eine neue Lebensform noch oder an sich selbst zu ungenügend ist, als daß sie eine Orientierung oder Hilfe anbieten könnte, um die Interpretationsprobleme zu lösen, ohne die verläßliche, auf Vertrauen und Abhängigkeit aufgebaute Beziehungen nicht gebildet werden können. Die europäischen Traditionen und die amerikanische Moderne stehen häufig stellvertretend für diese Alternativen.

Aber keine der beiden ist als Vorspiel angelegt, weder für eine extrem reaktionäre Position noch für einen radikalen, moralischen Skeptizismus. Doch auch hier ist James Romancier; er liefert weder eine Theorie, warum solch eine wechselseitige Abhängigkeit und Anerkennung oder die Moral trotzdem als praktisch unausweichlich erfahren werden, noch sagt er, wie die umstrittenen Sinnfragen und das Zuschreiben von Intentionen in einem solchen Umfeld je entschieden werden können. Er zeigt aber an Charakteren wie Madame Merle oder Kate Croy oder Charlotte Stant oder John Marcher, was fehlt, was in so fundamentaler Weise verloren geht, daß sogar die Möglichkeit verloren geht, überhaupt ein eigenes Leben zu führen, wenn solche Ansprüche ignoriert werden oder wenn man die neuen Schwierigkeiten zu verstehen zu sehr vereinfacht. Auch das ist nicht ganz die richtige Formulierung, weil es so klingt, als sei das Ganze ein Versuch, uns (durch Anschauung) einen Grund zu liefern, daß wir uns gut benehmen (sonst kommt es wahrscheinlich zu den genannten unangenehmen Folgen, usw.). Das jedoch setzte ein Modell für Subjektivität und Reflexion voraus, ein Modell mit reflektierenden Subjekten, die außerhalb möglicher Handlungsbahnen, welche die „ihren" sein könnten, stehen und auf der

Basis vernünftiger Gründe entscheiden, welche Handlungsbahn verwirklicht werden soll. In einem gewissen Sinn geschieht das selbstverständlich immer, aber auf der generellen Ebene, auf der wir uns jetzt bewegen, ist das eine extrem artifizielle, ja, phantastische Weise zu beobachten, wie eine solche Lebensbahn zu meiner eigenen „wird" („indem ich mich dafür entscheide"). Trotzdem hat die Behauptung einiges für sich, daß James „zeigen" kann, wieviel verloren ist, was nicht mehr getan werden kann, was einfach nicht verstanden werden kann, wenn die Ansprüche anderer zurückgewiesen werden. Er versucht nicht, unsere Meinung zu ändern, indem er Gründe dafür liefert, wie man dies alles mit Bezug auf eine philosophische Theorie oder mit Bezug auf einen Grund verstehen sollte, der wirklich imstande wäre, jemanden davon zu überzeugen, seine Interessen einzuschränken, weil er die Ansprüche anderer anerkennt, und daher kann diese Frage einer späteren Erörterung überlassen bleiben.

Mit anderen Worten, das Problem besteht darin, daß es eine bestimmte Art von Verläßlichkeit in den Ansprüchen geben muß, die zwischen den Romanfiguren umstritten sind, und das nicht allein deswegen, weil die Romanfiguren sonst immer Falschheit oder Täuschung befürchten müssen. Wenn sie sich aufeinander einlassen, müssen sie schwerwiegende, weitreichende Annahmen zu fundamentalen Interpretationsmöglichkeiten machen, und sie müssen das aus den bereits erörterten Gründen ohne zureichende Grundlage tun. Häufig müssen sie „abwarten", um zu sehen, ob die Reaktionen und Gegeninterpretationen der anderen ihre Annahmen bestätigen. (Einfacher gesagt, sie müssen häufig handeln, ohne zu wissen, was sie tun oder warum sie das tun, und das nicht einfach aus Unkenntnis ihrer Motive). Aber die Frage der Verläßlichkeit bleibt auch für sie eine beständige Frage. Einige entziehen sich ihr durch Solipsismus und häufig durch Egoismus, durch eine zwar Sicherheit bietende, aber tödliche Selbstgefälligkeit. Einige kehren zu traditionellen, gesellschaftlichen Formen des Verstehens zurück oder zu engen, moralistischen Kategorien. Einige ästhetisieren alles. Andere aber sehen Geister oder werden von Geheimnissen gequält. In Erzählungen dieser Art stoßen die Frage nach Verläßlichkeit und Wahrheit und James' Interesse an einem subjektiven Idealismus hinsichtlich der Frage des Sinns mit besonderer Kraft aufeinander. Die Geistergeschichten und die Geschichten über Geheimnisse, verlorene Aufzeichnungen oder verborgene Bedeutungen, werfen vereint die Frage auf, wer oder was man wirklich ist, oder was ein Autor am Ende wirklich gemeint hat, oder, in der berühmtesten dieser Erzählungen (*The Turn of the Screw*), was „wirklich" geschah, und zwar immer in einer Weise, die nicht nur die Frage der Verläßlichkeit neu stellt (besonders in der Frage der Darstellung der eigenen Identität), sondern auch die Frage nach der möglichen Lösbarkeit und nach dem Zusammenhang zwischen diesem Sachverhalt und der moralischen Frage.

II

Die Hauptfigur in der Erzählung *The Beast in the Jungle* von 1903, John Marcher, kann man nicht als die Figur mit dem ironischsten oder auffallendsten Namen bezeichnen, nicht, wenn es andere Bewerber gibt wie einen „Marquise de Cliche" aus *The Reverberator* oder den unglaublichen „Ulick" aus „The Pupil". Aber die Ironie ist eindeutig, ja, auffallend. Das letzte, was der arme John Marcher tut, ist, daß er irgendwohin „marschiert", auf ein Ziel hin oder auch nur zum Spaß. Er ist kein Teil einer Parade oder einer Armee, nicht einmal Teil eines Geschäfts, einer Gruppe, einer Familie. (Im zweiten Satz der Erzählung wird uns berichtet, daß er, zumindest seiner eigenen Meinung nach, immer „in der Menge untergeht".) Er läßt sich nicht einmal treiben oder schlendert umher; er wartet einfach, und die Bedeutung und der Schmerz des Wartens nehmen für ihn ein fast biblisches Ausmaß an. Wir begegnen ihm zuerst als einem Mann an der Schwelle zum mittleren Alter, und sein Name ruft uns im Verein mit dem einer Bekannten, die er vor zehn Jahren kennengelernt hat, „May" Bartram, im Verein mit der Jahreszeit, in der sie einander wieder begegnen (Oktober), im Verein mit dem Namen des Hauses, wo sie sich begegnen (Weatherend), den Zeitrahmen der Erzählung ins Bewußtsein und gibt uns schließlich den Hinweis, daß die Frühlingszeit der Jugend, März [March]/Mai für ihn nur eine schreckliche, „stehengebliebene" Zeit bedeutete, was jetzt um so offenkundiger und quälender wird, da sie allmählich an ihm (an ihnen) vorbeigeht, so wie auch das Ende des Wetters oder aller Turbulenzen oder das Ende des Lebens selbst in Sichtweite ist.

Überdies deutet die erste Szene der Erzählung – das Wiedersehen mit einer Bekannten, die er zehn Jahre zuvor flüchtig kennengelernt hatte, in einem „historischen" Haus, das für Touristen zur Besichtigung freigegeben ist –, auch vorsichtig auf die größeren, historischen Themen hin (besonders das Thema der Moderne), die bereits früher erörtert wurden, und verleiht so dem Thema der „stehengebliebenen" Zeit und dem Bild des Wartens größere Bedeutung. Die entscheidende Wiederbegegnung findet in einem Haus statt, das aus der Zeit herausgenommen ist, wo die ausgestellten Objekte sich einer „geheimnisvollen Bewunderung und Würdigung" ausliefern. So etwas wie das letzte ist offenbar passender als das erste in Anbetracht dessen, daß die herumlaufenden Touristen beschrieben werden, „als atmeten sie berauscht einen erregenden Duft" (*BE*, 277/5), und daß Marchers Gefährten nicht so sehr die „Poesie und die Geschichte" schätzen, die auf Marcher einstürmen (was ihn, sehr aufschlußreich, alleine herumgehen läßt), sondern man sie besser als „Hunde, die an einem Schrank schnüffeln", beschriebe. Auch das Haus und die Lebensform, die es repräsentiert, bewegen sich nicht vorwärts; es steht einfach da, als wartete es auf einen Bewunderer, den es nicht finden kann. Wenn Weatherend wirklich den Hintergrund für die Geschichte von Marchers Warten bildet und die Frage stellt, was dieses Warten bedeutet, dann stellt der Hintergrund selbst eine Art unverrückbar stehengebliebener Geschichte dar und muß daher als ein bizarres, sehr grelles Eröffnungsbild gelten: ein europäischer Schauplatz oder Kontext (oder zumindest einer, der Poesie und Geschichte besessen hatte), der jetzt nur besichtigt werden, in dem man nicht leben, der von Möchtegern-Bewunderern besichtigt werden kann, die eher herumschnüffelnden Hunden gleichen. Marcher steht, trotz des Mitleiderregenden an ihm und trotz seiner Selbsttäuschung und seiner Wichtigtuerei, zumindest am Anfang abseits, durch sein Alleinsein, durch sein Gefühl, daß es hier „Poesie und Geschichte" gibt oder gab. (Die Szene ist bereits eine Präfiguration seiner Besonderheit und des Mitleiderregenden an ihm im Hauptteil der Erzählung. Er spürt, daß die Gewöhnlichkeit seines Lebens ihn verschlingen würde, wenn es nicht möglich wäre, eine geheime Bedeutung oder ein geheimes Schicksal festzuhalten. Dieser erlösende Sinn muß in der Zeit sein, nicht transzendent oder stoisch; er muß etwas Reales sein, ein zukünftiges Ereignis, das die Vergangenheit in den richtigen Zusammenhang rücken kann, als Vorbereitung und Hintergrund für diesen Augenblick. Aber er kann nicht gesucht werden und man kann sich nicht darum bemühen. Das würde erfordern, daß man wüßte, was er ist. Wir wissen nichts und können so etwas nicht wissen; darum das gestaltlose, unbestimmte Warten auf ein „wildes Tier".)

Der Schauplatz und die ein wenig abstrakte, fast metaphysische Behandlung des Themas „Warten" führt eine antiromantische, ironische Umkehrung des Bildes der „Suche" in die Literatur ein, die in der nachfolgenden, modernen Literatur von Eliots verlorenem *Fisher King* über Kafkas *Prozeß* bis hin zu dem Beckett-Stück gleichen Namens reicht. Sie verknüpft, verdichtet und verkehrt eine ganze Reihe konventioneller, christlicher Themen, besonders die Vorstellung eines erlösenden Augenblicks in der Zeit, eines zukünftiges Ereignisses, das die ganze Vergangenheit erlösen und zu einem Ganzen fügen wird (eine Erlösungsidee, die für den modernen Revolutionsbegriff so wichtig geworden ist). James' Ironie hinsichtlich solcher Erlösungshoffnungen ist genauso stark wie in anderen modernen Darstellungen, eine Ironie, die das Selbstbildnis der Moderne als das, „worauf man gewartet hatte", als den vermeintlich entscheidenden Sprung des historischen, wilden Tiers wiederholt und untergräbt. Marcher steht selbstverständlich auf der anderen Seite solcher Erlösungsbestrebungen. Sein beispielloses Warten auf die Zukunft und seine Zukunftsangst berauben ihn der Rolle des traditionellen Helden (oder Revolutionärs) und machen ihn ganz und gar zu einer Gestalt der Moderne in ihrem ironisch gebrochenen Selbstbewußtsein: er weiß, daß ein mutiger Mann wissen sollte, „wovor er Angst hat – oder vielmehr nicht Angst hat? Ich weiß es doch nicht. Ich erkenne es nicht. Ich kann es nicht beim Namen nennen. Ich weiß nur, daß ich preisgegeben bin" (*BE*, 292/31). Ein schönes, modernes, vielleicht sogar Heideggersches Gefühl.

In einer konventionellen Interpretation wird James' ironische Darstellung dieses Mannes, Marcher, jedoch zur Hauptsache. Sie ist eine Fallstudie – James porträtiert einen Typus. Dieser Fall, Marchers Zaudern, sein Leben zu leben, sein Gefühl, daß er für etwas bestimmt ist, das so durchschlagend ist, daß er nur warten muß, daß ihm schließlich etwas Schreckliches und Gigantisches widerfahren und ihn in großartiger Weise auszeichnen wird, daß am Ende ein wildes Tier aus dem Dschungel springen wird; das alles zusammengenommen spiegelt nach landläufiger Auffassung einen psychologisch erklärbaren Widerstand gegenüber dem Leben selbst. Wenn man die Erzählung so liest, kann es sich hier um die dramatischste und extremste Darstellung des Strether-Problems handeln, des Problems, das die Romanfiguren haben, die sich durch ein ironisch gebrochenes Selbstbewußtsein oder Krankheit oder ästhetische Distanz und Erkenntnis oder moralische Skrupel oder unbewußten Ekel vor sich selbst oder auch nur durch ein Unglück aus der Parteilichkeit und Gewalt und dem großen Strom des Lebens entfernt haben und die nun am Rand sitzen und entweder beobachten oder warten müssen; die wie die arme Catherine Sloper oder vielleicht, in Augenblicken des Selbstmitleids, James selbst zu ihrer „feinen Handarbeit – zum Leben sozusagen" zurückkehren müssen. In diesem Fall wartet Marcher mehr als daß er lebt, so wird uns erzählt, weil ein solches Warten Ausdruck einer Schwäche oder Verletzung ist, eine konstitutionelle Unfähigkeit zu leben und zu lieben. Er möchte einfach lieber warten als leben, alles in der selbstbetrügerischen Erwartung, daß er bereit sein muß, daß er sich nicht selber binden oder viel Freude an der Gegenwart haben kann. Seine Reaktion auf die ihm von der geduldigen, lange leidenden May angebotene Liebe ist einfach Furcht. Seine eigene Befürchtung, er sei egoistisch oder gar narzißtisch, wenn er seine große Erwartung als Entschuldigung verwendet, um sie auf Abstand zu halten, und doch ihre Gesellschaft und ihre Liebe benutzt (und nur gelegentlich oberflächlich bemerkt, was ein solches Warten für sie bedeuten muß), lenkt die Aufmerksamkeit jeden Lesers unmittelbar auf diese spürbare, reale Furcht, auf Rationalisierung, Selbsttäuschung und Mitleid. Als sich herausstellt, daß May sein Geheimnis erraten hat (oder zu glauben scheint, daß sie es erraten habe) und daß sie glaubt, es sei bereits eingetreten (das glaubt er), und er schließlich davon überzeugt ist, daß es sein großes Schicksal war, der einzige Mensch gewesen zu sein, während dessen Dasein nichts je geschehen ist, fällt jeder Leser, der die Geschichte zum erstenmal liest, auf Marchers Auffassung herein, nimmt seine Behauptung (und seinen bitteren Selbstvorwurf) über sein bemitleidenswertes Schicksal für bare Münze und fängt an, über die psychologischen Gründe nachzudenken, die zu einer solchen destruktiven Phantasie geführt haben könnten. Und, wie bereits angemerkt, verbunden mit den üblichen Zweifeln an James' Zölibat, seiner Darstellung des Verzicht- oder Einsamkeit-Themas bei Charakteren wie Catherine Sloper, Isabel und ganz besonders Strether (der eine Art Echo auf Marcher und das „verlorene Leben" oder das Thema des Zu-spät-lebens darzustellen scheint), werden wir dann anscheinend zu der Streitfrage „Denken versus Leben" zurückgeführt, oder zur Furcht vor Geschlechtlichkeit und dem Durcheinander und der Abhängigkeit in intimen Beziehungen oder gar, in neuerer Zeit, zu homosexueller Panik, alles zusammen als psychologische Quellen für Marchers Argwohn gegenüber sich selbst und seine daraus folgende Selbstverleugnung gesehen.

Es trifft sicherlich zu, daß James' Talent, wie Picasso mit wenigen Strichen einen komplexen, wirklichkeitsnahen Charakter zu skizzieren, an dem wir Anteil nehmen, auch wenn wir ihn kritisieren, hier bei May und bei Marcher wie in so vielen anderen Geschichten voll zur Geltung kommt. Doch es trifft sicherlich auch zu, daß wir über Marcher und May noch weniger wissen als über andere Charaktere, die so schnell skizziert und in einen dramatischen Schauplatz hineingestellt werden. Verwandte, andere Freunde, Vertraute, Geld, Geschäftsangelegenheiten und auch die meisten Dinge des Alltags (abgesehen von einigen wenigen Abendessen und Opernbesuchen) sind abgestreift worden und geben der Erzählung einen eher mythischen und kaum einen psychologischen Anstrich. Marchers Gefühl, daß er warten muß, daß er „für etwas Ungewöhnliches und Merkwürdiges bestimmt sei, für etwas Ungeheuerliches und Schreckliches womöglich" (*BE*, 282/15), ist extrem absonderlich und ein wenig komisch. Selbstverständlich weckt das in uns die Frage, was speziell diesen Mann zu einer so absurden Phantasie der eigenen Bedeutung verleitete, zu einer so destruktiven Askese ähnlich der eines religiösen Propheten, der nur das fehlt, ohne das auch das Warten eines Propheten ein wenig komisch erscheinen würde: eine Vorstellung davon, worauf er wartet.

Doch, wie bemerkt, gibt es wenig, womit man psychologisch arbeiten kann, und es wäre vorschnell, sich ganz in eine psychologische Lesart zu stürzen, in eine Jamessche Darstellung des „Widerstands gegen das Leben" oder eines Widerstands gegen die Liebe, die in den unterschiedlichsten Zusammenhängen wie eine Universalerklärung wirken soll. Denn der historische Rahmen, mit dem die Geschichte einsetzt, und der merkwürdige (und so weit ich das sehen kann, weithin nicht diskutierte) Umstand, daß May, für die meisten Leser ein Muster an Geduld, Verständnis und gesundem Menschenverstand, ihm glaubt, an dieses fast irrwitzige Szenarium glaubt (und nicht ironisch oder bloß, um diesen armen Kerl im Warten zu übertreffen), das alles deutet auf ein anderes und allgemeineres Bestreben hin als das, eine psychologische Typologie aufzustellen.

Der Schauplatz und auch das Problem der Erinnerung läßt an weitere Fragen denken. May und Marcher haben sich vor zehn Jahren zum erstenmal getroffen, ebenfalls zwischen Ruinen, wenn auch in den Ruinen eines erloschenen, aber (vermutlich) vielleicht noch aktiven Vulkans, in Pompeji (was offenkundig sowohl auf die Funken, die zwischen ihnen sprühen, als auch auf die Tiefe, in der sie begraben bleiben, anspielt). Und sie müssen in einem merkwürdigen Tanz darum kämpfen, eine gemeinsame Erinnerung aufzubauen, eine Erinnerung, die umfaßt, was geschah, und schließlich auch umfaßt, was das, was geschah, bedeutete. (May weiß instinktiv, daß das, was sich zwischen ihnen ereignete, nicht dasselbe bedeutet, was es jetzt bedeuten könnte, wenn sie Marcher einfach die Fakten erzählte.) Marcher ist jetzt fünfunddreißig und hat seinen Zukunftstraum fast genauso lange mit sich herumgetragen; nur ein einziges Mal in seinem Leben hat er sich jemandem offenbart, May gegenüber, in der zwanglosen Weise wie Reisende häufig in erfrischender Offenheit miteinander reden. Aber obwohl sie ihm irgendwie bekannt vorkommt, erinnert er diesen ungewöhnlichen, sehr besonderen Umstand nicht. In der Tat weisen seine Schwierigkeiten mit der Zeit und der Erinnerung (er weiß, daß er sie getroffen hat, aber er irrt sich in bezug auf alle Orte und alle Personen) auf größere Probleme mit der historischen Zeit und insbesondere mit dieser historischen Zeit hin. Die gegenwärtige Episode zum Beispiel „berührte ihn wie die Fortsetzung von etwas, dessen Anfang ihm entglitten war. Er kannte es und begrüßte es vorderhand *als eine Fortsetzung, ohne zu wissen, was es fortsetzte*" (*BE*, 278/6, meine Hervorhebung). Diese Formulierung hat etwas Suggestives, ist eine leise Einladung zu einem Lesen mit Blick auf Archetypen. (Das Haus, das gegenwärtige Zeitalter, der Schauplatz, sie sind selbst eine Art „Fortsetzung", trotz aller Brüche und Revolutionen, eine Fortsetzung, die wir zusammensetzen können müssen und durchleben müssen, um überhaupt zu leben, wie unzureichend das auch immer von „Schnüfflern" erreicht werden mag. Marchers Warten und Zögern ist vielleicht nicht so idiosynkratisch angesichts seiner Neigung zur Vergeßlichkeit, seiner Unfähigkeit, sich auch nur an das ungewöhnlichste und bedeutungsvollste seiner vergangenen Abenteuer zu erinnern, es in eine Geschichte einzubauen. In einer solchen Lage könnte die Hoffnung aufkeimen, daß sich die Vergangenheit des Hauses und die eigene in Zukunft verbinden und es so möglich würde, die Vergangenheit angemessen zu erinnern und „weiterzutragen".) Nicht umsonst verbindet James den langsamen Strom der Erinnerungen von Marcher, der am Ende seine Verbindung mit May wieder wach werden läßt, mit dem Ausbreiten des Abendlichts über die Gegenstände *im Haus*, ein Bild dafür, wie ihr Sinn durch die richtige Form der Erinnerung wiederbelebt werden könnte, alles zu einem Zeitpunkt, in dem jede Zukunft in erster Linie von der richtigen Erinnerung abhängt.

> „Es lag in dem Herbsttag, der verglühend zu den hohen Fenstern hereinblickte; in dem roten Licht, das sich unter dem tiefhängenden, schwermütigen Himmel brach und mit langem Strahlenarm hereingriff und über alte Täfelungen, alte Tapeten, altes Gold, alte Farben hinweg spielte." (*BE*, 278/8)

Aber May erinnert sich der Umstände genau, obwohl sie klug genug ist, nicht vorzugeben, daß sie schlicht den Sinn dessen kenne, was sie erinnert. „Sie hatte es nicht verloren, aber sie würde es ihm auch nicht zurückgeben, ohne, wie er bald sah, daß er selbst die Hand danach ausstreckte." (*BE*, 278/6) Hier liegt bereits ein Hinweis auf die Themen von Gegenseitigkeit und Abhängigkeit, die wir bereits vorher kennengelernt haben, obwohl es noch zu früh wäre zu sagen, May verstünde, daß sie ihm die Erinnerung an die Vergangenheit nicht einfach „geben" kann, daß es von ihnen beiden abhängt, was es ist, und was es bedeutet, daß er so mit ihr gesprochen hat (es ist „zwischen" ihnen und noch ungeformt), und daher auch von dem abhängt, was als nächstes geschehen wird.

Jedoch auch nachdem Marcher über die Fakten Bescheid weiß, kann er sich noch nicht an die Offenbarung seines großen Geheimnisses erinnern, ein Zeugnis dafür, wie groß die Kraft der Verdrängung in seiner Psyche ist, und auch diese Tatsache bleibt verwirrend, genauso verwirrend wie das unmittelbare, aufrichtige Vertrauen Mays. In der Tat sind James' Darstellung der Erinnerung und der Beginn der eigentlichen Geschichte in der Erzählung recht verblüffend. Zunächst einmal ist interessant, daß Marcher erleichtert ist, daß das, woran sie sich erinnert und er nicht, ganz und gar keine Liebeserklärung oder eine romantische Affäre ist (wie wir sehen werden, ist Liebe für Marcher nicht ausreichend, um ihn aus der Gewöhnlichkeit, die er so zu fürchten scheint, zu erlösen, und später scheint er ein geteiltes Schicksal als Verminderung seiner eigenen Besonderheit anzusehen), und daß sie beide ihre Personalpronomen ständig verwechseln (sie stolpern über „der nicht dort gelebt hat, wo sie waren", eine erste Vorahnung ihres tiefsten Problems: das, was Marcher widerfährt, von dem zu unterscheiden, was ihr widerfährt). Denn in der Erzählung geht es ebensosehr um den Mißerfolg von Mays Liebeserklärung (und damit um etwas anderes, das sich in eine Deutung Marchers nur schwer integrieren läßt: daß auch May wartet und am Ende ihr Leben vergeudet hat) wie um Marchers Erwartung, daß in seinem Leben ein bestimmter Sinn, eine Antwort auf die Frage, wer er ist und „wofür" er da ist, gefunden werden kann, ihm irgendwie übermittelt wird. Es ist vor allem das letztere, was für das erstere verantwortlich ist, vermute ich, ein Thema und ein Zusammenhang, um die es in den Geheimnis- und Geistergeschichten so häufig geht, besonders in *The Figure in the Carpet*, *The Aspern Papers*, *The Jolly Corner* und, mit der größten Komplexität und Reflexivität in *The Turn of the Screw*. Diese Geschichten porträtieren meiner Meinung nach insgesamt verschiedene Formen des Widerstands gegenüber der Situation der Moderne, so wie James sie versteht; sie zeigen, daß es nicht gelingt, einzuschätzen und anzuerkennen, wie die „Kontinuitäten", die Marcher nur spürt, erkannt und lebendig erhalten werden müssen, und daß es auch nicht gelingt, die Art von Abhängigkeit und die angemessenen Formen der Gegenseitigkeit anzuerkennen, ohne die das Leben heute nicht geführt werden kann. Weil sich die Äußerungen einer solchen Reziprozität – Vertrauen und Treue – am tiefsten und gefährlichsten in der Liebe zeigen, zeitigt der genannte Widerstand hier die unheilvollsten Ergebnisse.

Anders ausgedrückt: May vertraut und glaubt Marcher und könnte dazu beitragen, die Kontinuität aufzubauen, die Marcher in sich selbst und in der Beziehung zwischen ihnen sucht, und so gesehen verkörpert sie diese Möglichkeit auch historisch. Das ist nötig, damit die herbstlichen Schatten und das herbstliche Licht wieder „Mai/May" sein können. (Obwohl, um das noch einmal zu wiederholen, ein Aspekt ihrer ungewöhnlichen Autorität innerhalb der Erzählung ihre Erkenntnis zu sein scheint, daß das einzige, worauf man warten muß, die Erkenntnis, die Anerkenntnis ist, daß es nichts gibt, worauf man warten muß, daß es immer schon geschehen ist, und die Frage eine Frage nach unserer Reaktion ist und nicht nach unserer Erwartung.) Nicht umsonst ist May der offizielle Führer zum „Sinn" der Gegenstände in dem Haus (obwohl sie das Museum verlassen und nach dem Tod ihrer Tante auch in der modernen Welt leben könnte); nicht umsonst bestehen ihre gemeinsamen Aktivitäten in Ausflügen zur National Gallery und zum South Kensington Museum, und ihre Gespräche drehen sich vor allem um Italien und seine Ruinen. (Das ist die Reise zurück, der Versuch des Zurückgewinnens, den May zu verstehen scheint, da sie geduldig darauf „wartet", daß Marcher aufhört zu warten; Marcher kann sich nur vormachen, daß das eine Reise ist, daß er nicht im Quellgebiet stehengeblieben ist, sondern abgelegt hat und mit dem Strom schwimmt.)

Obwohl die Frage sehr komplex ist, was denn May die Autorität verleiht, die sie in dieser Geschichte ungeachtet ihrer Komplizenschaft mit der Phantasie besitzt (abgesehen davon, daß sie unvermeidlich in einem vorteilhaften Gegensatz zu dem armen Marcher steht), finden sich, wie gerade bemerkt, am Anfang und auch später Hinweise, daß sie Marcher glaubt, als er ein großes, bevorstehendes Ereignis andeutet, weil sie glaubt, daß es sich bereits ereignet habe. Das Geheimnis ist, wie so häufig, unsichtbar, obwohl es vor aller Augen daliegt. „‚Ist das, was Sie da beschreiben, nicht vielleicht nur die Erwartung – oder wenigstens die so vielen Menschen vertraute Ahnung der nahen Gefahr –, sich verlieben zu müssen?'" (*BE*, 283/16)

Im Lauf der weiteren Entwicklung der Geschichte sehen wir, daß die richtige Formulierung hier heißen müßte: hingebungsvoll und selbstlos geliebt worden zu sein, wirklich geliebt. Aber wenn dies das wilde Tier wäre, dann hätte es nicht den zeitlichen Charakter, den Marcher will oder verlangt; es würde nur etwas beginnen, was noch chaotisch und unfertig, noch offen und unbestimmt wäre und wäre keineswegs ein Ereignis, das sein Warten endgültig beenden würde. Es könnte nicht das bedeuten, was das Ereignis für ihn bedeuten muß, und es würde den Narzißmus seines Bildes von sich selbst nicht befriedigen. Jeder verliebt sich und wird geliebt; das ist zu alltäglich oder bürgerlich und als Erlösungsphantasie zugleich zu enttäuschend. (Er möchte mehr; etwas wie eine Offenbarung oder ganz besonders einen Schluß.)

Seine Reaktion ist jedoch interessant und stellt das merkwürdigste Element hier am Anfang dar. Er behauptet, daß auch er das wilde Tier „bis jetzt" für eben das gehalten habe, eine Liebesgeschichte. Bis jetzt, scheint er zu sagen, war er enttäuscht, daß das alles war, und daher ist die Erwartung eines solchen Ereignisses fast in Vergessenheit geraten, irgendwie absorbiert, für selbstverständlich gehalten worden. Nur aufgrund dieser Erkenntnis, daß er sein Leben gegenüber May Bartram „zufällig" einmal in dieser Weise beschrieben hat, erkennt er „jetzt", daß Liebe nicht die „wirkliche Wahrheit" für ihn hätte sein können und daß das „Warten" von neuem, im Ernst, beginnen muß.

> „Er hatte einen kleinen Hort mit eigenen Händen ausgegraben und ans Licht gehalten, dessen Versteck er, nachdem er ihn doch selbst verborgen, merkwürdigerweise lange Zeit völlig vergessen gehabt hatte. Das seltene Glück, am selben Fleck wieder gestolpert zu sein, machte ihn jeder anderen Frage gegenüber gleichgültig." (*BE*, 285/20)

Es ist May, die den Unterschied ausmacht in seinem Gefühl für seinen Auftrag und in seinem Gefühl, welche Bedeutung sie dafür hat. Denn Marcher scheint eine Vorahnung zu haben, was später von großer Bedeutung sein wird, daß jedes derartige Ereignis, jede mutmaßliche, wirkliche Wahrheit, ihm, wie er sagt, „natürlich" erscheinen müßte. Er scheint etwas von der tatsächlichen Wahrheit, die sich ereignet, zu spüren: daß er sie, was immer sie sein mag, tatsächlich „verlieren" könnte. Es könnte etwas Großes sein, und es wird etwas Besonderes sein, ihm allein gehören, nichts, was jedem geschieht, selbst wenn „für ihn" die Besonderheit verloren sein wird. Es kann kein natürliches Erkennungsmerkmal für dieses Ereignis geben, kein objektives Zeichen, das kundtun wird, was ein Leben wahrhaftig über das Gewöhnliche hinaushebt. In der Welt, in der James' Charaktere leben, gibt es keine natürliche Hierarchie und keine objektive Position mehr, sie sind aufgegangen in einem neuen Spiel endlosen, subjektiven, gemeinsamen Nachdenkens und Verhandelns. Marcher kann nicht wissen, worauf er wartet, weil es keinen Weg gibt, um vorwegzunehmen, welche Art von Lebensereignis an sich selbst besonders wäre. Das Besondere, das Außergewöhnliche sind gesellschaftliche Kategorien, keine natürlichen oder transzendenten. Das bedeutet, daß Mays Reaktion und nicht die Natur des Ereignisses seine Besonderheit anzeigen kann. Was geschieht, wird über das Gewöhnliche hinausragen, aber das Gewöhnliche ist das, was man für das Gewöhnliche hält oder als solches akzeptiert. Man kann im Stillen fühlen, daß man in all dieser Gewöhnlichkeit einer unbestimmten Gefahr ausgesetzt ist, etwas Großem, Bedrohlichem, aber ironischerweise ist die Tatsache, daß es groß ist, daß es überhaupt geschehen ist, eine öffentliche Angelegenheit. Nur aus dem Gewöhnlichen, das die wechselseitigen Erwartungen ausmachen, kann etwas herausragen. Er erkennt, daß das Ereignis ihr deshalb seltsam erscheinen kann. „In ihr" wird er sehen, was es sein und was es bedeuten wird. Er wird sie brauchen, so weitgehend ist seine Aussage, um auch nur zu wissen, ob er sich fürchtete oder nicht! (Marcher, der in seiner Zeit stehenbleibt, kann später nicht einmal erkennen, daß er alt ist; schließlich muß er es erst an May sehen, um es für sich selber zu erkennen (*BE*, 295/37).

Damit beginnt ihre ungewöhnliche, tiefe Abhängigkeit voneinander, die ebensosehr auf Marchers Warten beruht wie darauf, daß May sein Warten beobachtet (oder daß sie darauf wartet, daß er aufhört zu warten), der Anschein oder die Imitation einer Beziehung und Freundschaft, die für den Rest von Mays Leben bestehen wird. So zumindest erscheint es Marcher, der die Vorstellung einer Ehe nicht akzeptieren kann, weil es unfair wäre, von May zu verlangen, daß sie angesichts des Unglücks, das über ihn kommen wird, alles mit ihm teilt, und der dann aus demselben Grund nicht akzeptieren kann, daß sie durch die jetzige Form von Freundschaft aneinander gebunden sind. Er glaubt, daß sie anderen nur wie ein Paar erscheinen. Das schützt Marcher, wie er auch glaubt, vor allen Verdächtigungen von seiten anderer, daß er ein dunkles Geheimnis habe, daß es einen Grund gebe, sein Leben allein und fern von den anderen zu leben, oder daß er irgendwie beschädigt oder gefährlich sei. Die Frage, was May vor ähnlichen Verdächtigungen „schützt", bleibt für eine Weile offen, obwohl bezeichnenderweise Marcher darüber befindet, daß das, was May rettet, der Umstand ist, daß er wie ein gewöhnlicher Mann aussieht und diese Tatsache sie irgendwie behütet.

Die Ironie ist hier mit Händen zu greifen. Marcher hat May gebeten, auf ihn zu warten, hat sie sozusagen zum Schiedsrichter über Die Wirkliche Wahrheit und das, was sie bedeutet, gemacht; in Wirklichkeit hat er sie um mehr gebeten als um eine Ehe. Der Vorwand oder die Einbildung ist nicht, daß sie ein Paar sind, sondern daß sie keines sind. Sie sehen aus wie ein gewöhnliches Paar – eine alte Jungfer und ein alter Hagestolz –, denn das ist es, was sie sind. May sieht so aus, als lebte sie für ihn und sein Geheimnis, weil das so ist. Marcher scheint schrecklich gewöhnlich zu sein, weil er es ist. Wieder ist alles unsichtbar, obwohl es unmittelbar vor unseren Augen daliegt. („Sie sah älter aus, weil sie nach all den Jahren natürlich alt *war*" (*BE*, 295/37).) Alles an Marcher ist, was es ist, nur als Spiegelung in der Meinung Mays oder der Öffentlichkeit, und das wäre für ihn ohne sein Geheimnis unerträglich. Jedoch, und das ist eine weitere ironische Wendung, sogar sein großes Geheimnis hatte verborgen und vergessen geruht, bis sich herausstellte, daß eine andere Person es verstand und daran glaubte, bis es in dieser Spiegelung wieder aufleben konnte.

Dies alles bestimmt und speist das moralische Problem, das aus ihrer Beziehung erwächst. Das moralische Problem beginnt und endet eindeutig mit Marchers Narzißmus, keiner ungewöhnlichen Pathologie in einer Welt, in der traditionelle Formen der Identität, des Ranges und der Bedeutung verloren gegangen sind. (Je größer die Gefahr, daß man ein niemand ist, je unsicherer und unzuverlässiger die Kriterien, die jemanden als etwas Besonderes und von besonderem Wert kennzeichnen, desto größer ist die Angst, daß die eigene Definition fehlt, und desto größer die Versuchung durch Bedeutungsphantasien, desto größer das Bedürfnis, diesen Wert aufzublähen oder gar selbst herzustellen, auch auf Kosten anderer.) Ein niederer Regierungsbeamter zu sein, mit einer eigenen Bibliothek, einem eigenen Garten, einem bescheidenen Erbe, mit Einladungen, kann nicht „genügen". In einer solchen „dummen Welt" kann man nur leben, wenn man ein geheimes Selbst hat, das hinter der Maske aufscheint. („Es wäre kein Versagen gewesen, bankrott, entehrt, angeprangert, aufgehängt zu sein; das Versagen war vielmehr, *nichts zu sein*." (*BE*, 296/39, meine Hervorhebung).) Aber ein solches geheimes Selbst, das gerade deswegen verborgen wird, weil man es vor der Gewöhnlichkeit schützen will, kann nur dann wirklich sein, man kann nur dann darauf zählen, sich darauf verlassen, wenn man seinem Blick begegnet und es erkennt, und wenn nicht bloß jemand es erkennt, der das Geheimnis teilt und uns sein eigenes, geheimes Selbst gegenüberstellt. Das ist Marchers Paradox. Sein Geheimnis, wäre es bekannt, würde zu einem gewöhnlichen, ja, albernen Hirngespinst (dann würde es so gesehen, dann könnte es nur das bedeuten). Bleibt es aber geheim, kann es dem Verdacht der Wunscherfüllung oder gar des Wunschdenkens nicht standhalten, nicht „real" bleiben. (Das war wahrscheinlich der Fall, bevor er May wieder begegnete.) Er wird durch Mays „Geschicklichkeit" gerettet.

> „Nur May Bartram war es durch eine unbeschreibliche Geschicklichkeit gelungen, diesem Blick direkt zu begegnen und – gleichzeitig, vielleicht auch nur abwechselnd–, ihren eigenen Blick, gleichsam über seine Schulter hinweg, mit seinem Blick durch die Augenschlitze zu vereinen.“ (*BE*, 288/26)

Das ist jedoch keine „unbeschreibliche Geschicklichkeit“; es ist eine genaue Schilderung der Möglichkeit von Liebe, und die moralische Frage richtet sich in der Erzählung auf die Zurückweisung dieser Liebe durch Marcher oder vielmehr auf seine Weigerung, sich dem zu stellen, was er May schuldig ist, indem er ihre Liebe annimmt; denn er verweigert nur die offene Anerkennung, er verweigert sich nicht gegenüber der (fast lebenslangen) Liebe selbst. Das ist keine Grobheit aus wechselseitigem Widerstand, sondern ein einseitiger Widerstand, und häufig spürt Marcher, daß er nimmt, aber nicht gibt. Seine „Erkenntnisse“ sind jedoch mitleiderregend unangemessen. „Ich habe mich manchmal gefragt, ob das ganz fair ist“. (*BE*, 290/28) „Mit diesem Geburtstagsgeschenk wollte er sich beweisen, daß er nicht gänzlich der Eigensucht verfallen sei. Meist war es nur ein kleines Schmuckstück, aber es war immer schön in seiner Art, und er war stets sorgfältig darauf bedacht, dafür mehr auszugeben, als er glaubte, sich leisten zu können.“ (*BE*, 289/27) „Wie lieb, wie schön von Ihnen! Wie soll ich Ihnen das je vergelten?“ (*BE*, 293/35) „Marcher war von gelegentlichen Warnungen einer inneren Stimme, nicht egoistisch zu sein, heimgesucht worden. Er hatte das Bewußtsein gepflegt, wie wichtig es war, nicht egoistisch zu sein, und er glaubte auch, daß es ihm gelungen sei.“ (*BE*, 292/32f.) (Wie gewöhnlich enthalten die Feinheiten der Formulierung die Ironie. Es ist wirklich nur ein „kleines Schmuckstück“, das er ihr bringt; er bezahlt mehr, als er „glaubt“, sich leisten zu können, nicht mehr als er wirklich kann; er pflegt sein „Bewußtsein“, nicht egoistisch zu sein, er gibt seinen Egoismus nicht auf, usw.)

Es scheint eine übertriebene Sicht der Dinge zu sein, begreift man das Problem als das, was Marcher May „schuldig ist“. Viele der Bilder, die bei James Versuche menschlicher Liebe beschreiben, scheinen jedenfalls eine Art „Vampirtheorie“ der Zuneigung zu enthalten, als ob die Liebe ein Null-Summen-Spiel sein müsse (ein Thema, das in komischer Form in *The Sacred Fount* bis an seine Grenzen ausgereizt wird).[6] Aber *The Sacred Fount* ist durch und durch ironisch und es wird kein allgemeiner Anspruch erhoben. Marcher schuldet May eine Art Achtung auf Gegenseitigkeit, und es gibt keinen Hinweis darauf, daß er nicht geben könnte, was er schuldig ist. May Bartram kann das. Und er schuldet May nicht einfach eine pflichtgemäße Anerkennung, etwas, worauf sie ohne weitere Umstände ein Anrecht hat. Ohne diese Anerkennung und Bindung verliert er *sein* Leben, die Chance, überhaupt ein Leben zu führen. Ohne sie „ist er nichts“. Gleich als sie ihren Kontakt erneuerten,

6 Das ist ein Thema vieler früher Erzählungen. Siehe Tanners Zusammenfassung (1985), S. 9-15.

hat er das erkannt. Selbst seine heimliche Hoffnung, schließlich irgend etwas zu sein, hängt von der Spiegelung in ihr, von ihrer Antwort, ihrer Achtung ab.

Die große Tragödie in Marchers Leben besteht darin, daß er zu glauben scheint, jedes Akzeptieren von Mays Ansichten – daß das wilde Tier das große Glück bedeutet, einander gefunden und zusammen gelebt zu haben – sei zu gewöhnlich und würde sein Leben nicht zu etwas hinreichend Besonderem, etwas hinreichend Wertvollem machen. Aber, wie sich herausstellte, war es in all seiner Gewöhnlichkeit hinreichend. Es war das Leben, das er mit ihr führte, auch als er sich weigerte, es zu leben, und auch als er seine stille Genugtuung, seine Vertraulichkeiten und Freuden akzeptierte. Er weigert sich, irgend etwas davon anzuerkennen, weil er sich an der zerstörerischen Hoffnung festklammert, daß irgend etwas sein Leben stützen oder erlösen oder ihm einen Sinn, eine teleologische Struktur, „geben" muß. Aber das wilde Tier, das nicht da ist, ist gerade das wilde Tier selbst, eine Abwesenheit, die James in anderem Zusammenhang bereitwillig als „Moderne" bezeichnet. Diese Abwesenheit macht sein Leben mit May zu dem einzigen Ereignis, das ein Leben jetzt ausmachen könnte, obwohl er töricht weiter „darauf wartet" und es nicht anerkennen und sich nicht daran freuen kann.

Entsprechend ist der Wendepunkt der Erzählung – der Beginn von Marchers großem, panischem Schrecken am Ende – ein Ausrutscher im Gebrauch der Zeiten bei May.

> „‚Ja", erwiderte Miss Bartram, „natürlich kommt das Schicksal auf einen zu, natürlich ist es gekommen, in seiner eigenen Form und auf seine eigene Art, die ganze Zeit. Nur Sie kennen die Form, und die Art von Ihrem Fall wäre doch – ja, irgendwie außergewöhnlich und, wenn man so sagen darf, ganz individuell gewesen.'" (*BE*, 290/29)

Marcher spürt das „ist gekommen" und „wäre gewesen" sofort und beginnt May, während ihrer Krankheit und bis zu ihrem Tod, unerbittlich, fast hysterisch, ziemlich gnadenlos zu befragen, er jagt ihr „Neuigkeiten" ab, selbst dann noch, als sie in den Armen ihres Dienstmädchens zusammenbricht und er weggescheucht werden muß.

Aber May kann ihm nicht einfach wie bei ihrem ersten Treffen erzählen, was sie weiß, vor allem, wie sie immer wieder andeutet (hier genauso wie beim erstenmal), weil das, „was es war", das ist, „was es gewesen wäre" – ihr (mögliches, aber jetzt verlorenes) gemeinsames Leben und Lieben – und daß es jetzt zu spät ist; Marcher wird es „nie herausfinden" (*BE*, 292/32), und das ist alles, was geschehen sollte. Als er weiter versucht, sie auf das festzunageln, was sie zu wissen scheint, bemerkt er,

> „‚Haben Sie denn das nicht eben gemeint – daß wir den meisten Dingen ins Auge gesehen haben?'
> ‚Auch einander?' Sie lächelte noch immer." (*BE*, 298/43)

Sie kehrt in dem letzten Gespräch vor ihrem Tod zu dem Thema zurück, beharrt wiederum darauf, daß alles bereits geschehen ist und daß seine Unwissenheit „das Merkwürdigste am Merkwürdigen“ war. Sie geht so weit zu sagen,

> „‚Was ich vor langer Zeit einmal gesagt habe, ist wahr. Sie werden es nie wissen, und es dürfte das beste sein, wenn sie sich damit zufriedengeben. Sie haben es ja *gehabt*.‘“ (*BE*, 303/53)

Diese komprimierte Formulierung verrät vieles, wenn sie auch doppeldeutig bleibt. Der Zeitbezug („vor langer Zeit“) ist nicht klar, könnte aber mühelos auf „vor sehr langer Zeit“ verweisen, als May erwähnte, daß die Liebe, jetzt eindeutig ihre Liebe, die Wirkliche Wahrheit gewesen sein könnte. Und mit einem Anflug von Ungeduld, fast tadelnd, sagt sie, daß er damit zufrieden sein sollte, und sie sagt es, obwohl sie weiß, wie wichtig für Marcher eine dramatische Offenbarung des großen Ereignisses gewesen wäre. Es ist fast die einzige Äußerung aus ihrer Sicht, ein kleiner Riß in der Fassade, die sie Marcher zuliebe aufgebaut hat. Allerdings entläßt May ihn wie gewöhnlich, ohne den Fragen („einander?“) oder Formulierungen („Sie sollten sich zufriedengeben“) weiter nachzugehen; aber mit Sicherheit erhält er von ihr nie die „Antwort“, die er haben möchte, nicht einmal in der dramatischen Szene am Schluß, als er noch einmal zu dem Mythos, der sein Leben geprägt hat, zurückkehrt, anstatt ihn endlich aufzugeben.

Marcher sieht bei einem Besuch an Mays Grab ein Jahr später in den Augen eines Trauernden echten Gram um einer Frau willen, „die um ihrer selbst willen geliebt worden war“. Das erfüllt ihn mit Entsetzen; es zeigt ihm „die ganze Leere seines Lebens“, und er erkennt, daß „sie [May] es war, die er verfehlt hatte“. Aber selbst diese Erkenntnis scheint sich seinem „eisigen Egoismus“ noch nicht entziehen zu können; sie bleibt begrifflich dem Mythos verhaftet, der Idee einer Wirklichen Wahrheit.

> „Das Schicksal, zu dem er ausersehen gewesen, hatte ihn jetzt erst mit aller Macht getroffen – er hatte den Becher bis zur Neige geleert; er war der Mann seiner Zeit gewesen, *jener* Mann also, dem nichts auf der Welt widerfahren sollte. Dies war der erwartete Schlag – war seine Heimsuchung.“ (*BE*, 311/66f.)

Weil diese Offenbarung für Marcher so schmerzvoll und damit nur eine gerechte Strafe für seinen Egoismus zu sein scheint, können wir eine solche Offenbarung akzeptieren. Aber sie bleibt noch eine weitere Drehung derselben Schraube aus Verweigerung und Egoismus. Er ist noch immer der „eine Mann“ mit dem besonderen Schicksal, der seine Chance mit May verpaßt hat und damit jede Chance, jedes Leben, verpaßt hat, aber alles ist ihm schicksalhaft widerfahren. Er hat in einem gewissen Sinn recht, daß „die Fluchtmöglichkeit darin bestanden hätte, sie zu lieben“, aber dadurch wäre er seinem einzigartigen

Schicksal nicht entkommen, das sein Schicksal, sein Leben gewesen wäre (und es in der Tat war). Im Augenblick gibt es da für Marcher nur noch ein Gefühl für das, was er versäumte, nicht für das, was er May versäumen ließ, daß sein „Versäumnis" und das „ihre" verbunden sind. (Er denkt an sie und bedauert, daß er sie benutzt hat, aber noch immer nur, um – in einer letzten ironischen Wendung – die arme May zu beneiden: „Sie dagegen hatte gelebt – wer konnte jetzt noch sagen, mit welcher Leidenschaft? – denn sie hatte ihn um seiner selbst willen geliebt". (*BE*, 311/67).)

In den großartigen Sätzen am Ende der Erzählung kehrt das wilde Tier (oder Marchers eigensinnige Vorstellung, daß es ein wildes Tier gibt) zurück und, anstatt sich davon zu befreien, zeigt Marcher wieder, was es bedeutet, seine Existenz im Schatten eines solchen wilden Tieres zu sehen.

> „Er sah den Dschungel seines Lebens und sah das lauernde Tier; dann, noch während er es anstarrte, sah er, wie es sich, als sei es durch einen Lufthauch aufgestört, riesig und böse erhob und zu dem Sprung ansetzte, der ihn vernichten sollte. Sein Blick verdunkelte sich – es war ganz nah; in seiner Halluzination kehrte er sich instinktiv ab und warf sich, um ihm auszuweichen, mit dem Gesicht nach unten über das Grab." (*BE*, 312/68)

„In seiner Halluzination" – in der Tat eine Wendung, die alles hätte ändern können und geändert haben würde, wenn James sie einfach weggelassen hätte. Hier und in der ganzen Erzählung läßt Marcher ein letztes Mal seine Phantasie spielen, jetzt als ein katastrophales Schicksal, das besonders ihn immer noch verfolgt. Er kann noch immer nicht von dem wilden Tier ablassen, erkennt noch immer nicht, daß seine Angst und sein Narzißmus das wilde Tier geschaffen haben und wie ein Verhängnis über seinem Leben mit May lagen. Alles gewährleistet, daß seine letzte Umarmung, mit verdunkeltem Blick, das Gesicht nach unten, blind, nur noch dem Leichnam Mays gilt.

III

Es gibt eine Art Gegenstück zu *The Beast in the Jungle*, etwa fünf Jahre später geschrieben, das vielleicht sogar so etwas wie ein „Spiegel" ist, dessen Titel bereits auf einen anderen und etwas erfreulicheren „Ort" hinweist: *The Jolly Corner*. Diese Geschichte hilft zu verdeutlichen, wie James die Verbindung zwischen einer Art moralischer Anerkennung des anderen, wie man sie besonders in einer von tiefem Vertrauen und Treue geprägten Beziehung oder in der Liebe findet, und dem Problem des Verstehens und dem Sinnproblem sehen könnte, das seinerseits wiederum als Problem von Geheimnissen, wilden Tieren, oder, wie hier, Geistern gestaltet wird.

Spencer Brydon befindet sich nach einer Abwesenheit von dreiunddreißig Jahren wieder in New York. Er ist sechsundfünfzig Jahre alt und hat in „Europa" offenbar das Leben eines Bohemien oder Künstlers geführt. Jetzt hat er den Stammsitz der Familie geerbt – das Haus, in dem er geboren wurde und aufwuchs – und ist zurückgekehrt, um die für den Verkauf notwendigen Renovierungsarbeiten zu beaufsichtigen. In dieser Zeit hat er Verbindung zu einer alten Freundin, Alice Staverton, aufgenommen. Sie wird, ähnlich wie May Bartram, seine Vertraute (eigentlich „beobachtet sie zusammen mit ihm"), als seine Beziehung zu dem Haus eine unerwartete, bizarre Wendung nimmt.

Wieder spielt, wie in *The Beast in the Jungle*, das Umfeld eine entscheidende Rolle, wenn auch, wie bei vielen Parallelen zwischen den beiden Erzählungen, in einer Art spiegelbildlicher Verkehrung. Der Schauplatz wirkt hier kaum, als sei er stehengeblieben wie Weatherend, und hat eher die Atmosphäre einer nicht aufzuhaltenden, atemlosen Zeit, endloser Stürme, des Aufruhrs und des Aufbaus und Geldmachens im „entsetzlichen, modernen Gedränge", wie es genannt wird, des modernen New York (*JC*, 315/483). Ihm gefällt das, was er jetzt sieht – „die ‚protzigen', die modernen, die ungeheuerlichen Dinge" – noch weniger als zu der Zeit, in der in ihm „das Gefühl für ihre Häßlichkeit erwachte" und er geflohen war. „Sie glichen lauter abschreckenden, ja, abwehrenden Fallen, deren Feder durch seinen rastlosen Schritt unaufhörlich gespannt wurde." (*JC*, 314/481) Wieder beginnt alles mit einem Haus, aber nicht als Museum. Ganz im Gegenteil. Diese schönen alten Häuser werden alle renoviert. In dem Viertel sind jetzt

> „... die einstigen Bewohner fast alle nicht mehr da, die alten Namen unbekannt, und nur hier und dort schien eine Reminiszenz ziellos umherzuschweifen wie ein Greis, der noch spät unterwegs ist und dem man am liebsten hilfreich folgen möchte, um ihn sicher nach Hause zu bringen." (*JC*, 317/484f.)

Brydon befand sich in einem doppelten Sinn außerhalb solcher Veränderungen und einer solchen beschleunigten Gangart, er hielt sich außerhalb Amerikas und fern von seinem modernen Geist auf; er ist nach Europa geflohen, als ob er sich irgendwo verstecken wollte, wo zwar das „Gedränge" auch irgendwann ankommen wird, wo man ihm aber bisher noch entronnen ist, er ist in ein Leben geflohen, wo man Geld, Macht und vielleicht sogar das Vorwärtsdrängen der Geschichte zumindest ignorieren kann. Marcher hatte sein geheimes Leben, Brydon sein Exil. Ein bißchen erscheint er wie Merton Densher in *The Wings of the Dove*, ungeeignet vielleicht aufgrund seiner „Ideen" für die Rollen, die die Geschichte jetzt für junge Männer bereithält, sich bewußt, daß er deshalb nicht „geeignet" ist, jemals Geld zu verdienen. Auch von ihm hat man das Bild, daß er „weich" aussieht, „ohne schwach auszusehn" und „müßig" aussieht, „ohne leer" auszusehn (*WD*, 34/38). (Wenn diese jungen Männer keine Rolle oder soziale Funktion haben – wie Densher oder auch Strether –, nimmt die Frage, wer sie wirklich sind, wofür sie stehen, was sie anderen schuldig sind, usw., viel interessantere Dimensionen an.)

Aber als er anfängt, den Bau zu beaufsichtigen, erkennt Brydon, daß er Talent für das Geschäftliche hat, daß er „offensichtlich jahrelang eine beachtliche Begabung hat brach liegen lassen" (*JC*, 316/484). Er kann sich gegenüber den Vertragspartnern behaupten, effizient Verhandlungen führen, hat Vorstellungen, wie die Dinge erledigt werden könnten. Das läßt die Frage in ihm wach werden, was aus ihm geworden wäre, wenn er geblieben wäre, wie erfolgreich er geschäftlich gewesen wäre – einfach als Amerikaner, als moderner Mensch. (Er fängt an, eine verbreitete, rein akademische Phantasievorstellung durchzuspielen, nämlich auf die übliche Frage: „Wenn du so schlau bist, warum bist du dann nicht reich?" die übliche Antwort zu geben: „Selbstverständlich hätte ich das sein können. Ich wollte nicht.") Aber als er beginnt, diese kontrafaktischen Spekulationen zusammen mit Miss Staverton zu durchdenken, nimmt das Geschehen eine sonderbare, dramatische Wendung.

> „Er war der Meinung, alles laufe einfach auf die Frage hinaus, was aus ihm geworden wäre, was für ein Leben er geführt und wie er sich ‚herausgemacht' hätte, würde er es nicht schon gleich zu Beginn aufgegeben haben ... ‚Wie ein Idiot frage ich mich das wieder und wieder – als könnte ich das je ergründen!'" (*JC*, 320/489)

Bemerkenswerterweise erhält Brydon jedoch eine Chance. Sein Gefühl, daß in ihm ein „Alter ego" steckt, wird zunächst von Alice Staverton voll und ganz akzeptiert. Wie May glaubt sie daran; im Verlauf der Geschichte behauptet sie, dieses Alter ego zweimal im Traum gesehen zu haben. Und wie May bei der Antwort auf die Frage „Wie sah der Wicht aus?" zögert, sagt sie nur: „Ich sage es Ihnen ein andermal" (*JC*, 322/492). Wie May scheint sie zu wissen, was Brydon wissen möchte, aber wie May scheint sie auf eine andere Art zu wissen, daß es in Wirklichkeit nichts zu wissen gibt, daß es nicht einfach eine Tatsache gibt, die klären würde, wer Spencer Brydon ist.

Brydon muß jedoch nicht lange auf seine Offenbarung warten. Er besucht sein leeres, renoviertes Haus, seine mögliche Vergangenheit, jede Nacht und wandert ziellos durch die leeren Räume; in Wahrheit sucht er nach sich selbst, bis er schließlich zu der furchteinflößenden Überzeugung gelangt, daß es in dem Haus spukt und daß der Geist niemand anderer ist als sein Alter ego. Er ist besessen von dem Wunsch, „den" tatsächlich zu Gesicht zu bekommen, „der er gewesen wäre", wenn er nicht, wie er meint, „aufgegeben hätte".

Und schließlich wird sein Wunsch erfüllt. Nachdem James eine grandiose Szenerie aufgebaut hat, findet eine große Konfrontations-Szene statt. Wieder geht es um Mut und Brydon beweist ihn; er sieht der Erscheinung ins Auge. Aber sein „anderes Selbst" ist am Ende mehr mitleiderregend als furchteinflößend. Er (das Alter ego) ist eine eingesunkene Gestalt, die Hände (verstümmelte Hände, an denen zwei Finger fehlen) bedecken sein Gesicht. Aber das Wichtigste ist, eine der komplexesten Ironien bei James, Brydon erkennt sich nicht als sich selbst.

„... denn das entblößte Gesicht war zu scheußlich, um das *seine* zu sein, und sein Blick dokumentierte die Leidenschaft seines Protests. Das Gesicht, dieses Gesicht sollte Spencer Brydon gehören? – noch immer suchte er es, blickte jedoch voll Abscheu und Abwehr zur Seite und stürzte jählings von seinem erhabenen Podest. Es war fremd, unfaßbar, schrecklich, weit entfernt von jeder Wahrscheinlichkeit –!" (*JC*, 335/510)

Wir haben hier, wie im Fall von Marcher, einen Mann vor uns, der von einem möglichen anderen „Selbst" besessen ist, jemanden, der sich von dem „Gedränge" und der Gewöhnlichkeit der entstehenden „amerikanischen" Welt fernhalten will und der ein Leben führt, das sich nun, eben weil er sich ferngehalten hat, der Frage nach seinem wahren Selbst zuwendet. Aber jetzt erwartet die Figur nicht wie Marcher eine Erlösung in der Zukunft, sondern sucht nach dieser oder nach einer Lösung der Frage, wer er ist, in der Vergangenheit, und ist eifrig bereit, die Vorstellung zu durchdenken, ob sein Widerwille gegen die gewöhnliche, moderne, vom Geld beherrschte Welt ein Fehler war oder ob er, ohne sich selbst gut genug zu kennen, eine schlechte Entscheidung getroffen hat. Das Selbst, das er geworden ist, ist nur eins von vielen möglichen, und es ist sehr wohl möglich, daß er „in Wirklichkeit" ein Selbst ist oder hätte sein sollen, das er nicht geworden ist, der Bonze „mit einer Million im Jahr". Dieses Mal springt kein wildes Tier auf ihn los, sondern ein Geist erscheint. Brydon glaubt, er wisse, wer er wirklich ist, nicht weil er weiß, wer er werden wird, sondern weil er weiß, wer er hätte sein können, wer sein besseres Selbst hätte sein können, derjenige mit all den unterschätzten Talenten. In beiden Fällen haben die Charaktere ein gewisses Gespür dafür, daß ihnen irgendwie die Frage aus der Hand genommen worden ist, „wer sie sind", daß sie nur eine von vielen möglichen Formen ihres Selbst sind, die sie sein könnten oder hätten sein können, daß es keinen Weg gibt, auf dem sie wirklich ihr „Schicksal" bestimmen könnten oder hätten bestimmen können. So werden sie von der Frage nach Möglichkeiten solcher Art „verfolgt", weil sie (einer typisch modernen, romantischen Phantasievorstellung folgend) zu glauben scheinen, wenn sie kein besonderes Schicksal hätten (oder ein nicht verwirklichtes, besonderes Selbst), dann hätten sie gar kein Schicksal, überhaupt keins.

Und in beiden Fällen, bei beiden Personen, geht es um die Frage der Liebe. Diese Frage ist weitgehend durch ihre Reaktion auf den Sachverhalt (auf die Frage, wie man das Problem löst, „wer man ist") bestimmt.[7] Staverton glaubt nicht an ein in der Zukunft auftauchendes, wildes Tier, aber sie glaubt an etwas, das Brydons Auffassung ähnlich ist: daß Brydon nicht essentiell oder notwendigerweise ist, wer er ist; sie glaubt, auch sie könne sehen, wer er hätte sein kön-

7 In der Tat ist die Frage nach der Möglichkeit oder häufiger der Unmöglichkeit von Liebe in den Geschichten mit „Lösungen" (oder häufiger „Nicht-Lösungen") nie sehr fernliegend. Man beachte dazu nicht nur die Obsession des Erzählers mit Hugh Vereckers „kleinem Punkt", dem „Muster" im Teppich, sondern auch, wie sich diese Obsession auf Corvick und Gwendolen auswirkt (*FC*, 357-400/323-365).

nen. Sie glaubt bemerkenswerterweise an ihn und an die verschiedenen, möglichen Formen seines Selbst. Und auch ihre Beziehung zueinander beginnt sich insgesamt der Frage Geist/wildes Tier zuzuwenden, wer Brydon ist und wie man das bestimmen könnte. Alice scheint wie May von Anfang an zu wissen, daß diese Frage nicht durch eine Offenbarung, ein Faktum oder einen Geist, gelöst werden kann, selbst als sie spürt, daß Brydon das noch nicht glauben kann und daß er also auch nicht akzeptieren kann, was sie ihm anbietet (ein Leben, könnte man sagen, und keine Lösung oder Offenbarung).

Brydon möchte beispielsweise von ihr wissen, ob er „so gut ist, wie er hätte sein können". Sie erzählt ihm „Nein, weit davon entfernt", aber auch „Das ist mir egal" (*JC*, 322/491), eine Antwort, die er noch nicht richtig einschätzen kann. Sie erinnert ihn daran, daß auch ihm das in Wirklichkeit egal ist, „jedoch auf ganz andere Weise: Sie kümmern sich doch um nichts anderes als um sich selbst."[8]

Das aber ändert sich und das Ergebnis ist etwas, was in James' Schriften relativ selten ist: eine von Erfolg gekrönte Liebe, oder, in den von uns verwendeten moralischen Begriffen ausgedrückt, man hat einen Weg gefunden, um die „Grobheiten aus wechselseitigem Widerstand" zu umgehen, und schließlich ist doch so etwas wie Reziprozität oder eine angemessene Anerkennung der Abhängigkeit möglich, die für die Liebe notwendig ist. Hier findet sich nicht der normale Jamessche, von Verzicht und Scheitern gekennzeichnete Schluß. Man kann ihm in einem weiten Bogen ausweichen, weil Brydon seine Obsession, seine quälende Vorstellung von einem bestimmten, wirklichen Selbst jetzt aufgeben kann, seine Jagd nach dem, der er wirklich ist oder hätte sein können, und seine Hoffnung auf ein Faktum oder eine Offenbarung, die schließlich alles klären wird. Die Welt, in die Brydon zurückgekehrt ist, die immer weniger festgelegte, mobile, chaotische Welt von New York, hat eine solche Kontingenz im Leben und in möglichen anderen Leben erst geschaffen, so daß verständlich wird, daß man von der Frage, wie er sie sich selbst stellt, „verfolgt" werden kann. (Die so typisch moderne Frage nach der Authentizität versteht man am besten als Reaktion auf eine spezifische Art der Gefährdung, die durch eine spezifische Form des sozialen Lebens erzeugt wird.) Und das ist in vielerlei Hinsicht zu verstehen. Wenn man nicht für selbstverständlich hält, daß die eigene Selbstdarstellung zuverlässig ist, oder wenn man eine gewisse Distanz zu einer solchen Darstellung hat, bedeutet das, daß man die gefährliche Wichtigtuerei und krankhaft starre Selbstzufriedenheit von Charakteren wie Osmond vermieden hat. Und wenn man auf einem eigenen Weg durch das Leben beharrt, bedeutet das, daß man auf einer Integrität beharrt, ohne die eine frei eingegangene Bindung an andere nicht möglich ist und die in der neuen Welt erblichen,

8 Hier klingen die Zeilen vom Anfang der Erzählung noch einmal an, wo Brydons Narzißmus zuerst sichtbar wurde: Die Frage, was man von allem hält, ist „töricht", weil seine Gedanken „sich immer noch fast ausschließlich auf etwas bezögen, das nur mich selbst betrifft" (*JC*, 313/480).

mächtigen Reichtums einer besonderen Gefährdung ausgesetzt ist. Es ist das, was wir an Isabel bewundern und was Strether an der in einem konventionellen Sinn unmoralischen Madame de Vionnet schätzen lernt. Aber die Frage des „Wahren Selbst“ kann zu einer geisterhaften und nutzlosen Streitfrage werden, wenn sie sich so stellt wie bei Marcher und Brydon, wenn sie, heißt das, eine Hoffnung auf Endgültigkeit bekundet, auf bestimmte Offenbarungen, offenbarte Geheimnisse, auf einen festen Haltepunkt in dem unruhigen Wasser, durch das die Hauptfiguren irgendwie ihren Kurs steuern müssen.

Obwohl bei James der Grat zwischen der Berufung auf das Integritäts-Ideal (zum Beispiel Isabels Ideal) in einer Gesellschaft wie dieser und einer narzißtischen Phantasie über die eigene Bedeutung (zum Beispiel die von Marcher) häufig sehr schmal ist, entwickeln wir ein gewisses Gespür dafür, wie seiner Meinung nach alles zusammenwirkt, was entscheidend ist, um ein Abgleiten des ersteren in das letztere zu verhindern, indem wir unser Augenmerk darauf richten, wie der „Exorzismus“ des Geist-Themas mit den Themen Reziprozität und Vertrauen verknüpft ist. Das heißt, was am Ende Brydons „Nicht-Anerkennung“ seines Alter ego so interessant macht, ist, daß die Frage, ob er „seinen Geist aufgibt“, der Punkt ist, um den sich seine Beziehung zu Alice dreht, sich am Ende in ihre Richtung neigt. Nach der Konfrontation hat er das Bewußtsein verloren; Alice machte sich Sorgen, als sie nichts von ihm hörte und hatte das Hausmädchen das Haus öffnen lassen. Sie finden Spencer auf der Treppe hingestreckt, und er erwacht in einer der mutigsten und direktesten Liebesszenen, die James je geschrieben hat, zu neuem Leben. Nachdem Spencer wieder erwacht ist, sagt er:

> „‚Und Sie haben mich im wahrsten Sinne des Wortes zum Leben erweckt.‘ ‚Nur‘, so fragte er und hob den Blick zu ihr, ‚nur im Namen aller Heiligen, wie?‘ Unvermittelt neigte sie ihr Gesicht und küßte ihn, und irgend etwas in der Art, wie sie das tat und seinen Kopf in ihren Händen barg, während er ihre kühlen, gütigen und reinen Lippen spürte, irgend etwas in all dieser Glückseligkeit beantwortete irgendwie alles. ‚Und nun halte ich dich fest‘, sagte sie.“ (*JC*, 337/513)

Dieser verblüffend positive, bejahende Augenblick (der fast wie ein Schock für jeden sein muß, der über die Jahre das frustrierende Ende, die gescheiterte Liebe in so vielen Jamesschen Romanen verfolgt hat) leitet über zu einer etwas unklaren, metaphysischen Lagebesprechung über den Geist und Alices Traum. (Alice behauptet, in ihrem Traum zu derselben Zeit denselben „schwarzen Fremden“ gesehen zu haben und, im Gegensatz zu Brydon, gewußt zu haben, daß er „er“ war und auch nicht.) Brydon kann anfangs nicht darüber hinwegkommen, daß die Erscheinung seines Alter ego tatsächlich nicht er war, derjenige, der „er“ jetzt irgendwie ist. Er hatte eindeutig eine bestätigende Offenbarung erwartet, denselben „er“, aber reich und wohlhabend und glücklich. Das hätte bedeutet, daß er sein tatsächliches Leben und das ihm entgangene mögliche Leben als sein eigenes hätte ansehen können, nicht als Fehler oder Zufall; er hätte sich mit dem Umstand trösten können, daß er noch „er" und reich und mächtig hätte gewesen sein können. Dann hätte seine Entfernung von dieser Möglichkeit sein Leben bestimmt, nicht ein Fehler oder das Glück oder Furcht oder bloß Unfähigkeit. Er wäre Herr über seine Vergangenheit genauso wie über seine Gegenwart und seine Zukunft. Doch er ist überrascht und verstört, weil er nicht imstande ist, sich selbst in der Gestalt, die er gesehen hat, wiederzuerkennen. Alice versucht immer wieder, ihm dabei zu helfen zu verstehen, daß es im Grunde nicht mehr auf sich hat mit der Frage, „wer man hätte sein können", und glaubte man etwas anderes (oder dächte, daß die Kontingenz des tatsächlichen Lebens das Leben irgendwie billig machte oder es herabsetzte, es zufällig und willkürlich machte, daß es vielleicht ein anderes, wahreres Selbst gebe, das zu sein man „versäumt" hat), so wäre das eine zerstörerische Phantasievorstellung, eine Art des Nicht-Lebens oder eines Lebens im bloßen Ressentiment. Es ist keine Frage, daß das „schreckliche, moderne Gedränge" von New York Ängste wie die von Brydon hervorrufen kann: es gibt so viele Gabelungen auf dem Weg eines so gehetzten Lebens, die so schnell und häufig unwiderruflich eingeschlagen werden, mit einem zur jeweiligen Zeit so geringen Bewußtsein von dem Warum oder dem, was anders noch möglich hätte sein können. In einer solchen Welt würde jedes Ego wie ein Alter ego erscheinen, und es ist zu erwarten, daß man den Versuchungen, die von der Idee eines besonderen, eines bestimmten Schicksals oder eines wirklichen, vielleicht besseren Ego ausgehen, schwerlich widerstehen kann.

Aber diese Phantasievorstellung von einer Lösung, von Antworten und offenbarten Geheimnissen usw. bezeichnet man besser als eine Form des Narzißmus oder, mit Hilfe der historischen Begriffe, die wir verwendet haben, als Weigerung, die Risiken und Unsicherheiten zu akzeptieren, welche die Jamessche Moderne verlangt. (Ein Narzißmus, wie er von Freud in „Trauer und Melancholie" als Weigerung, einen Verlust zu betrauern, beschrieben wird – in diesem Fall den Verlust von traditionell begründeten Sicherheiten – ein Gefühl, daß man so wichtig, von so zentraler Bedeutung ist, daß einem ein solcher Verlust nicht zustoßen könnte, ein Gefühl, daß die eigene Wichtigkeit so verringert würde, daß keine Trauerarbeit, keine Umbesetzung der Libido möglich ist. Auch in vielen anderen Erzählungen ist der in Frage stehende Verlust, der eine solche Obsession und Melancholie auslöst, einfach der Verlust der Vergangenheit, die Unwiederbringlichkeit der historischen Vergangenheit oder der eigenen Jugend. Angesichts dessen muß es, so denkt mancher, Geheimnisse geben, Geister, Papiere, Muster im Teppich. Wie Freud deutlich macht, dient die melancholische Trauer dazu, den Verlust zu verneinen und den eigenen Bedeutungsverlust zu verneinen, den man durch den Verlust zu erleiden glaubt.[9]) Das alles ist insbesondere als Widerstand gegen das zu sehen, was Marcher erfährt, sich aber nicht vorstellen kann: daß er May braucht, um der zu sein, der er ist,

9 Ich entwickle diese Verwendung von Freuds Kategorie in „Nietzsche und die Melancholie der Modernität" (1999).

und kein wildes Tier, das am Ende alles aufklären wird. Wenn also Alice davon spricht, den Fremden „akzeptiert" zu haben, macht sie damit klar, daß sie bereit ist, solche Ungewißheiten und Kontingenzen zu tolerieren und zu akzeptieren, daß sie sogar bereit ist, ihre Achtung vor jedem Brydon zu bekunden, wer immer er gewesen sein mag. Er wäre auch dann noch in gewisser Hinsicht die Person, in die sie sich verliebt hat. Zumindest bekundet sie ihre Bereitschaft, dem versehrten und verstümmelten Kapitalisten genauso treu zu sein wie dem unversehrten und charmanten Brydon mit Monokel. Während er sie ausreden läßt, kann Brydon seine Phantasievorstellung, wer er hätte sein können, aufgeben, und unterscheidet sich damit von Marcher, der seiner Fixierung auf die Frage, wer er werden könnte, nicht entrinnen kann (selbst wenn das bedeutet, daß er hinnimmt, der einzige zu sein, der nichts wird). Und die Erzählung endet mit dem sozial vielleicht erfolgreichsten Augenblick in James' Werk.[10]

> „‚Ach!' stöhnte Brydon – ob seiner bewiesenen Identität oder seiner verlorenen Finger. Dann aber rief er heiter: ‚Er hat eine Million im Jahr. Aber er hat nicht dich.' ‚Und er ist nicht – nein, er ist nicht – *du*!' flüsterte sie, als er sie an seine Brust zog." (*JC*, 340/516)

IV

Brydons Obsession ist eher für die Jamesschen Geheimnis- und Geistergeschichten typisch, auch wenn es merkwürdige, kontrafaktische Wendungen gibt. Meistens geht es in diesem Genre nicht darum, was geschehen wäre, sondern darum, was geschah, als ob der „Schlüssel", das, was man wissen muß, etwas in der Vergangenheit ist, ein bestimmter Gehalt, dessen Offenbarung das Leben eines toten Autors in eine endgültige Perspektive rücken, das Wesen von jemandem erhellen, eine Interpretationsfrage aufklären oder eine moralische Frage nach dem Bösen und nach einer Schuld lösen wird.

Alle diese Erzählungen stellen beispielhaft den Widerstand und die Angst dar, die wir vorher gesehen haben, und in fast allen versinnbildlicht die Phantasievorstellung von der endgültigen Identität des Geistes oder der endgültige Besitz und die Offenbarung der Geheimnisse auch einen Widerstand gegenüber jemand anderem, eine Weigerung anzuerkennen, daß ein Großteil der Frage

10 Es gibt andere Ausnahmen von der Lesart, daß die „Liebe ein Null-Summen-Spiel" sei. Die Freundschaft zwischen Dencombe und Dr. Hugh in *The Middle Years* könnte ein solches Beispiel sein. In der Tat könnte der Gedanke, der sich wie eine geistige Zusammenfassung der Erzählung ausnimmt, sehr gut als Epigramm für die Behandlung des moralischen Lebens durch James insgesamt dienen: „Wir arbeiten im Dunkeln – wir tun, was wir können – wir geben, was wir haben. Unser Zweifel ist unsere Leidenschaft und unsere Leidenschaft ist unsere Aufgabe. Der Rest ist der Wahnsinn der Kunst". (*MY*, 258)

„was es bedeutete" oder „wer" jemand war, nicht Gegenstand persönlicher Offenbarung ist, nicht als Faktum erledigt werden kann, sondern mannigfacher Überlegung bedarf, der Verhandlung und der Verbindung zwischen genuin reziproken Subjekten, oder des Jamesschen moralischen Ideals, könnte man sagen. So ist der Erzähler in *The Aspern Papers*, wenn er ohne Rücksicht auf die Kosten oder auf moralische Verkürzungen die private Korrespondenz seines großen Idols mit Juliana Bordereau unbedingt in seinen Besitz bringen will, nicht einfach der skrupellose Journalist, der „publizierende Schurke", wie nach dem Urteil von Miss Bordereau. Er glaubt an Aspern und glaubt an seine Dichtung und ist verständlicherweise der Meinung, daß die Einzelheiten von Asperns Liebesleben Licht auf seine Gedichte werfen könnten. Aber was er von den Papieren erwartet, wie er ihren Nutzen einschätzt, dies macht die Geschichte zu einem festen Bestandteil des Genres, das wir im Auge haben, und erzeugt die vielen Ironien in der Ich-Erzählung. (Es ist das selbstverständlich, trotz aller Nostalgie, auch eine moderne Hoffnung, die der Erzähler ausdrückt: nicht Schriftstücke über das Werk, Gedichtentwürfe, usw., sondern Briefe aus seinem Leben, wiederum über das, was privat und geheim und verborgen ist. Nur Briefe solcher Art können eine Offenbarung enthalten. Die Gedichte selbst, glaubt man, seien nicht ausreichend.)[11]

Dasselbe läßt uns das Umfeld erkennen, das mit allen James zur Verfügung stehenden Mitteln die Vergangenheit heraufbeschwört, das alte Venedig, alte Menschen (Juliana wie ein „grinsender Totenschädel"), die alte Welt. (James selbst betont die „quälende Gegenwart" der „erfahrbaren Vergangenheit" in der Erzählung, „die Poesie der überlebten und verlorenen und vergangenen Dinge ..., die im Theater unserer Modernität durchgespielt werden" (*APP*, 1176). Für den Erzähler ist diese Vergangenheit aber nicht einfach erfahrbar, wenn sie auch noch irgendwie lebendig ist, obwohl die in der Erzählung für dieses Leben verwendeten Bilder eher das Bild eines lebendigen Todes vor unserem geistigen Auge wach werden lassen. Der alte Palast mit seinen zwei alten Jungfrauen erinnert wieder an die stehengebliebene Zeit von Weatherend, an die romantische Illusion von dem Wert und der Schönheit einer solchen Vergangenheit, ausgehöhlt durch die Bruchstücke, die wir aus Asperns Leben erfahren, und die – bis zu einem bestimmten Punkt reichende – Bereitschaft von Miss Bordereau, diese Erinnerungen gegen Bargeld einzutauschen. Für James ist das meiner Meinung nach „überlebt und verloren und vergangen", sicherlich nicht vergessen, aber es kann nicht wiederbelebt oder mit Gewalt romantisiert werden, so als ob das Pflanzen von Blumen im Garten das Leben allein durch Willenskraft wieder neu erschaffen könnte.

Das hier geschaffene Dreieck (der Erzähler und Miss Tina, die sich gemeinsam über die Schriftstücke beugen) erregt beträchtlich mehr Mitleid, als die

11 Die Erzählung ist in ihrem Ursprung mit der Halbschwester von Mary Shelley, Claire Claremont, verbunden, der Mutter von Byrons Kind, eine Geschichte, die James von einem Forscher hörte, dem Briefe unter der Bedingung angeboten worden waren, daß er die Nichte von Miss Claremont heirate.

Dreiecke Marcher-wildes Tier-May oder Brydon-Geist-Alice. Keine von den beiden Personen hat gegenwärtig eine reale Verbindung zu den Papieren oder versteht, was sie enthalten. (Die venezianische Atmosphäre der Erzählung enthält hinreichend viel Selbsttäuschung und Wunschdenken, so daß es nicht unmöglich wäre, eine Interpretation der Geschichte zu konstruieren, in der es die Papiere überhaupt nicht gibt.) Die Papiere sind wie Fetische, die auf geheimnisvolle Weise menschliche Kräfte angenommen haben, vielleicht weil man unbedingt Lösungen braucht. Sie haben den Erzähler nach Venedig gezogen, und sie stellen für Miss Tina das Hauptbindeglied zur realen Welt der Erwachsenen dar. (James ist, im Gegensatz zu dem Ruf, in dem er steht, durchaus imstande, übertriebene Hoffnungen in bezug auf ästhetische Werte im allgemeinen als Fetischisierungen solcher Werte darzustellen; das trifft besonders auf seine Darstellung von Sammlern oder Nostalgikern oder Priestern der Hochkultur zu.) Das heißt, die Interpretationen der Erzählung, die James die Sehnsucht nach der vormodernen Welt von Aspern und Juliana vorwerfen, übersehen das Mitleiderregende und die Vergeblichkeit in den Hoffnungen des Erzählers. Seine mitleiderregende Selbsttäuschung in der Frage, ob er mit den Blumen, den Freundlichkeiten und Aufmerksamkeiten für eine einsame Frau, ihr „wirklich“ seine Liebe zeigte oder nicht, spiegelt seine Selbsttäuschung in bezug auf die Vergangenheit und in bezug auf Aspern wider (hinsichtlich der Frage, warum er die Papiere haben will). Der würdige und menschliche Ton, mit dem Miss Tina sich für eine Eheschließung anbietet, obwohl sie, und das ist bemerkenswert, mit den Papieren handelt, wirft ein bezeichnendes Licht auf die Frage, wo James' Sympathien liegen. Tina ist bereit, die Papiere für etwas aufzugeben, was für sie mit ziemlicher Sicherheit die letzte Gelegenheit darstellt, aus diesem Haus und dieser Vergangenheit herauszukommen, um ein Leben, wenn auch ein auf Kompromissen beruhendes, nicht sehr romantisches Leben draußen, in der Gegenwart, zu führen. (Sie ist also bereit, das, was sie als Schuld gegenüber ihrer Tante empfindet, zu mißachten und die Papiere zu verschachern und einem Journalisten zu übergeben.)

Der Erzähler ist nicht bereit, sofort darauf einzugehen, nicht bloß, weil er nicht heiraten will. Er liebt Aspern und die Vergangenheit und ist ironischerweise ein stärkerer Einsiedler und größerer Dulder als Juliana. Und nicht einfach deswegen, weil er ein Gelehrter oder an der Vergangenheit interessiert wäre. Wiederum ist es die Art seines Interesses, sein hoffnungsloses Gefühl, daß es „in“ jenen Papieren einfach etwas Entscheidendes gibt, was seine Beziehung zu allen anderen zerstört und ihn veranlaßt, Tina zu mißbrauchen. Für den Leser müßte es ein großartiges, befreiendes Gefühl sein, als Tina die Papiere verbrennt, so befreiend wie das Ende von Brydons Geist. Für den Erzähler bedeutet das selbstverständlich keine Befreiung. Er verbringt den Rest seines Lebens, so wird uns glauben gemacht, indem er einen Schrein verehrt, unter dem Bildnis des toten Dichters, im grenzenlosen Gefühl des Verlusts der Briefe, in Trauer um eine abwesende und verborgene Bedeutung. Es gibt einen Wortwechsel in der Erzählung, der – auch wenn er am Ende sehr doppeldeutig ist –

erkennen läßt, was für James auf dem Spiel steht, wenn er die Hoffnungen des Erzählers aufgibt.

Juliana hatte gewarnt, „Die Wahrheit ist Gottes, sie ist nicht des Menschen: es ist besser, wir belassen es dabei. Wer kann ein Urteil darüber fällen? – wer kann darüber etwas sagen?“ Darauf erwidert der Journalist in einem Ton, wie man ihn in solchen Unterredungen häufig vernimmt, der uns vertraut und verständlich ist: „Wir sind umgeben von tiefer Finsternis, ich weiß, aber wenn wir es aufgeben, danach zu streben, was wird dann aus all den schönen Dingen? Was wird aus dem Werk, das ich eben erwähnte, dem der großen Philosophen und Dichter? Es ist alles eitel, wenn es dafür keinen Maßstab gibt!“ Julianas Antwort scheint mir für James typisch zu sein:

> „Sie reden, als seien Sie ein Schneider“ (*AP*, 158/371).[12]

V

Ein junges, weltfremdes Mädchen mit religiösem Hintergrund, einem Pfarrhaus vermutlich, das so abseits gelegen (vielleicht so vormodern) ist, daß es sich auf einem anderen Planeten befinden könnte, ein Mädchen, das nicht einmal Romane oder Theaterstücke kennt, das sich selbst nie in einem Spiegel von Körpergröße gesehen hat, das einen Vater hat, von dem es heißt, er sei exzentrisch, wird von einem geheimnisvollen, reichen, sehr weltkundigen Mann angestellt, um für die Kinder seines toten Bruders, Miles und Flora, auf dem entlegenen Landsitz Bly zu sorgen. Seine einzige Bedingung ist, daß er, auch wenn er gesetzlich und moralisch für die Kinder verantwortlich ist, nie daran erinnert werden möchte. Er darf nie mit irgendeinem Detail bezüglich ihrer Erziehung belästigt werden. Unser Möchtegern Deus absconditus nennt keinen Grund für diese merkwürdige Bedingung. Die Erzieherin nimmt die Stelle an und läßt sich in dem prachtvollen Besitz in Essex nieder. In der recht schlichten Mrs. Grose, der Leiterin des Dienstpersonals und einem früheren Dienstmädchen der Mutter des Eigentümers, findet sie eine Vertraute. Der Junge, Miles, soll für die Dauer der Sommerferien nach Hause kommen, und damit beginnt die Erzählung. Ein Brief trifft ein: Miles ist aufgrund eines nicht genannten Vergehens von der Schule relegiert worden. Das löst in der Vorstellung der Erzieherin das Erscheinen zweier Geister – wahrscheinlich der früheren Diener Peter Quint und Miss Jessel – entweder aus oder es findet gleichzeitig damit statt (je nach

12 Ich glaube nicht, daß es sich hier um eine epistemologische Frage handelt, sondern eher um etwas, das der Art entspricht, wie bei Nietzsche das Problem der Wahrheit angesprochen wird, als einer „Bedingung“ oder einem vermeintlichen Maßstab für das Leben oder als das, was wir von der Wahrheit als etwas, das zum Leben gehört, für uns erwarten, aber nicht, als ob es überhaupt eine Wahrheit gibt. Siehe meine Diskussion in Pippin (1997c).

Interpretation). Bei der Erzieherin setzt sich die Vorstellung fest, daß die Diener zurückgekehrt seien, um Ansprüche auf die Kinder geltend zu machen, die, wie sie ebenfalls vermutet, früher von den Dienern in widernatürlicher Weise, wahrscheinlich sexuell, verführt worden sind. Die Erzieherin ist davon überzeugt, daß die Kinder die Geister gleichfalls sehen, sich aber verschworen haben, das zu verbergen und um schließlich sie, die Erzieherin, loszuwerden. Nach mehreren Begegnungen (nur mit ihr; es gibt niemals auch nur das geringste, unabhängige Anzeichen für die Existenz der Geister) und nachdem sich die Beziehung zu Miles immer mehr verschlechtert hat, konfrontiert sie zunächst Flora mit diesen Behauptungen, der sie damit entsetzliche Angst einjagt, was zu Floras Krankheit, zu deren äußerster Entfremdung von der Erzieherin und einer raschen Abreise mit Mrs. Grose führt, und dann konfrontiert sie, in einer wahrhaft entsetzlichen Szene, Miles selbst damit, dem sie ebenfalls Angst und Schrecken einjagt und ihn völlig verwirrt, so sehr, daß er stirbt.

Insbesondere seit der Veröffentlichung von Edmund Wilsons Aufsatz „The Ambiguity of Henry James“,[13] der die These vertrat, daß die Geister ganz und gar Phantasievorstellungen, Halluzinationen oder Projektionen der Erzieherin seien, die mit Freudschen Begriffen zu erklären sind (das unterdrückte sexuelle Verlangen der Erzieherin nach der namenlosen „Person aus der Harley Street“), hat sich das Schwergewicht der Diskussion über diese Erzählung auf die Frage nach der Realität der Geister verlagert. Wilsons Behauptungen haben oft den Widerspruch derjenigen hervorgerufen, die annehmen, daß James eindeutig eine (zwar unheimliche, aber moderne) Geistergeschichte schreiben wollte, und/oder, daß er viel stärker an der Möglichkeit des Bösen im Erscheinungsbild der Unschuld interessiert war (wirklich verdorbene Kinder, die trotzdem Kinder bleiben) und, dementsprechend, an dem Bösen, das selbst gute Absichten herbeiführen können (schließlich vernichtet die Erzieherin Miles bei ihrem Versuch, ihn, wie sie es nennt, zu „retten“). Geht es in der Erzählung mit anderen Worten „um“ die Erzieherin und ihre phantastische Obsession durch Geister, oder geht es, wie Dorothea Krook behauptet (die auch behauptet, daß James selbst das behauptete), „um“ die Kinder und die geisterhafte, reale Gegenwart des Bösen in ihrem Leben?[14]

Wie der Gang der Diskussion in den vorangehenden Abschnitten dieses Kapitels schnell deutlich macht, stehe ich in dieser Debatte eher auf Wilsons Seite, aber nicht aus den von ihm angeführten psychologischen Gründen. Erstens gibt es in der Tat etwas „Reales“ an den Geistern, aber nicht einfach im Sinn realer Dämonen oder psychischer Phänomene. Wie bereits bemerkt, weist die grundlegende Struktur der Erzählung durchaus Verbindungen zu dem Muster vieler anderer derartiger Geschichten auf. Hier ist die Frage der Liebe oder einer gewissen Offenheit und Achtung gegenüber dem anderen keine Angelegenheit zwischen Mann und Frau, verbunden mit einer Chiffre, einem Rätsel, einem

13 Wilson (1934).
14 Krook (1962), S. 115-116.

Geist oder Geheimnis zwischen ihnen, das vermutlich aufgelöst werden muß, bevor die gegenseitigen Widerstände oder die Verwirrungen und Mißverständnisse aufgehoben oder aufgelöst werden können. Aber auch hier findet man dasselbe Dreieck, das jetzt aus der Erzieherin und den Kindern besteht, zwischen denen sich noch die Geister befinden. Diese Konstellation und ihre Zuneigung für die Kinder und die der Kinder für sie erzeugen in dem Problem, wer sie (die Kinder) „wirklich" sind und was sie (die Erzieherin) „wirklich" weiß, eine gewisse Verwirrung.

Und es stellt sich eine ähnliche Frage wie in den anderen Geschichten. Es ist ziemlich sicher, daß sich in Bly irgend etwas zugetragen hat; die ehemaligen Diener scheinen nachlässig gewesen zu sein und in ihrem Umgang mit den Kindern auf eine merkwürdige Weise allzu vertraut, besonders Peter Quint mit Miles. Miles und Flora scheinen auf eine Art mitreden zu können, wie sie Kindern äußerst unangemessen ist, und im Falle von Miles scheint seine ziemlich erwachsene Sicht der Dinge dazu beigetragen zu haben, ihn aus der Schule zu entfernen. Das ist zusammengenommen noch nicht sehr viel und könnte insgesamt noch relativ unschuldig sein, aber in dem religiös-allegorischen Kontext, den James herstellt oder mit dem er spielt, gewinnt das ursprüngliche, verderbliche Ereignis, selbst als eine solche vage Möglichkeit an Bedeutung. In gewisser Weise gibt es einen abwesenden, jetzt zürnenden „Gott"; die Autorität und der Herr des Besitzes „hat das Haus verlassen" und will nicht belästigt werden. Die Lage gleicht einem Garten Eden nach einem Sündenfall, einer Art Erbsünde (oder vielmehr vermutet man angesichts der rätselhaften, fehlenden Unschuld der Kinder, Gottes „Weggehen", usw., daß es eine Art Sündenfall gegeben haben muß), und es gibt ein paar arme Menschen, die nicht über die Mittel verfügen, um mit solchen Rätseln umgehen oder sie ergründen zu können, die aber sensibel genug sind, um zu wissen, daß etwas vorgefallen ist, was nicht vorbei ist, was noch immer den Sinn des Lebens in Bly generell belastet. Aber wie so viele andere Romanfiguren, denen wir in diesem Kapitel begegnet sind, entwickelt die Erzieherin die Auffassung, daß dies etwas ist, was gefunden werden kann und nicht bloß als ein Faktum gefunden werden kann, sondern was verstanden werden, und wenn es gefunden und verstanden ist, auch ausgetrieben werden kann. Diese Erwartung und das verbissene Beharren darauf legen den Grund für die Phantasievorstellung, daß es dämonische Kräfte gibt, die man benennen und „durch ein Geständnis" zerstören muß. Was an der Situation real ist, ist die fast unerträglich frustrierende, wahnsinnig machende Erfahrung dieser Unsicherheit, des Argwohns, des Rätselhaften; und die Andeutung, daß die dämonischen Kräfte, weil sie für die Frage der Realität des Bösen nicht nichts sind, irgendetwas bedeuten müssen. Wir können uns gut vorstellen, daß die Versuchung, eine Lösung zu finden, für diese arme Pfarrerstochter, die da mitten hinein geworfen wurde, besonders groß ist.

Aber es handelt sich dabei, wie wir in so vielen anderen Fällen gesehen haben, um eine destruktive Erwartung und eine destruktive Beharrlichkeit, die in diesem Fall für eine Frau wie die Erzieherin so extrem sind, daß sie nach geisterhaften Wesen von realer Bedeutung verlangen, und die Beharrlichkeit ist so gefährlich, so lebensbedrohlich, daß sie Miles am Ende vernichtet. Das mag wie eine recht abstrakte oder metaphysische Darstellung des Sachverhalts erscheinen. Daneben bestehen noch die alten Fragen nach den Beweisen für die Phantasievorstellungen der Erzieherin und ihrer Geister, besonders die eine Frage, die mit der Behauptung verbunden ist, daß die Vorstellungen von einem Widerstand, von Angst aufgrund der moralischen Unbestimmtheit, und die Folgen für eine mögliche Gegenseitigkeit und Liebe alle mit im Spiel sind. Aber James selbst ist, wie ich betonen möchte, in seinen Äußerungen über die Erzählung und auch in der Erzählung selbst recht vorsichtig, um sich aus der Frage Geister/keine Geister möglichst herauszuhalten und sich sowohl auf die Erwartungen der Erzieherin als auch, interessanterweise, auf unsere eigenen zu konzentrieren.

In dem Vorwort von James zur New Yorker Edition findet sich ein gutes Beispiel für das, was ich meine:

> „Anders ausgedrückt: der ‚Ton' der Studie ist erdacht, es ist der Ton von vermuteten und gefühlten Unannehmlichkeiten, einer unermeßlichen und unberechenbaren Wunde – ein Ton von tragischer, doch von erlesenster Mystifikation. Um den Gegenstand meines jungen Freundes, des erdichteten Erzählers, zu formen, und doch seinen Ausdruck so klar und schön zu gestalten, daß Schönheit herausspringt: keine andere Seite der Angelegenheit wirkt auf mich so belebend wie dieses Unterfangen ..." (*TSP*, 120)

Es muß etwas entdeckt werden. Das sehr allgemeine, allegorische Umfeld weist darauf hin, daß das Leben nicht ohne moralischen Makel beginnen kann – die große Macht, die Erwachsene über Kinder ausüben, scheint an sich selbst unvermeidlich und unausweichlich der Schuldige zu sein, wenn wir archetypisch genug lesen. Die Kinder haben offenbar bereits ein eigenes, behütetes und beschädigtes Leben. Und das ist eine Wunde (eine Art geheimes Ego, das von dem ausgenommen ist, was für alle gelten muß), die man nicht einfach ignorieren kann; die Anwesenheit von Mrs. Grose, die immer zufrieden ist, wenn sie wegschauen kann, trägt durch den Vergleich dazu bei, diese Voraussetzung herzustellen. Außerdem macht der Anfang der geschriebenen Erzählung in ungemein verwickelter Weise deutlich, daß das Problem für jeden, der die Erzählung hört, genauso komplex ist wie die Aufgabe der Erzieherin in ihr, und jeder das, was er eigentlich glauben müßte, von dem trennen muß, was geschehen hätte können.

Der Anfang enthält ein großes Bündel von ineinander verschachtelten Perspektiven, die so in eine ferne Zeit versetzt sind, daß sie das Problem der Zuverlässigkeit in vielfältiger Weise zur Sprache bringen und unmittelbar die Frage aufwerfen, welche Haltung wir gegenüber dem Geheimnisvollen und den geisterhaften Doppeldeutigkeiten der Erzählung einnehmen sollen, was wir von ihnen erwarten. Wir hören, was von einer nacherzählten Geschichte erinnert wird; ein namenloser Erzähler berichtet uns, was er von einer anderen Person,

Douglas, an einem Winterabend auf einem Landsitz gehört hat. Douglas erzählt aber nicht, was ihm widerfahren ist oder woran er sich erinnert, obgleich er anmerkt, daß er, vor allem zu Beginn, seine eigenen Eindrücke und Nuancierungen hinzufügen wird. Er will eine von der Hauptperson, der Erzieherin, verfaßte Niederschrift vorlesen. (Außerdem sollen wir glauben, daß der namenlose Erzähler die einleitenden Bemerkungen Wort für Wort niedergeschrieben hat und nach Douglas' Tod das „rote, dünne, altmodische Album mit Goldschnitt“ geerbt hat.) Dieser Bericht der Erzieherin bildet den Kern der Erzählung, in der ersten Person geschrieben und an Douglas übergeben, der an jenem Abend die Geschichte mit seinen eigenen Worten vorbereitet (wobei er ausdrücklich seine Auffassung betont, daß das Hauptmotiv der Erzieherin für die Annahme der Stellung ein verliebtes oder sexuelles Interesse an dem Hausherrn war, daß er sie „verführt“ habe) und der das Manuskript an unseren Erzähler weitergibt.[15]

Es gibt alle Arten von schönen, feinen Pinselstrichen in dem sorgfältig gestalteten Prolog. Das Thema des Wartens taucht wieder auf; die Gesellschaft muß auf das Manuskript warten, auf die Mitteilung der Erzählung (Douglas muß deswegen nach London schicken; eine große Gruppe von Damen konnte nicht warten und geht ungeduldig bereits vor der Enthüllung, offenkundig zu sehr durch das gesellschaftliche Veranstaltungsprogramm in Anspruch genommen, um abzuwarten). Ironischerweise ist Heilig Abend (wo man die „Ankunft“ eines anderen „Geistes“ feiert?). Die Erzieherin ist seit zwanzig Jahren tot; davor war sie zwanzig Jahre lang die Erzieherin von Douglas' Schwester und Douglas war ein junger College-Student. Also ist die Geschichte vierzig Jahre alt und liegt sehr weit zurück. Sie entstand in ihrer jetzigen Form aus einer ungewöhnlich engen Beziehung zwischen der Erzieherin und einem anderen Kind der Familie, in der sie beschäftigt war. Jeder der anwesenden Teilnehmer schließt aus der hingebungsvollen Art und Weise, wie Douglas von der Erzieherin spricht, daß er in sie verliebt war, und da sie die Geschichte nur dieses eine Mal, nur ihm, erzählte, daß sie ihn liebte. Wir beginnen also merkwürdigerweise mit einem Blick auf etwas, das der großen Sünde vergleichbar ist, die das Zentrum der eigentlichen Erzählung bildet, wenn auch in schicklicher Weise bereinigt. (Douglas muß etwa achtzehn oder neunzehn Jahre alt gewesen sein; sie war zehn Jahre älter. Da es aber Douglas ist, der uns berichtet, daß sie die „liebenswürdigste“ Frau war, die er je kannte, und der im weiteren für ihre geistige Gesundheit und Standhaftigkeit bürgt, und da wir sofort erkennen, wie kompliziert seine Motive sind, und da wir in eine vielschichtige, vielfältig gebrochene Beziehung zu der Erzählung selbst hineinversetzt werden, bleibt die Frage wahrscheinlich müßig, ob jemand imstande ist, seine Darstellung von den

15 Zur weiteren Information über die Rolle von Douglas und zur Frage von Autorität und gesellschaftlicher Macht, die in der Erzählung gestellt wird, siehe Rowe (1984), S. 119-146. Die interessanteste Darstellung des Prologs zur Erzählung und zu den darin gestellten Fragen nach Erotik, Autorität und Übertragung, die ich kenne, ist die herausragende Interpretation von Felman (1982), S. 113-138.

Auffassungen und Tendenzen der Erzählung, in welche sie eingebettet sind, zu trennen, genauso wie der Versuch, es zu tun, unvermeidlich ist – es ist exakt die Situation, der sich James' Romanfiguren so oft gegenüber sehen.) Nicht umsonst verwendet die Erzieherin, als sie über ihre erste Begegnung mit Quint berichtet, ein besonderes Bild: „Ich sah ihn so wie die Buchstaben auf dieser Seite ..." (*TS*, 17/39), und erinnert uns daran, daß auch wir in diesen Buchstaben nach Quint suchen oder danach, was es bedeutete, daß sie Quint sah.

James versucht in der Geschichte so viele Zweifel wie möglich hinsichtlich der Glaubwürdigkeit seines erfundenen Erzählers und der ziemlich leichtgläubigen, ein wenig zu vertrauensseligen Quelle häuslicher Informationen, Mrs. Grose, zu wecken, und genauso schwierig macht er es zu bestreiten, daß in Bly etwas nicht stimmt. Selbst als Mrs. Grose angeblich unmittelbar vor Mrs. Jessel steht, kann sie diese nicht sehen (und auch die Kinder, so muß die Erzieherin schließlich trotz ihrer Verschwörungstheorie zugeben, sehen nichts). Die Erzieherin wird sorgfältig vorgestellt, als quälend naiv, vermutlich voll religiösen Eifers, vollkommen unerfahren (wie weit reicht angesichts ihres Hintergrundes ihr Vorstellungsvermögen, was Miles und Peter Quint getan haben?), viel zu stark von der Idee durchdrungen, daß sie etwas Großartiges, eine „Heldentat" zum Schutz der Kinder, vollbringen muß, um damit die Bewunderung des Hausherrn zu gewinnen (*TS*, 28/62), usw. Es ist jedoch nicht so sehr das, was sie zu sehen behauptet, was die Glaubwürdigkeit der Erzieherin in Frage stellt; es sind die Vermutungen, die sie so rasch über die Bedeutung des Gesehenen anstellt, und das ist, wie wir vorher bereits festgestellt haben, das eigentliche Thema. Sie greift mehrfach mit letztendlich verheerenden Folgen in das Geschehen ein, unter atemberaubenden Sprüngen ihrer Vorstellungskraft, und ich glaube, wir müssen ein wenig Mitgefühl für die immer aufs neue nach Luft ringende Mrs. Grose und deren offenkundige Sorge aufbringen, ob die Erzieherin die Kinder fair behandelt. Die Erzieherin vermutet sofort, nachdem sie den Geist nur einmal gesehen hat, daß Quint um Miles willen „zurückgekommen" sei, zurückgekommen sei, um ihn weiter in das bereits begonnene, für immer namenlos bleibende Böse hineinzuziehen. Das liegt vor allem daran, weil sie sofort, nachdem sie Mrs. Groses Bericht nur einmal gehört hatte, vermutet, daß Quint viel Zeit mit Miles verbracht habe. Die einfache Frau wollte das eindeutig als ein unangemessenes Überschreiten der Klassenschranken verstanden wissen, die Erzieherin aber nimmt sofort an, daß etwas anderes vorgegangen sein müsse, etwas Dunkles, Böses, und daß Miles etwas von einer Affäre zwischen Quint und Jessel gewußt haben oder vielleicht mit angesehen haben müsse. (Alles nur, weil Quint und Miles viel Zeit miteinander verbracht haben, und weil Miles, wie so viele andere Millionen von Jungen vor ihm, gegenüber Mrs. Grose die Wahrheit ein bißchen verdreht hat, um die Abenteuer, die ihm Spaß machten, noch ein wenig fortzusetzen.) Weil die arme Flora Mrs. Jessel am See nicht sieht (oder in der Einbildung der Erzieherin vorgibt, sie nicht zu bemerken), wechselt die Erzieherin später zu der Auffassung, daß die Kinder sich mit den Geistern verschworen haben, mit ihnen zusammenarbeiten, um ihre (der

Kinder) Beziehung zu ihnen zu verbergen. Einmal, als die Phantastereien in wahrlich leichtsinniger Weise aus ihr herausströmen, muß die Erzieherin einer fassungslos staunenden Mrs. Grose erklären, „Sie verfügen nicht über die schreckliche Kühnheit meines Geistes ..., aber ich werde es noch aus Ihnen herausbekommen!" (*TS*, 36/80).

Diese Verdächtigungen bilden das grundlegende moralische Problem in der Erzählung, sie stellen die Frage nach der Schuld der Erzieherin an dem, was geschieht, oder nach ihrer Verantwortung, als sie von der Situation verlangt, was man von ihr nicht verlangen kann, denn sie ist unverkennbar der Verursacher von Miles' Tod. (Ich kann nicht verstehen, wie eine Interpretation der Geschichte die an Komik grenzenden Ironien in der Gegenüberstellung mit Flora und dann die schreckliche Intensität der Befragung/Peinigung von Miles übersehen kann.) Was immer man von der Zuverlässigkeit von Beweisen für Geister halten mag, man muß sich auch mit der davon getrennten Frage befassen, wie die Erzieherin die Bedeutung einer fortwirkenden, doppeldeutigen Vergangenheit versteht, auf welcher Grundlage sich ihre Auffassung herausbildet, daß die Kinder der Gefahr fortgesetzten Mißbrauchs ausgesetzt sind, daß sie gerettet werden müssen und daß sie gerettet werden müssen, indem sie ein Geständnis ablegen. (Die Erzieherin ist aufs Äußerste entschlossen, dem soviel Bedeutung beizumessen, daß sie, wie James uns zeigt, bereit ist, gegenüber Mrs. Grose einfach zu lügen, offen und unzweideutig, um sich ihrer Loyalität zu versichern. Nachdem sie angeblich Mrs. Jessel wieder einmal gesehen hat, die bloß an einem Tisch saß, erfindet die Erzieherin ein nicht vorhandenes Gespräch, legt dem Geist Worte in den Mund, die alles, was die Erzieherin über die Motive und Pläne der Besucher geäußert hatte, angenehmerweise bestätigen. Sie läßt Mrs. Grose in dem Glauben, daß es der Geist war, der deutlich gemacht habe, er „wolle Flora", obwohl nichts derartiges je gesagt worden war (*TS*, 60-61/131).

Vielleicht spielen in der projizierten Phantasievorstellung von Mißbrauch und Erlösung Schuldgefühle wegen ihres eigenen sexuellen Verlangens nach dem Hausherrn eine gewisse Rolle. Ich glaube nicht, daß man hier viel weiter vordringen kann, so viele Türme und Hüte und Seen aus dem Freudschen Lexikon auch auftauchen mögen. Aber ihr von ziemlicher Obsession geprägter Entschluß, in Miles scheinbarem (und wahrscheinlich unvermeidlichem) Verlust der Unschuld einen Sinn zu finden, die stark vereinfachte Welt, die sie aus Missetätern und Opfern aufbaut, und ihre von Grausamkeit und Ärger bestimmte Art gegenüber den Kindern, die sie in ihrer angeblichen Verderbtheit als Verschwörer sieht, das alles zusammen läßt ein Bild der Erzieherin entstehen, das sie uns in ihrer Beziehung zu anderen als ein klares Beispiel moralischer Verwirrung vor Augen stellt. (Die Kinder werden vor allem deswegen beschuldigt, weil sie ihre Verworfenheit nicht zugeben wollen und, besonders in Miles Fall, einfach ihr Leben leben wollen, wie er es so bezaubernd formuliert, einfach „weitermachen" wollen, sich nicht in der Falle der Frage fangen lassen, warum sie nicht unschuldig bleiben können.)

Wie wichtig ein moralisch bestimmtes Faktum hinter all dieser Unsicherheit für die Erzieherin ist, wird an mehreren Stellen und niemals ohne einen Anflug von Ironie sichtbar. Nachdem sie von Mrs. Grose eine Erklärung für eine frühere Bemerkung verlangt hat, daß Miles nicht immer gut war, und nachdem sie gehört hat, daß er gelegentlich gelogen hat, bemerkt sie:

> „daß er gelogen hat und schamlos war, sind, so bekenne ich, weniger einnehmende Charakterzüge, als ich sie von Ihnen über den Ausbruch des kleinen, natürlichen Menschen in ihm zu hören hoffte. Doch, dachte ich mir, sie müssen reichen, denn sie lassen mich mehr denn je spüren, daß ich auf der Hut sein muß." (*TS*, 37/82)

Die Wendung „kleiner, natürlicher Mensch" spricht Bände in bezug auf die weitreichenden Annahmen, die von der Erzieherin auf den winzigen, von Mrs. Grose erzählten Bruchstücken, aufgebaut werden und wovon James sich in dieser und anderen ähnlichen Geschichten distanziert. Wir kehren zur „Naturtheorie" der Erzieherin einmal mehr in einer Weise zurück, die direkt und, so sollte man meinen, wesentlich mit dem Titel der Erzählung verbunden ist. Wir hatten am Anfang gehört, daß eine Geistergeschichte um so unheimlicher ist, wenn der Mensch, der eine Erscheinung hat, ein Kind ist, so wäre es „eine weitere Drehung der Schraube", wenn es um zwei Kinder geht. Das folgende Zitat gibt uns eine sehr viel allgemeinere Vorstellung von dem Titel:

> „Hier fühlte ich mich gegenwärtig wieder frisch – denn ich hatte es wieder und wieder gefühlt – wie mein Gleichgewicht vom Erfolg meines unbeugsamen Willens abhing, dem Willen, meine Augen so fest wie möglich vor der Wahrheit zu verschließen, daß das, womit ich zu tun hatte, sich gegen die Natur empörte. Ich konnte überhaupt nur weiter machen, indem ich die ‚Natur' ins Vertrauen zog und in meine Überlegungen einschloß, indem ich meine ungeheure Prüfung als einen Schub in eine zwar ungewöhnliche und unerfreuliche Richtung ansah, die aber doch nach einer glatten Fläche verlangte, nur eine weitere Drehung der Schraube der menschlichen Tugend. Nichtsdestoweniger konnte kein Versuch mehr Takt erfordern als gerade dieser Versuch, dem eigenen Selbst *alle* Natur zu liefern." (*TS*, 80/170f.)

Aber selbstverständlich ist die Natur kein Ding, das man „liefern" kann, und die Wendung „die Augen fest verschließen" gibt die Frage nach der Zuverlässigkeit der Erzieherin so gut wie auf. Es ist ihr unbeugsamer Wille und er allein, der für den moralischen Rahmen verantwortlich ist, innerhalb dessen sie daran geht, die Kindern vom Bösen zu befreien. Irgendwie spürt sie, daß es hier keine Natur gibt, daß sie sich selbst jenseits ihrer eigenen Vorstellungen von dem ursprünglichen Makel der Sündhaftigkeit der menschlichen Natur bewegt (der „kleine, natürliche Mensch" in Miles) und daß nichts, was geschehen ist, mit Hilfe dieser Begriffe verstanden werden kann. Aber sie beschließt, trotzdem so zu handeln, und daraus resultiert die unverkennbare

Grausamkeit, auf die der Titel hinweist. Eine weitere Drehung der Schraube der menschlichen Tugend, in der Tat, und es ist der arme Miles, der auf der Folterbank liegt.

Wie die Schraube bei Miles angewendet wird, ist quälend zu lesen. Vor allem wegen des Kontrasts zwischen dem Inhalt von Miles' „Geständnis" – (die Erzieherin fragt ihn schließlich einfach nach der Schule und durchbricht damit das sonderbare Schweigen über Miles' Vergangenheit und Zukunft, das Miles selbst versucht hatte zu beenden) – und dem großen Guignol, der durch die fiebrigen Phantasien der Erzieherin tanzt. Ja, er hat den Brief an den Herrn gestohlen, gelesen und verbrannt. Ja, er ist hinausgeworfen worden. Weswegen? Weil er etwas gesagt hatte. Wem? Ich erinnere mich nicht. Während der kleine Miles seine kindlichen Sünden auflistet, wie aus einer Standardbeichte für einen Jungen seines Alters, erscheint der Erzieherin wieder die verhängnisvolle Vision von Quint, die sich größer denn je im Hintergrund, hinter dem Fenster, auftürmt. Schließlich schreit sie den Geist an „Nicht mehr, nicht mehr, nicht mehr" (und bildet damit in ironischer Verkehrung das Echo für die Worte vieler Leser, wenn sie ihre Schraube immer weiter anzieht). Das macht Miles darauf aufmerksam, daß sie glaubt, es sei jemand anwesend, und er verfällt sofort auf die Annahme, daß sie jetzt mit ihm wiederholt, was schon bei Flora passiert war. (Wir können uns wie die Erzieherin leicht vorstellen, daß die Kinder Gelegenheit hatten, am vergangenen Tag miteinander zu reden.) Das heißt, obwohl seine großen Sünden offenbar mit Quint begangen worden sind, reagiert er statt dessen auf das, was er anscheinend als Überzeugung der Erzieherin kennt, nämlich daß Mrs. Jessel umgeht, und ohne überhaupt eine Ahnung zu haben, daß seine angebliche Verschwörung, über seinen toten Freund zu schweigen, entdeckt worden ist. Die Erzieherin bedrängt ihn jedoch weiter, obwohl sie in ihrem eigenen Dokument hervorhebt, daß Miles den angeblichen Geist nicht gesehen haben konnte:

> „In diesem Augenblick, nach einer Sekunde, in der sein Kopf sich wie ein verblüffter Hund bewegte, der etwas riecht, und dann ein verzweifeltes, leichtes Zittern aus Luft und Licht verursachte, stürzte er sich in blinder Wut auf mich, verwirrt, starrte wütend vergebens über den Platz und verfehlte ihn jedoch für mein Gefühl völlig, erfüllte den Raum wie mit einem Hauch von Gift, die weite, überwältigende Gegenwart." (*TS*, 88/186f.)

Für den „verblüfften Hund" sind das offenbar zu viele Drehungen mit der Schraube. Miles schaut weiter auf das, worauf sie zeigt, aber, da er „nichts sieht als den stillen Tag", stirbt er; sein „kleines Herz, von niemandem besessen, hatte aufgehört zu schlagen". Die Erzieherin war erfolgreich, sie hatte ihn in ihrem Sinn von seiner Besessenheit befreit und ihn wieder heil und unschuldig gemacht in der einzigen Weise, wie man eine solche Norm erfüllen könnte. Der Begriff „von niemandem besessen" fungiert hier mit derselben vielsagenden Ironie wie das „in seiner Halluzination" in *The Beast in the Jungle*, und auch hier umarmt unsere Hauptperson einen Leichnam. (Und weil wir gerade von Ironie sprechen: es steht die doppeldeutige Frage im Raum, auf wen Miles sich mit seinem letzten „Du Teufel!" wohl bezieht.)

Ich will nicht sagen, daß James die Erzieherin in unseren Augen zu einem letztendlich nur törichten, abergläubischen und leicht verrückten, zerstörerischen Moralisten machen will. Wir dürfen nicht vergessen, daß sie sich niemandem anvertrauen kann, keine Hilfe hat. (Sie muß sich statt dessen zu ihrer Orientierung auf Leute wie Mrs. Grose verlassen, und wir entwickeln genug Gespür für Mrs. Groses Persönlichkeit, um zu ahnen, daß ihre Motive in ihrer Feindseligkeit gegenüber Dienern, die vornehm tun, liegen, in ihrem strategischen Umgang mit einer neuen Erzieherin, die wie ein Eindringling ist, usw.) Und es gibt keinen Zweifel, daß sie Hilfe braucht, daß die Kinder vernachlässigt worden sind und, sehr wahrscheinlich, so verantwortungslos behandelt worden sind wie die arme Maisie. (James' Vorwort macht deutlich, daß wir glauben sollen, es sei etwas Böses vorgefallen, dank der früheren Diener; sie waren in der Tat für die Kinder „falsche Freunde" (*TSP*, 123). Sie ist in den zweifellos verderbten Einflußbereich der Oberschicht der englischen Gesellschaft hineingeraten, und sie braucht irgendwie irgendwelche Richtlinien, und um in der Lage zu sein, irgend etwas davon herauszufinden, ist alles erforderlich, womit sie arbeiten muß: ihre hinkenden Kategorien der Natur, das Unnatürliche und das Übernatürliche. Aber wir sehen auch ganz klar, daß dieses Beharren auf der Wahrheit und einer letzten Lösung und einem letzten Bekenntnis nicht bloß unangemessen sind. Es ist buchstäblich tödlich; es bedeutet das Ende des Lebens selbst.

VI

In den wichtigeren Geister- und Geheimnisgeschichten läuft dies alles am Ende auf eine bewußte Umkehrung des konventionellen Erzählgerüsts aus dem Schauerroman hinaus (der für die romantische Vision oder den Alptraum der Moderne so wichtig war), und zwar vor allem im Hinblick auf die hier vorgestellten Hauptthemen. Genauer gesagt, wir können jetzt sehen, daß James in der Tat die Konventionen des Schauerromans zitiert, anstatt sie zu benutzen oder heraufzubeschwören. Solche Konventionen finden sich sicherlich überall in seinen Erzählungen – Gespenster, Geister, rätselhafte, verdammte Orte, Kräfte, die unterbewußt sind oder über unser Bewußtsein hinausgehen, die nicht beherrscht werden können, Geheimnisse der Vergangenheit oder kraftvolle Herausforderungen an die Angemessenheit des modernen Selbstverständnisses der Mittelklasse. (Leslie Fiedler bemerkt, daß der Zweck des Schauerromans des achtzehnten Jahrhunderts darin bestand, „die Bourgeoisie zu schockieren, damit ihr bewußt wird, welche Schreckenskammer ihre eigene, selbstgefällig betrachtete Welt eigentlich war".[16] Und aus dem Schauerroman stammende Vermutungen dieser Art über uns selbst spielen zunehmend eine immer wichtigere Rolle, angefangen bei den Vorstellungen Freuds über unsere inneren Obsessionen bis hin zur modernen Literatur (Morrison) und Massenkultur, wie Mark Edmundson so schön zeigt.)[17] Doch wie wir gesehen haben, behandelt James Konventionen dieser Art und die Befürchtungen, die sie auslösen, als reaktive Phantasien, nicht als literarische oder mythische Träger einer tiefen Wahrheit. Solche Phantasievorstellungen sind Defensivstrategien angesichts der Desorientierung und anscheinend nicht endenden Unentschlossenheit und Unsicherheit, die in der modernen sozialen Welt, die James schildert, unvermeidlich sind. Und das würde bedeuten, daß einflußreiche Interpretationen wie die von Eve Kosofsky Sedgwick zu *The Beast in the Jungle*, die den Auslöser für Marchers Angst in homosexueller Panik sieht (es gibt ein wildes Tier „im Schrank"),[18] oder andere (zumindest anfänglich, frühere) Freudsche Lesarten, besonders von *The Turn of the Screw*, zu den gleichermaßen defensiven, reaktiven, vom Schauerroman hergeleiteten Lesarten gehören. Sie setzen genau das voraus, was James zu problematisieren oder zu ironisieren versucht: daß es ein reales, bestimmtes „wildes Tier" oder einen „Geist" gibt, der im Hinter- oder Untergrund lauert, und daß dieser schließlich durch unseren scharfsichtigen, tief schürfenden Kritiker am Ende nur einen passenden Namen erhalten muß (als ob man ihn töten oder zähmen könnte, wenn man ihm einen Namen gibt). (Marcher ist zumindest bereit zu versuchen, die durchaus anerkannte Abwesenheit eines Geheimnisses dialektisch, wenn auch auf mitleiderregende Weise, wiederum in sein Geheimnis zu verwandeln; aber kritische Interpretationen jagen, vielleicht von Natur aus, weiter dem wilden Tier nach.) Solche kritischen Antworten scheinen durch dieselben Ängste motiviert zu sein und dieselben Formen des Widerstands fortzusetzen und auszudehnen, die wir in diesem Kapitel erwähnt haben und die James zitiert und unterhöhlt, aber nicht bekräftigt.[19] (Um es noch

---

16 Fiedler (1992), S. 135.

17 Edmundson (1997).

18 Sedgwick (1990), S. 182-212. Sedgwick hütet sich selbstverständlich vor einer „Essentialisierung" bei der Verwendung der Kategorie der Homosexualität und ist sehr sensibel im Umgang mit den historischen Sachverhalten, die den Rahmen der Erzählung ausmachen, aber ihre Darstellung erscheint mir immer noch „Marcheresk" in ihrer Jagd auf das wilde Tier, und sie mißt der einzigen Begegnung mit einem Mann, die in der Geschichte beschrieben wird, der Epiphanie am Grab, zu viel Bedeutung bei. Vgl. Bernsteins Kritik (erscheint demnächst), S. 21. (Und wenn James offen über homoerotisches Begehren schreiben will, kann er das auch. Siehe als Beispiel „The Pupil".)

19 Eine Ausnahme gegenüber einer solchen Versuchung stellt Felmans brillante, auf Lacan gegründete Interpretation dar (1982), eine Interpretation, die so inhaltsreich und dicht ist, daß sie eine eigene, fundierte Antwort verdiente. Hier kann ich nur mit ihr zusammen gegen die Art und Weise, wie die Pro- und Contra-Parteien in der Edmund-Wilson/Freud-Debatte auftreten, Stellung beziehen, und für ihre viel weitreichendere Behandlung des Problems der Doppeldeutigkeit Partei ergreifen. Es gibt in diesem Buch in Kapitel 3 und auch an anderer Stelle selbstverständlich eine Reihe von Ähnlichkeiten zwischen ihrer Darstellung und Lacanschen Themen,

einmal zu wiederholen: James gibt in *The Sacred Fount* seine Ironie fast völlig auf, aber für viele Kritiker offenbar nicht weit genug.) Oder, frei nach Nietzsche, scheint es nach James' Auffassung in der Welt so zu sein, daß wir lieber noch einen Geist wollen, als zu akzeptieren, daß es nichts gibt.

---

aber man kann diese Frage hier nicht ausführlich verhandeln, ganz zu schweigen von der Bedeutung einer philosophischen Darstellung wie der von Kant und Hegel im allgemeinen und im besonderen in den Kapiteln 6 und 7.

5
Isabel Archers „animalisch reine Seele"

Es ist weder zufällig, daß unsere höchste Kunst eine intime und keine monumentale ist, noch daß heute nur innerhalb der kleinsten Gemeinschaftskreise, von Mensch zu Mensch, im pianissimo, jenes Etwas pulsiert, das dem entspricht, was früher als prophetisches Pneuma in stürmischem Feuer durch die großen Gemeinden ging und sie zusammenschweißte.

Max Weber[1]

Auf den Schauplätzen, die er entwirft, und in den Geschichten, die er erfindet, scheint James für jede denkbare moralische Lösung zahlreiche Gefahren und Gefährdungen geschaffen zu haben, auch wenn er die Realität und Unausweichlichkeit moralischer Probleme letztlich nicht untergräbt. So ergibt sich am Ende ganz natürlich die Frage: Wie weit können seine besten Romanfiguren seiner Meinung nach bei der Anerkennung von moralischer Gegenseitigkeit (besonders im Hinblick auf die Möglichkeit von Liebe, u. a. als ein sittliches Verhältnis verstanden, das durch Vertrauen und Treue gekennzeichnet ist)[2] oder bei der Lösung einer Interpretationsfrage gehen?

Diese Frage könnte man in folgender Weise verstehen: Sie hat zwei spezifische Brennpunkte. Erstens scheint „Reziprozität" in der Weise, wie wir sie erörtert haben, in der Jamesschen Moderne eher eine Gefahr darzustellen als ein Ideal, die Erfahrung von Abhängigkeit in der modernen Welt eher einen pathologischen Befund darzustellen als eine Anerkennung von Gegenseitigkeit (wie Rousseau es erstmals im *Zweiten Diskurs* vorhersagte).[3] Die außerordent-

---

1 Max Weber, Wissenschaft als Beruf. In: *Gesammelte Aufsätze zur Wissenschaftslehre*. Tübingen 1973, S. 612.

2 Hierbei handelt es sich selbstverständlich nur um einen eingeschränkten Blick auf die Möglichkeit von Liebe; es gibt sicherlich noch viele weitere Perspektiven. Aber ihre Beschränkung macht diese Perspektive nicht weniger real oder dringlich, und ganz sicher gehört sie zu den Elementen, auf die James häufig seine Aufmerksamkeit richtet.

3 Über alle Schriften von James verstreut finden sich einige wenige Anspielungen auf das Rousseau-Problem – die Möglichkeit eines moralischen Gefühls, des Frei-Seins und – innerhalb einer gesellschaftlich geregelten Abhängigkeit – der gegenseitigen Anerkennung als Freie. Madame de Vionnet aus *The Ambassadors* zum Beispiel, wo für Strether die Hauptfrage die Rolle des Moralgefühls im Leben eines Kulturvolkes ist (oder was ein kultiviertes Leben bedeutet, selbst wenn es inhärent dekadent ist), ist in Rousseaus Genf erzogen worden, was sicher nicht ganz ohne Bedeutung ist. Der Erzähler bemerkt: „Sie war jedoch heute ein anderer Mensch – das hatte man sofort bemerkt – als jenes junge Naturkind aus der Genfer Schule; eine kleine Person, die (wie das bei Ausländerinnen im Gegensatz zu Amerikanerinnen der Fall war) durch die Heirat eine

liche Komplexität der sozialen Wirklichkeit oder der Zusammenhang zwischen dem Gehalt jeder Selbstwahrnehmung und der Erfahrung des Wahrgenommenwerdens droht offenbar, in Verbindung mit dem Umfang und der Vielschichtigkeit materieller Abhängigkeiten in der Moderne, die Integrität des Selbst in seine soziale Verfassung aufzulösen. Immer die Ansichten anderer zu internalisieren, sich selbst nur als eine Ansammlung solcher Ansichten zu verstehen oder so wesentlich von anderen abzuhängen, daß die eigenen Taten und Leidenschaften (selbst die Liebe) nicht als etwas Eigenes erfahren werden können, sondern nur als „ihre“, als das, „was sie verlangen“, bedeutet, daß man die erste Bedingung für ein würdiges Leben nicht erfüllt hat: daß das Leben mein Leben ist und als solches erfahren wird. Madame Merles beredte Verteidigung der gesellschaftlichen Form und sich wechselseitig reflektierender Abhängigkeiten könnte sich nicht bloß als Korrektiv für eine übertriebene Hoffnung auf „das eigene, private Selbst“ erweisen, sondern als das letzte Wort, ein Rousseauscher Alptraum, als „Osmondismus“ sozusagen.[4] Und Isabel wird uns vor allem deswegen als jemand vorgestellt, der dafür unbarmherzig zum Unter-

---

ganz andere geworden war“ (*AM*, 139/170). Diese Anspielungen sind meiner Ansicht nach nicht zufällig, denn viel später, als alle „Geheimnisse“ aus Madame de Vionnets kultiviertem Leben bekannt sind, wird sie mit „Madame Roland“ auf dem Schafott verglichen (*AM*, 317/398). Madame Jean Marie Roland (geb. Jeanne Philipon) leiht damit zwei wichtigen, französischen Figuren ihren Namen (siehe Holland (1982)), S. 273, und deutet damit auf eine gewisse „nachrevolutionäre“ Haltung hin, auf die moderaten Girondisten, die Opfer der jakobinischen (in diesem Fall amerikanisch-puritanischen) Schreckensherrschaft. Daß Madame de Vionnet durch diese Assoziationen als „post-“ und nicht als „prärevolutionär“ erscheint, wenn sie auch den extremeren Gewalten zum Opfer fällt, welche die wahren Erben der Forderung des Genfers nach Freiheit sind, liegt zweifellos in James' Absicht.

4 Bei Madame Merle erfaßt Isabel dies sofort intuitiv. Sie „war nicht natürlich ... ihre Natur war zu überdeckt von den Erfordernissen des guten Tons, ihre Ecken zu abgeschliffen. Sie war zu geschmeidig, zu zweckmäßig geworden, zu reif und zu perfekt. Sie war, mit einem Wort, zu vollkommen das soziale Lebewesen, daß Mann und Frau werden sollten; und sie hatte sich aller Überbleibsel jener gesunden Wildheit entledigt, die zu jenen Zeiten, bevor das Leben im Landhaus Mode wurde, auch der liebenswürdigsten Person einmal angehaftet haben dürfte ... Man konnte darüber grübeln, welchen Umgang sie wohl mit ihrem eigenen Geist pflegen mochte.“ (*PL*, 167/197) Wie gewöhnlich enthält diese Beobachtung mehrere ironische Elemente. Erstens sind Osmond und Merle, wie Isabel auch, echte amerikanische „Waisen“. Als Amerikaner stehen sie ohne traditionelle Mittel und ohne Erbschaft da, mit denen sie ein Leben „aus der Vergangenheit“ aufbauen könnten. Also „adoptieren“ sie andere, ältere Eltern, der Form nach die europäische Kultur und mit ihr den Vorzug einer alten, gesellschaftlichen Form. Aber auch Isabel ist eine solche Waise, ohne einen Vater, der eine moralische Form an sie weitergeben könnte. (Dieser war der Amerikaner par excellence, ein Spieler). So strebt auch sie nach genau der Förmlichkeit und den Ritualen, vor denen sie hier zurückschreckt und macht sie sich schließlich zu eigen. Natürlich liegt hier das zentrale Problem, um das sich der ganze Roman dreht: der Sinn ihrer Entscheidung, Osmond zu heiraten; und James' Darstellung spielt genau diese dialektischen Ironien über Abhängigkeit und Unabhängigkeit durch. Zweitens sieht sie sehr richtig, daß Merle nichts anderes ist als das Netz ihrer sozialen Beziehungen, aber bedauerlicherweise weiß sie nicht, wie recht sie hat und daß das bedeutet, daß Merle an nichts anderem als an ihrem früheren Liebhaber und an einer Mitgift für ihre Tochter interessiert ist, alles letztendlich zum Nachteil von Isabel. (Und als ob er diesen Punkt zu den Amerikanern und ihrem Erbe vollends verdeutlichen will, hat auch Henrietta bei James „keine Eltern“ (*PL*, 55/55).)

pfand gemacht wurde, damit sie solchen Abhängigkeiten entfliehen kann, und dank eines großen Glücksfalls erbt sie genug Geld, um den Versuch wagen zu können. Die Tatsache, daß sie trotzdem als Mrs. Osmond endet, ist ein ernüchternder Gedanke, da der Kontext für dieses Ereignis nicht bloß ihre eigenen psychologischen Bedürfnisse und Schwächen sind, sondern das allgemeine Problem, um das es bei James so häufig geht: die Möglichkeit von Unabhängigkeit überhaupt.

Andererseits rufen die großen Abenteuer, die mit der grenzenlosen Unbestimmtheit, Zögerlichkeit, auch mit der retrospektiven Wiederherstellung psychologischen und moralischen Sinns verbunden sind, eine parallele Gefährdung hervor: jedes Herz, in dem die Vorstellung von der moralischen Bedeutung einer solchen Autonomie lebendig ist, erscheint im Licht solcher Abenteuer zu schwach, um heftig zu schlagen, zu stark eingeschränkt, um zu einer wirklich moralischen Beurteilung beitragen zu können. Es kann sein, daß uns am Ende nur James' vage ästhetische Formulierung seines moralischen Ideals bleibt: sieh, soviel du kannst, fühle, soviel wie gefühlt werden kann, laß deine Einbildungskraft intensiv wirken, schätze die überwältigende Komplexität deiner eigenen Besonderheit und der anderer richtig ein und erkenne sie an, usw. Ein spektakuläres Beispiel für dieses Problem: Strethers anscheinend endlose und vielleicht niemals abgeschlossene Spekulationen über eine angemessene Beurteilung von Chads Affäre mit Madame de Vionnet und die Auswirkungen dieser Frage auf seine eigene Entscheidung, was er tun soll, ja, auf die Frage, „wer er ist". Beide Probleme, nehmen wir beispielsweise Isabels vermeintliche Erfahrung, daß die Art von heroischer Freiheit oder moralischer Integrität, die sie einmal für möglich hielt, und damit auch eine echte moralische Gegenseitigkeit oder ein reziprokes Verhalten zwischen freien Personen unmöglich sind („Liebe als Null-Summen-Spiel"), und Strethers Rückkehr nach Amerika, seine scheinbare Unfähigkeit, Maria Gostreys Liebesangebot anzunehmen oder die Frage nach seiner Identität zu beantworten, weisen darauf hin, daß die Art von Leben, die wir nach James' Vorstellung leben sollten, damit unser Leben es verdient, als würdiges Leben bezeichnet zu werden, einfach nicht gelebt werden kann. Vielleicht sind im Licht dieses vermeintlich tragischen Ergebnisses – Normen, ohne die wir ein „modernes" Leben nicht leben können, die aber nie erkannt werden können, oder Erkenntnisse, die immer „zu spät" kommen – die Entsagungen im Leben, die das Ende so vieler Romane von James, besonders seines ersten, wirklich großen Romans und das seines Lieblingsromans zu charakterisieren scheinen, alles, was uns bleibt.[5]

---

5 Oder man liest in einer ähnlichen Stimmung, daß James eine bittere Lobrede auf die sterbende Kultur des geliebten, aristokratischen, durch Konvention stabilen Europas der Hochkultur geschrieben hat, um seine Leser auf eine Art von „tragischem Pessimismus" einzustimmen, damit sie nur jene Charaktere bewundern, die einen Weg finden, um edel „zu lieben und zu leiden", mit Stephen Spenders Worten, „so, als ob sie in einem gewissen Maß für das Böse büßen, das schlicht das Böse der modernen Welt ist". (Spender (1938), S. 67). Bei Crews (1971) werden die von James aufgeworfenen, moralischen Fragen in ähnlicher Weise behandelt. Crews betont

I

Auch *The Portrait of a Lady* beginnt wie üblich mit einer Szenerie, die durch historische und natürliche Elemente geprägt ist, mit Bildern, die ebenso zeitgebunden wie geographisch bestimmt sind. Es ist später Nachmittag auf einem großen, alten, englischen Landsitz, der jetzt Eigentum von reichen Amerikanern ist. Als die Sonne untergeht, sehen wir, gerahmt wie eins der „Porträts", die einen großen Teil der Bildstruktur des Romans ausmachen, einen sterbenden, alten Mann, Mr. Touchett, seinen todkranken Sohn, Ralph, und seinen pseudoradikalen, englischen Freund, der eindeutig einer aussterbenden Rasse angehört (Lord Warburton, der bekennt, große Veränderungen sehr zu befürworten, dessen politisches Bewußtsein aber etwa dem seiner beiden dümmlichen Schwestern entspricht[6]). Heute würden zu viele Späßchen gemacht, beklagt sich der alte Mann; niemand scheine richtig zu würdigen, welche schwerwiegenden Veränderungen bevorstehen. Den todkranken jungen Mann kümmert das angeblich nicht, er ist „der reine Zyniker. Er scheint an nichts zu glauben" (*PL*, 21/12). Der familiäre Kontext insgesamt, der weitere Rahmen für diesen Teil der Szenerie, ist, wie wir bald erfahren, eine kalte, lieblose, gescheiterte Ehe zwischen Mr. und Mrs. Touchett. Beide haben nichts von Substanz geschaffen, weder er mit seinem Gelderdienen (er ist Bankier) noch sie mit ihrer „Unabhängigkeit", weder moralisch noch in anderer Form, nichts, was sie Ralph weitergeben könnten, der, wie so

---

sowohl die großen Schwierigkeiten für die moralische Integrität des einzelnen (etwas, von dem er glaubt, es erfordere eine zu große Absonderung, ja, Entfremdung von der Gesellschaft) als auch die Schwierigkeiten für ein klares, moralisches Urteil über andere, selbst dann, wenn es verlangt wird (angesichts der großen Schwierigkeit beim Zuweisen persönlicher Verantwortung und angesichts der offensichtlichen Komplexität des Sinns und der Motive einer Handlung). Der Selbstmord von Hyacinth in *The Princess Casamassima* oder Strethers Opfer und Einsamkeit in *The Ambassadors* werden von Crew als „tragische" Äußerungen solcher unlösbarer, Jamesscher Dilemmata behandelt. Siehe S. 83 zu den „zwei Teilen" von James' „moralischem Bewußtsein" und ihrer Unvereinbarkeit, der „intuitiven Inklusivität" und dem „sozialen Gewissen". Es gibt in den späteren Romanen ganz unverkennbar eine tragische Dimension, aber wir müssen zuerst auch im Detail untersuchen, welche moralischen und ethischen Fragen einen gewissen Einfluß auf das Leben der einzelnen Charaktere gewinnen und warum, besonders angesichts des Umstands, daß James sich der historischen Einzigartigkeit des Kontexts bewußt ist. Wenn wir das tun, dann können wir, so denke ich, allmählich erkennen, daß nicht jede tragische Situation die Behauptung einschließt, daß die Alternativen für den Menschen grundsätzlich tragisch sind. Einfacher ausgedrückt: „Tragödie" ist für die späteren Romane nicht die richtige, endgültige Kategorie. Die Anklänge an das Melodram, die Komödie, das Märchen und der allgemeine Ton, der angeschlagen wird, deuten auf etwas hin, das gleichzeitig leichter und ruhiger ist und bewußt im Unbestimmten bleibt.

6 Ich werde später zeigen, daß dieses Thema mit einer bestimmten Auffassung zum Sinn verbunden ist, einer Auffassung, die auch in bezug auf den Sinn der Malerei in der Kunst falsch ist, aber eher dort hingehört: die Vorstellung von stabilen, festgelegten, „eingefrorenen", unzeitgemäßen Typologien, Kategorien und Stilrichtungen. Es ist eine Auffassung, die vor allem mit Osmond verbunden wird, obwohl auch Ralph dazu neigt, auf diese Weise zu denken, und Isabel versucht ist, dasselbe zu tun. Die Vorstellung, daß man in Bildern sieht oder denkt, findet sich über den ganzen Roman verstreut: S. 195, 197, 222, 224, 230, 235, 237, 258, 271, um nur eine kurze Übersicht zu geben.

viele andere moderne Charaktere, krank zu sein und zu sterben scheint, weil es nicht viel gibt, wofür man leben soll.[7]

Wir bekommen auch schnell ein gewisses Gespür dafür, auf welche Weise wir das Problem der „Zukunft" verstehen sollen. Alle drei hoffen, daß sie etwas mit dem frischen, bezaubernden, eifrigen, „großen Mädchen in dem schwarzen Kleid" zu tun haben wird, das bald eintreffen soll, mit Mrs. Touchetts Nichte, der Amerikanerin Isabel Archer. Aber wahrscheinlicher ist, so befürchten sie, daß die Zukunft sehr viel mehr wie ihre Freundin, Henrietta Stackpole, aussieht: fleißig, pragmatisch, moralistisch, geschmacklos, simplifizierend und ohne Zauber. („Henrietta riecht jedoch nach Zukunft – es wirft einen beinahe um" (*PL*, 88/97). Sie ist eine Frau, die in dem Tod von Mr. Touchett, von einem Mann, den sie kaum kennt, eine Gelegenheit für eine Geschichte sieht, die sie verkaufen kann, und sie zögert nicht, sich selbst zur Totenwache zu bestellen.[8]

Dieser familiäre Kontext – die Frage, was heute, in diesem mißlichen Zeitalter, „weitergegeben" werden kann, welche Erneuerung oder welche Zukunft in einem Zustand der Erschöpfung, des Sonnenuntergangs, des Sterbens möglich ist – wird häufig angesprochen, wenn auch nur negativ und düster, und trägt dazu bei, der Frage von Isabels Zukunft eine ehrgeizige, historische Dimension zu verleihen (denn Isabel wird bald ebenso plötzlich wie spektakulär reich und vielversprechend sein wie Amerika selbst). Die Generationenfrage ist besonders in der anderen für die Geschichte zentralen Familie wichtig, bei Gilbert Osmond, Madame Merle und ihrer gemeinsamen Tochter Pansy. In einer grotesken Imitation europäischer Sitten hat Pansy nichts anderes gelernt, als Tee einzuschenken. Madame Merle sieht sich selbst, als sei sie „vor der Französischen Revolution geboren", als gehöre sie zu der „alten, alten Welt" (*PL*, 170/201) und Isabel erscheint es später, als sei sie „das Produkt einer anderen moralischen oder gesellschaftlichen Atmosphäre", als habe sie „eine andere Moral" (*PL*, 275/335). Derselbe Kontrast und dasselbe Problem sind bereits, wie bemerkt, in Ralphs Krankheit und der kranken Touchett-Familie, im Tod von Isabels Kind und im Tod der drei Kinder der Gräfin Gemini gestaltet (als ob durch das Fehlen jeder generativen Kraft eigentlich ihre moralische Leere betont werden soll).[9]

---

7 Das Verhältnis zwischen Ralph und seinem Vater ist von großer Zärtlichkeit, aber ihre Vertraulichkeit wird immer durch das Bewußtsein bestimmt, vielleicht sogar intensiviert, daß es für Ralph keine Zukunft gibt.

8 Sie ist ganz sicher nicht dumm, und sie ist in gleich bewundernswerter Weise unabhängig wie Isabel. (Selbstverständlich liebt auch sie Isabel wirklich, und später wird sie „die stürmische See mitten im Winter überqueren, weil sie erraten hat, daß Isabel traurig ist" (*PL*, 406/507). Sie weiß zum Beispiel, daß Isabel „zu sehr in der Welt [ihrer] eigenen Träume lebt" (*PL*, 188/223). In ihrem eigenen Leben hat sie sich mit viel weniger abgefunden als Isabel das je tun wird, und das macht sie viel weniger verwundbar als Isabel, weniger anfällig für Leute wie Madame Merle und Osmond, wenn das auch andererseits heißt, daß sie beträchtlich prosaischer ist. Sie hat daher keine Mühe, sofort zu erkennen, daß Osmond ein Fiesling ist. Aber dann ist wieder alles, was sie vom Leben will, harte Arbeit und ein Paar vernünftige Schuhe.

9 Vgl. die Diskussion bei Holland (1982), S. 17-27.

Erscheint Isabel dann auf der Bühne, belebt sich das Bild, es gerät in Bewegung, und die Frage stellt sich, was sie zu einer Erneuerung oder zum Beginn von etwas Neuem beitragen könnte. Es ist bereits klar geworden, daß James ihr von Anfang an die Last des amerikanischen Themas aufbürden wird, mit allen sozialen und historischen Implikationen, und die Darstellung ihres Schicksals wird ein Gutteil der moralischen Dimension des Internationalen Themas offenlegen. Sie wird eine schlechte Ehe eingehen, wird sich dieser Tatsache stellen und entscheiden, was sie daraus machen soll. Es ist die komplexeste, internationale Heirat, die James arrangiert, zwischen einer Amerikanerin, die glaubt, daß ihr großes Glück und ihr Geld und ihre Energie ein neues, offenes und freies Ausloten von Geschmack und Wertschätzung möglich machen werden (eine Form von Größe, die als eine Art Erlösung von Geld und Macht dienen soll), im Schatten einer traditionellen, vormodernen, europäischen Kultur (ein europäisierter Amerikaner vielleicht deswegen, weil von Europa nicht viel mehr übrig sein kann als nur die stilisierten Imitationen, die Idee). Ihr gereiftes Gespür für den Sinn dessen, was sie getan hat und was das von ihr verlangt, ist der moralische und dramatische Angelpunkt des Romans, und ungemein viel hängt davon ab, was sie unserer Auffassung nach dabei lernt. Aber das historische Gerüst, das James schafft, die Frage nach der Möglichkeit von Zukunft, die Frage des Erbens und des Generationenwechsels und das Gewicht, das in einem großen Teil seiner Schriften bereits auf den „amerikanisch-europäischen“ Gegensatz, bezogen auf die moralischen Konventionen, gelegt wurde, hebt dieses Problem aus dem Bereich von Melodram und Liebesgeschichte heraus (wo der Roman aus eigenem Recht eine wunderbare Komplexität enthält) und verleiht ihm eine Dimension, die wir in vielen anderen Zusammenhängen schon gesehen haben. Die Frage, was am Ende für Isabel richtig ist (oder anders herum, warum sie den falschen Weg einschlug), führt uns wieder zu der Frage zurück, wie oder in welchem Sinn man überhaupt von etwas sagen könnte, es sei richtig, angesichts der Tatsache, daß eine Richtschnur oder eine Norm für die Beantwortung einer solchen Frage heute nicht vorhanden sind (und führt uns damit zu der Möglichkeit, die viele Leser schon vermuten, daß es am Ende des Romans eine solche Frage wirklich nicht mehr gibt, daß „wirklich“ alles eine Sache von sexueller Furcht, Repression oder einfach Verzweiflung ist).

Diese Fragen sind alle mit im Spiel, weil Isabel so viele „Ideen“ hat, Ideen, die Lord Warburton erschrecken und Osmond leicht amüsieren, reizen und am Ende in Wut versetzen. In dieser Hinsicht ist Isabel durch Zufall dem Schicksal der meisten amerikanischen Mädchen entgangen, ist nicht zu einer Ludlow in Albany sozialisiert worden und sieht daher, ganz ungewöhnlich, den beharrlichen, immer aufrechten und männlichen Caspar Goodwood (ein Name, wie er bei James nicht schöner sein kann) nicht als eine so gute Partie an. (Goodwood erscheint Osmond als „der modernste Mann“, den er kennt (*PL*, 420/525), obwohl Osmond augenscheinlich überrascht ist, daß Goodwood nicht hoffnungslos ungehobelt ist.) Isabel hatte das merkwürdige Glück, daß sie bereits dreimal den Atlantik überquert hatte, ehe sie vierzehn Jahre alt war, und daher der europäische Geschmack so gut ein Teil von ihr war wie es die amerikanischen Sehnsüchte waren. Und vor allem hatte ihr bohemehafter Hintergrund den Einfluß der konventionellen Erwartungen bürgerlicher Mädchen zerbrochen. In Isabel war ein unersättliches und unendliches Verlangen gewachsen, eine Sehnsucht nicht bloß nach dem, was ihr angeboten worden war oder womit sie sich begnügen mußte, sondern nach dem, was sein könnte; besonders nach dem, was eben nicht Teil der engen Welt von Albany ist, sondern statt dessen Teil einer Welt „mit Musik von Gounod, Lyrik von Browning, Prosa von George Eliot“. („Der Ruf einer eifrigen Leserin hüllte sie wie der Wolkenumhang einer Göttin aus dem klassischen Epos ein, und das bedeutete für ihre Partner, in schwierige Fragen verwickelt zu werden“ (*PL*, 41/37). Und das, obwohl sie nur „Übersetzungen“ liest.)

Im Hinblick auf die Rolle, die Isabel in dem großen moralischen Drama des Romans spielt, bedeutet das zweierlei. Erstens: da sie keine Führung hat, keine Gesprächspartner, in der ungeformten Kultur Amerikas geformt worden ist, niemand ihr half, abzuwägen und zu unterscheiden, was man wissen muß und was nicht, da sie so autodidaktisch ist, betritt sie die ersten Szenen erfüllt von einem Durcheinander an Ideen, von denen viele unausgegoren sind, keine wirklich zu eigen gemacht, zusammengehörig, durchdacht oder tief. „Vergessenes kehrte wieder, vieles andere, eben noch schrecklich Wichtige, verlor sich aus dem Blick. Das Ergebnis war wie ein Kaleidoskop ...“ (*PL*, 42/38). Dieselben glücklichen Umstände, die es ihrem Vater erlaubten, sich dem Zugriff der einzigen autoritativen Kultur, die es in dem jungen Amerika gab, zu entziehen, den utilitaristischen und puritanischen Konventionen, die Charaktere wie Waymarsh zerbrachen und solche wie Goodwood und Henrietta erzeugten, machten es auch möglich, seine klügste Tochter vor demselben Schicksal zu bewahren und in ihr genügend Mißtrauen und Unzufriedenheit und Willensstärke zu erzeugen, um ihre Sehnsucht, ihr Nachdenken, ihr Lesen und Theoretisieren zu ermöglichen, aber alles aufs Geratewohl, ohne jeden Zusammenhang.

Da die Frage, in welcher Weise Isabel sich verändert, so wichtig ist, und da James sie und dieses Thema mit so starker Betonung ihres eher radikalen als konventionellen, amerikanischen Hintergrundes einführt (autodidaktisch, selbstsicher, tapfer, getragen von Sehnsucht nach kultureller Erlösung, auf einem Niveau weit über den Bestrebungen ihrer Schwestern in Albany), ist es auch wichtig zu betonen, wieviel Aufmerksamkeit James den Konsequenzen ihres Catch-as-catch-can-Programms zur Selbsterziehung widmet. James hat einen so liebenswerten Charakter geschaffen, damit wir vielleicht nicht gleich bemerken, daß sie am Anfang eine ungestüme, naseweise, etwas überhebliche Dreiundzwanzigjährige ist, die sich mit großem Selbstvertrauen und großer Autorität zu diesem und jenem äußert, die aber eigentlich sehr wenig weiß, und, was gefährlicher ist, nicht weiß, was sie nicht weiß. Selbst unser Erzähler „mag“ sie, nach einer merkwürdigen Kehrtwendung, so sehr, daß er zögert, darauf hinzuweisen!

„Die Irrtümer und Versehen, die ihr auf diese Weise unterliefen, waren häufig von der Art, daß ein Biograph, dem die Würde seiner Heldin am Herzen liegt, vor einer speziellen Schilderung zurückschrecken muß. Ihre Gedanken waren ein Durcheinander vager Umrisse, die niemals durch das Urteil von Menschen mit Autorität korrigiert worden waren. Mit allen ihren Meinungen war sie bisher ihrem eigenen Kopf gefolgt und der hatte sie auf tausend lächerliche Zickzackwege geführt. Manchmal merkte sie, daß sie in grotesker Weise Unrecht hatte, und dann unterwarf sie sich für eine Woche einer leidenschaftlichen Selbsterniedrigung. Später trug sie ihren Kopf wieder höher als je zuvor; denn es hatte keinen Zweck, das Verlangen in ihr, von sich selber nur freundlich zu denken, war einfach unbezähmbar.“ (*PL*, 53/53)

Ihre Meinungen können von „dürftigem Wert“ sein, sie scheint häufig nur „zu fühlen und zu denken“ (*PL*, 57/58), sie will vor allem nicht „engstirnig“ (*PL*, 62/64) erscheinen, sie ist zu so albernen Bemerkungen fähig wie „Oh, ich hoffe sehr, sie machen eine Revolution! ... Ich fände es sehr vergnüglich, wenn ich eine Revolution erleben könnte!“ (*PL*, 71/76); und uns wird berichtet, daß „sich die Liebe zum Wissen in ihrem Geist mit der schönsten Fähigkeit zur Ignoranz zusammenfand“ (*PL*, 173/205). Beides, sowohl ihr Verlangen nach jemandem wie Osmond, ihr Bedürfnis nach solchen ästhetischen, hochgeistigen Erscheinungen (oder auch nach jemandem, der letztlich „mit Autorität“ ausgestattet ist) als auch ihre Unfähigkeit zu begreifen, wofür er wirklich steht, hat eindeutig etwas mit dem kulturlosen Umfeld zu tun, in dem solche amerikanischen „Ideen“ geformt wurden.

Noch wichtiger und noch amerikanischer ist jedoch die allgemeine Form ihrer wichtigsten Idee, der Idee, die sie für moderne Leser so bewundernswert macht und sie gleichzeitig auf direktem Weg in ihr Verderben führt. Was ihr am wichtigsten ist und was andere zuerst an ihr bemerken, sind ihre „Unabhängigkeit“ und ihre hochfliegenden Vorstellungen zur Unabhängigkeit. Denn so versteht sie das paradigmatisch moderne Ideal, die Freiheit. (Die Wichtigkeit dieser Frage wird durch das Telegramm angekündigt, das die Touchetts am Anfang erhalten, worin Mrs. Touchett Isabel und ihre Schwester als „recht unabhängig“ beschreibt, ein Kommentar, der (für sie und für uns) die Frage aufwirft, was das bedeutet: „In einem moralischen oder einem finanziellen Sinn? ... daß sie sich zu nichts verpflichten wollen? Oder bedeutet es lediglich, daß sie gern ihren eigenen Kopf durchsetzen?“ (*PL*, 24/16). Dieses Ideal wird von James häufig als Paradox präsentiert, was sicherlich angemessen ist, weil die Konsequenz von Isabels Streben nach „einem freien Erkunden des Lebens“ (*PL*, 101/114) sein wird, daß sie freiwillig den goldenen Käfig von Gilbert Osmonds Villa und von seinem Leben betritt.[10] Dieses Paradox oder Problem, das sich im

10 Ralph ist es, der sie daran erinnert, daß sie einen „Käfig“ betritt, was sie mit der Bemerkung zu verteidigen sucht, es sei „ihr“ Käfig, daß sie ihn sich ausgesucht habe, daß sie ihr Schicksal akzeptieren könne, weil sie es ausgesucht habe (*PL*, 288/352). Und sie hat nicht sehr viel selbst ausgesucht. Ralph hat ihr zu der Erbschaft verholfen – sie war das Ergebnis einer Idee, nicht des Zufalls – und Madame Merle hat ihre Ehe „eingefädelt“. Man könnte sich kaum eine subtilere „Dialektik von Isabels Aufklärung“ vorstellen.

Kern der moralischen Fragen von Unabhängigkeit und Abhängigkeit oder Freiheit und Konvention befindet, ist es, von dem so vieles in dem Roman abhängt.

Das Paradox hat zunächst einmal mit Isabels Auffassung von ihrem Schicksal zu tun. Sie sagt, sie habe „keine andere Wahl“ als Warburton zurückzuweisen, weil sie frei sein „muß“, sie „kann [ihrem] Schicksal nicht entfliehen“ (*PL*, 118/135), auch wenn ihr Schicksal vor allem in Momenten der Verneinung besteht und sich dort ausdrückt: nicht Mrs. Warburton zu sein oder Mrs. Goodwood. (Sie erzählt Warburton auch, daß ihr Grund, ihn zurückzuweisen, gewesen sei, daß „ich meine Freiheit zu sehr liebe“.) Und neben ihrem „Wunsch, zuerst Europa zu sehen“, erstreckt sich die negative Bestimmung auf jeden Inhalt, den ihr Bestreben in bezug auf ihr Schicksal hat. Irgendwann erfaßt sie schließlich das Paradox (vom Schicksal geführt zu werden und es nicht zu führen; spürt sogar etwas wie ein „zum Freisein verurteilt sein“), als sie beteuert: „Ich will nicht nur ein Schaf in der Herde sein; ich will mein Schicksal selbst in die Hand nehmen und von menschlichen Dingen etwas mehr kennenlernen als andere Leute mich mit Schicklichkeit lehren zu dürfen glauben.“ (*PL*, 143/166) (Dieser Anspruch auf etwas so Paradoxes, wie sein Schicksal selbst in die Hand zu nehmen, erinnert an James’ verblüffende Formulierung in seinem Vorwort, daß Isabel „ihrem Schicksal trotzt“.) Ihr ist, als Goodwood ihr Vorhaltungen macht, besonders daran gelegen, mit der Vorstellung anzugeben, daß sie keine gute Partie macht oder ihre Unabhängigkeit beweist: „Ich heirate eine vollkommene Null. Versuchen Sie nicht, sich für ihn zu interessieren. Sie können es nicht.“ (*PL*, 279/340)

So gibt es in dem Durcheinander ihrer wechselnden und nur halb geformten Vorstellungen lediglich eine allgemeine Vorstellung, die sich tief genug festgesetzt hat, daß sie ihr zuerst, vor allem anderen einfällt, bevor sie ihre beiden Zurückweisungen mit etwas so Simplem wie dem Fehlen von Begehren oder Liebe erklärt: Sie muß frei sein, und Freiheit bedeutet vor allem Unabhängigkeit, nicht an irgend etwas zu hängen oder zu etwas verpflichtet zu sein, nicht mit einer Rolle oder einer Funktion identifiziert zu werden, ja, nicht irgend etwas „zu sein“ (zumindest, scheint sie zu denken, jetzt noch nicht, vorläufig noch nicht). Sie hat den Verdacht, daß in allem, was jetzt konventionell ist, nur wenig Freiheit vorhanden ist, besonders, wenn man Mrs. Goodwood oder Mrs. Warburton ist, und ein Leben, das nicht ganz das eigene ist, kann doch keinen Wert haben oder ein Verdienst sein. So scheint es nur eine Option zu geben, um frei zu sein, und die besteht einfach darin, nicht konventionell zu sein, oder darin, einen offenkundig risikoreichen, gefährlichen und unberechenbaren Weg einzuschlagen. (Wie ihr Vater ist sie eine Spielernatur; auf Sicherheit zu spielen bedeutet, sich aufzugeben.) Diese Ansichten sind es, die sie zu Osmond führen, sowohl weil sein eigenes Leben „nichts“ ist („Keine Karriere, kein Name, keine Position, kein Vermögen, kein Zukunft, gar nichts.“, „O ja, er malt ...“ (*PL*, 172/203)),[11] und weil seine Beziehung zu allem und jedem so sehr die Verkör-

11 Laut Isabel hat er auch ein „Talent für die Polsterei“ (*PL*, 324/399).

perung einer bestimmten Form von Freiheit ist, die ihr attraktiv erscheinen muß – nämlich der Ironie – und weil es nicht konventionell ist, ihn zu heiraten. Es ist vielleicht nicht ganz klar, was es bedeutet, ihn zu heiraten, aber für Isabels Zwecke ist vor allem klar und wichtig, was die Heirat nicht ist: das, „was man von ihr erwartet“ (eine Partie wie Warburton oder ein amerikanischer Industriemagnat). Weil Osmond ein Ästhet ist, ein Kenner, weil er nichts herstellt und nicht über einen großen Landbesitz herrscht, nimmt sie an, er müsse frei von konventionellen Abhängigkeiten sein und könne eine ältere Form von moralischer und ästhetischer Reinheit verkörpern – Uninteressiertheit. Wie wir sehen, befindet sie sich im Irrtum, aber ihr Versagen ist nicht bloß ein Fehler oder etwas, was ihr zustößt. Es ist das Ergebnis dessen, was ihre Auffassungen, allzu typische und paradigmatisch moderne, amerikanische Bestrebungen, sie nicht erkennen lassen. Desgleichen ist Osmonds Ästhetizismus, der ein verhüllter Egoismus, ein Verlangen ist, anerkannt und verehrt zu werden, auch eine typische, nicht bloß eine persönliche Pathologie. Er spiegelt wider, wie wenig Leben in den sozialen Formen ist, deren Osmond sich bedient, wie sehr sie bloß die bedeutungslosen Liebesaffären der Gräfin Gemini, Madame Merles Machenschaften, Pansys Leere und Osmonds monumentale Eitelkeit überdecken.

In dieser paradoxen Formulierung gibt es eine letzte überraschende Wendung (daß ihr Schicksal ist, ihr Schicksal bestimmen zu müssen, daß Freiheit für sie vor allem eine negative Einstellung gegenüber der Welt bedeutet, eher eine Weigerung zu handeln als selbst zu handeln). Es ist eine extreme Vision ihrer Zukunft, eine, in der ihr Beharren auf Freiheit, darauf, ihr Leben nicht konventionell oder gar klug zu planen, sie dazu zu führen scheint, Anarchie oder Passivität zu akzeptieren, ja, sogar bis hin zu der Phantasievorstellung von Vergewaltigung und gewaltsamer Entführung. Als sie von Henrietta gefragt wird, „Weißt du, wohin du treibst?“ antwortet sie,

> „Nein, ich habe nicht die blasseste Ahnung, und eben das gefällt mir. Eine schnelle Kutsche in dunkler Nacht, die von vier Pferden gezogen über Wege rattert, die man nicht sehen kann – das ist meine Vorstellung von Glück!“ (*PL*, 146/170)

Im Licht der früher hier geführten Erörterungen ist Isabels Ideal oder ihre Phantasievorstellung recht verständlich. Die neuen amerikanischen Konventionen, Arbeit, Sparsamkeit, Respektabilität, eine öffentliche Welt, die von den privaten Tröstungen der Liebe streng getrennt wird, genauso wie es Goodwood anbietet, und auch der museale und etwas törichte Lord mit Gutsherrendasein, der von Warburton dargestellt wird, sehen demgegenüber ungemein abstoßend aus. Sie will etwas, das mehr der Boheme angehört, etwas, das unberechenbar wirkt, und weil es unberechenbar oder sogar unklug ist, mit größerer Wahrscheinlichkeit wie „etwas Eigenes“ aussieht, weniger durch bestechliches Eigeninteresse oder die Sicherheit der Reputation bestimmt. Ein freies Leben, ein Leben, das wirklich das eigene ist, als das erfolgreiche Ausweichen vor solchen Optionen zu verstehen (und als nichts anderes), ist für einen Verstand und einen

Geist wie den Isabels recht attraktiv. Aber der paradoxe (und überhebliche) Ton, wenn sie sagt, sie sei stark genug, um „ihr Schicksal selbst in die Hand zu nehmen" (oder „ihrem Schicksal zu trotzen", oder durch ihr Handeln und ihren Willen allein zu bestimmen, was solche Taten „bedeuten"), ihre romantischen Vorstellungen und der Geist Osmonds und seine überlegene Ironie,[12] alles weist darauf hin, daß mit dieser Art von moralischem Ideal, dieser vorgeblichen „Pflicht", unabhängig zu leben, unkonventionell zu leben, etwas völlig falsch läuft.

Insgesamt reicht das völlig aus, um nicht so wie Madame Merle sein zu wollen, deren ganzes Leben wie eine schöne gesellschaftliche Form ist. Aber in dieser modernen Alternative zu Isabel ist etwas tödlich Unangemessenes zu spüren. Ein so verstandenes freies Leben sieht entweder so aus, als sei es ein noch nicht an irgend etwas gebundenes „Nichts", oder ein Versuch, das Konventionelle auf eine Weise zu umgehen, die genauso wenig authentisch ist oder genauso in der Falle der Konvention steckt wie das, dem man zu entkommen sucht. (Osmonds Leben ist eine Variante dessen. Seine offenkundige Verachtung für das Konventionelle spiegelt nur einen Narzißmus wider, der dort keine wirkliche Wertschätzung für sein Genie erfährt. Er kann nicht irgend etwas „sein", das wäre unfrei und vulgär und beschränkt, und das ist der Osmond, den Isabel zuerst wahrnimmt. Aber wenn man nicht sieht und nicht richtig würdigt, daß er über solchen Bindungen steht, dann ist er buchstäblich nichts. Das bedeutet, er muß nach den wenigen Besonderen suchen, die ihn und seine besondere, zynische, ästhetische Verkörperung der Konvention wahrhaft zu würdigen wissen. Er kann sich von der Suche nach einer solchen Bestätigung kaum frei machen. Er will vor allem Papst sein, Gegenstand der Verehrung sein, aus keinem anderen Grund als um Papst zu sein.)

Wenn James will, daß wir den Gang der Ereignisse, wie er sich jetzt entwickelt, in dieser Weise verstehen, dann kann, um auf eine früher gestellte Frage zurückzukommen, die Frage nach Isabels Scheitern, was es bedeutet und was sie danach tun sollte, keinesfalls als ein allgemeiner Kommentar entweder zur Möglichkeit von Freiheit in der Moderne oder zu einer Art echter Gegenseitigkeit oder Liebe gelesen werden. Jeder Kommentar zu der allgemeinen Frage nach der Verwirklichung eines freien Lebens muß entweder eine Folgerung oder ein Rückschluß aus dem sein, was an den besonderen Bestrebungen Isabels falsch läuft. Das wiederum hat viel mit dem zu tun, was sie unserer Meinung nach lernt, welche Art von „Bildung" stattgefunden hat.

---

12 Osmonds Version: „‚Mich nicht zu sorgen – nicht zu kämpfen und nicht zu streben. Mich zu bescheiden. Mit wenigem zufrieden sein.' ... ‚Und das nennen Sie einfach?' fragte sie mit sanfter Ironie. ‚Ja, weil es negativ ist.' ‚Ist Ihr Leben negativ gewesen?' ‚Nennen Sie es positiv, wenn Sie wollen. Doch es hat meine Indifferenz bestärkt. Beachten Sie wohl, nicht meine natürliche Indifferenz – ich *hatte* keine. Sondern meinen überlegten, willentlichen Verzicht.'" (*PL*, S. 227/273)

II

Isabel bewegt sich zufällig auf ihre „Bestimmung“ hin, die unerwartete Erbschaft von etwa siebzigtausend Pfund. Ralph hat seinen Vater überredet, „ein bißchen Wind“ in Isabels Segel zu blasen, indem er ihr und nicht ihm das Geld vermacht. (Madame Merle weist darauf hin, daß Ralph damit wie kein anderer Isabels Schicksal bestimmt; wie kein anderer „fädelt er ihre Ehe ein“, denn es besteht nur eine geringe Wahrscheinlichkeit, daß Isabel auf Osmond getroffen oder von ihm angezogen worden wäre, und umgekehrt gar keine, besäße sie dieses Vermögen nicht, das Ralph ihr zukommen läßt. Sie selbst bestimmt, so stellt sich heraus, ihr Schicksal nur in einem sehr geringen Maß.) Angesichts des ungeformten Zustands von Isabel ist das, wie Mr. Touchett sofort erkennt, sehr gefährlich (so gefährlich wie die rapide wachsende Macht und der Reichtum Amerikas), ein bißchen wie Öl ins Feuer gießen. In diesem Fall kann es sogar „unmoralisch“ sein, das Leben von jemandem so einseitig zu verändern. Und es ist keine Frage, daß Ralph Isabel anfangs nicht gut genug verstanden hat, daß er zu rasch gehandelt hat, sowohl aus impulsiver Großzügigkeit als auch aus einer zu sehr idealisierten Liebe (wie zu einem Porträt), und das alles folgt aus seinem „Außenseiterdasein“ im Leben. Er muß ihren Nonkonformismus und ihre Kühnheit bewundern, aber irgendwie erwartet er, daß alle potentielle und gefährliche Wildheit vor seinen Erwartungen haltmacht, daß Isabel tun wird, was er erwartet („eine großartige Partie machen“), und das erweist sich als fatale Fehlkalkulation (vielleicht will sie vor allem seine Erwartungen über den Haufen werfen).

Einige der Risiken sieht er jedoch und an einem bestimmten Zeitpunkt hält er eine typische, paradigmatische, Jamessche Rede, die sich wie eine Vorwegnahme des berühmten „Lebe alles, was du kannst“ von Little Bilham in *The Ambassadors* ausnimmt.

> „Nimm die Dinge leichter. Frage dich nicht so viel, ob dies oder jenes gut für dich ist. Erforsche dein Gewissen nicht so sehr – es wird noch verstimmt wie ein strapaziertes Klavier. Bewahre es für große Gelegenheiten. Versuche nicht ständig, deinen Charakter zu formen – das ist, als ob man eine feste, zarte, junge Rose ausreißen wollte. Lebe, wie es dir am besten gefällt und dein Charakter wird für sich selbst Sorge tragen ... Breite deine Flügel aus, löse dich vom Boden. Das ist nie falsch.“ (*PL*, 192/229)

Das ist ein sehr komplexer, schwieriger Rat, so schwierig, als sei er Teil des gerade genannten, dialektischen Problems der Freiheit. Erstens predigt Ralph, wie er schnell merkt, einem bereits Bekehrten; sobald es um eine konventionelle Auffassung des Richtigen geht, oder um das, was einen Charakter formen sollte, dann könnte niemand bereits mehr auf Ralphs Seite stehen als Isabel, niemand sich seiner Fähigkeit sicherer sein, das Erwartete zu vermeiden, die „Flügel auszubreiten“, ja, imstande zu sein, nicht weiter zu „denken“ und in die Kutsche zu springen. (Ralph erkennt das nach Isabels enthusiastischer Antwort: „‚Du bist ja genau die richtige Person, die man beraten muß‘, sagte Ralph, ‚du nimmst mir allen Wind aus den Segeln‘“ (*PL*, 192/230).[13]) Andererseits liegt offenkundige Ironie darin, daß, egal wie Isabel ihre Erbschaft versteht und egal was sie damit tut, ihr Gefühl, was sie tun sollte und warum, immer ein Konzept sein wird, ein Teil ihres „Bewußtseins“. Es kann gar keinen anderen Weg zu handeln geben, als danach, „was sie für das Beste hält“, selbst wenn es, wie im Fall ihrer Heirat, allem zum Trotz ist, was jeder für das Schlimmste hält. Der Trick besteht nicht darin, ein Konzept zu haben oder gar keins zu haben, sondern darin, wie man es hat, mit welchen Erwartungen, welcher Zuversicht, usw. Außerdem sind Isabels eigene Handlungen zu sehr in die der anderen verwoben, in deren Reaktionen und deren Begehren und Wünsche, als daß sie einem solchen Rat zur Spontaneität je folgen oder ihre Phantasievorstellungen umsetzen könnte. Da mag es die Kutsche und eine dunkle Nacht geben, und man weiß vielleicht nicht, wohin es geht, aber es gibt jemanden, der es weiß, jemand lenkt, und es ist eine oberflächliche und gefährlich romantische Auffassung, wenn einem das vorgeblich gleichgültig ist. Ralph, heißt das, teilt bereits in einem gewissen Maß Isabels Illusion, daß sie durch unkonventionelles Handeln, durch Kühnheit und Selbstvertrauen, als ein besonderes oder ein distinktes Individuum (eines der „großen“, nicht der „schwachen“) frei handelt, als sie selbst handelt (sich wie in dem konventionellen Bild vom Flug der Freiheit vom Boden gelöst hat). Die in einem solchen Rat enthaltene Ironie zeigt sich schon in den verwendeten Bildern: Sie wird damit nicht ihrem Gewissen entkommen sein und ihr Schicksal bestimmt haben; sie wird nach einer naiven Vorstellung von Bewußtsein gehandelt und ihr Schicksal denen übergeben haben, die eifrig bestrebt sind, Typen wie sie zu manipulieren.

Isabel ist sich bewußt, daß ein „großes Vermögen Freiheit bedeutet“, und sie fürchtet sich, trotz all ihrer gespielten Tapferkeit. Sie weiß intuitiv – trotz ihrer Übereinstimmung mit Ralph, daß man sein Bewußtsein nicht überstrapazieren sollte –, daß „man immer weiter nachdenken muß; das ist ein ständiges Bemühen“ (*PL*, 193/230), aber sie hat noch keine Ahnung, wie lange es dauern wird, um solche Gedanken zu formen, wie zerbrechlich, wie nichtig und vorläufig alles Denken sein muß, und weiß also auch nicht, wie abhängig solche Gedanken von der sozialen Welt der Gegenseitigkeit und reziproken Unabhängigkeit sind, von der Bestätigung, dem Austausch, den Korrekturen und Herausforderungen anderer, die frei, nicht als Antwort auf unser Geld oder ihre

13 Hierbei handelt es sich selbstverständlich um einen Verweis auf das Hauptbild, das Ralph verwendet hatte, um seinen Vater davon zu überzeugen, Isabel ein solches Vermögen zu hinterlassen: daß er „ein bißchen Wind in ihre Segel blasen“ wollte. Das explizite Wiederheraufbeschwören dieses Bildes zeigt, daß er eben dadurch den Wind aus ihren Segeln genommen hat oder daß er in Wirklichkeit kein Zuschauer von der Seitenlinie ist und auch nicht sein kann, wie er gerne glauben möchte. Er versteht nicht, was er getan hat, und kann auch noch nicht verstehen, was er tun wollte, bis er und Isabel das viel später herauszufinden versuchen, aber in dem Bild ist zumindest bereits deutlich, daß sie denselben Wind miteinander „teilen“.

eigene Habgier, reagieren können. Das Mitleiderregende dieses Höhepunkts liegt darin, daß sie das trotz ihrer offenkundigen, gegenseitigen Zuneigung in Ralph noch nicht finden kann. Irgendwie hat er sich in ihre Sicht der Welt verliebt (vielleicht erscheint es ihm wie eine Brise frischer Luft, so kühn einen reichen, männlichen Amerikaner und einen englischen Lord abzuweisen) und ermuntert sie nur, dementsprechend zu handeln, er hilft ihr nicht, darüber nachzudenken. Die tiefste Ironie besteht darin, daß, obwohl Isabel auch ihren eigenen Intuitionen folgt, ihr Unglück vor allem daraus resultiert, daß sie Ralphs Rat befolgt, und ihre mythische Kutsche erweist sich als der goldene Käfig einer Ehe mit Osmond. Sie „ergreift die Flucht“ und flieht direkt in den Käfig.

Die zweite Hälfte des Romans dreht sich darum, daß sie ihr Schicksal erkennt, oder vielmehr darum, daß sie langsam erkennt, (i) daß Osmond ichbezogen, eitel und aufgeblasen ist, und daß er sogar aufgehört hat, sie auch nur zu mögen, weil sie sich nicht völlig seinem Willen fügt, daß er für den Rest ihres gemeinsamen Lebens kalt, gereizt und zornig sein wird (seine ungeschickten Versuche, Pansy mit Warburton zu verheiraten, der Isabel liebte und immer noch liebt, machen ihr das sehr deutlich); (ii) daß Madame Merle sie in der Tat, wie Mrs. Touchett anklagend behauptet hatte, getäuscht und manipuliert hat, um die Heirat von ihrem alten Freund mit Isabel zustande zu bringen; und (iii), daß die Intimität, die Isabel zwischen Madame Merle und Osmond zu ahnen beginnt, schon sehr alt ist, daß sie eine Affäre hatten, die während Osmonds erster Ehe begann, und daß Pansy Madame Merles Tochter ist. Die moralische Frage der Beurteilung und der Reaktion auf diese Lage wird in einer Reihe spannungsgeladener Szenen im letzten Drittel des Romans durchgespielt – in einer langen Nacht allein erkennt Isabel, daß ihre Ehe gescheitert ist, und sie versucht, dem einen Sinn zu geben, eine kurze, sehr angespannte Szene mit Madame Merle im Konvent, wohin Pansy zurückgekehrt ist, ihre Entscheidung, sich ihrem Mann zu widersetzen und den sterbenden Ralph zu besuchen, und die Schlußszene in Gardencourt mit Caspar Goodwood, deren Doppeldeutigkeit berüchtigt ist, mit Küssen „wie weiße Blitze“, impulsiver Ablehnung und der Flucht zurück nach Rom.

Und Isabels Reaktion darauf ist tatsächlich „moralisch“. Das ist die Sprache, die ihr in den Sinn kommt, wenn sie über die „Schlange“ Osmond und Madame Merles „Bosheit“ spricht. Was Isabel bewerten muß, betrifft die verschiedenen, möglichen Interpretationen, die man zu Osmonds ästhetischen Bestrebungen abgeben könnte, was es für ihn bedeutete, sich von der Welt um ihn herum distanziert zu haben, alles als so vulgär, profan, häßlich und mangelhaft zu beurteilen, und sie beginnt, moralische und nicht psychologische oder persönliche Begriffe anzuwenden. Seine Haltung und seine Handlungen gegenüber der Welt und gegenüber sich selbst sind „unaufrichtig“ gewesen und daher einfach falsch. Da es, wie wir überall gesehen haben, für manche Leser nicht schwierig ist anzunehmen, daß James selbst Osmonds ästhetischen Standpunkt teilt, wird die Einschätzung dessen, was Isabel mit der Zeit erkennt, ziemlich wichtig. Denn sie kommt zu der Überzeugung, daß

„unter all seiner Kultur, seiner Klugheit, seiner Anmut, unter seiner Gefälligkeit, seiner Leichtigkeit, seiner Lebenserfahrung sein Egoismus verborgen lag wie eine Schlange in einem Blumenbeet.“ (*PL*, 360/446)

Isabel hatte ihn für den „ersten Gentleman in Europa“ gehalten, und sie stellt fest, daß sie sich geirrt hat, aber statt dessen hat sie etwas entdeckt, was wie eine Folge seiner Überheblichkeit erscheint, Osmonds Rolle in der Welt, was er sonst noch tat oder nicht tat, tun würde oder nicht tun würde, wie er seine Beziehung zu anderen bewertete und auffaßte. Sie hatte sich Osmond vorgestellt, wie viele andere sich sie vorstellten, wie ein „Porträt“, und hatte geglaubt, man könne ihn sich wie ein Bild vorstellen, als habe er eine derartig bestimmte, festgelegte Bedeutung oder Identität.[14] Ihre eigene Auffassung von Freiheit entsprach dem; das haben wir im Auge, wenn wir solche Auffassungen als romantisch bezeichnen. Aber am Sinn eines großen Bildes ist das wichtig, was wir nicht sehen, sondern versuchen müssen zu konstruieren, um dem, was wir tun, einen Sinn zu geben, eine unsichere und unbestimmte, eine mögliche Konstruktion, die nach einer Gemeinschaft von Menschen verlangt, die diese zu schätzen wissen, eine Geschmackskultur, die sich im Wechselspiel herausbildet. Isabels Vorstellungskraft entsprach dem noch nicht, als sie Osmond zum erstenmal begegnete, und sie hatte kaum wirkliche Hilfe, es gab zwar viele Kritiker, aber sicherlich niemanden, der ihn richtig einschätzen konnte. Aber jetzt hatte sie ihn in Aktion gesehen und sie kann sogar beginnen, in dem Bild, das Madame Merle stehend zeigt, während er sitzt, schrittweise die darin enthaltenen Möglichkeiten auszufüllen. Das eindringliche Bild ist jetzt als ganzes für sie klarer, weil sie sehen kann, was sonst noch sein würde, sein muß, wenn dies so ist.

„Aber als sie entdeckte, was das alles *umschloß* [seine vornehme Überheblichkeit], schrak sie zurück, der *Vertrag enthielt mehr,* als sie zu unterschreiben gedachte. Er *umschloß* eine souveräne Verachtung aller Menschen, drei oder vier sehr hohe Personen ausgenommen, die er beneidete, und aller Dinge auf der Welt außer einem halben Dutzend seiner eigenen Ideen. Das ging noch hin; selbst da wäre sie noch eine gute Strecke mit ihm gegangen; denn er hatte ihr so viel von der Gemeinheit und dem Schmutz des Lebens gezeigt, ihre Augen für die Dummheit, die Verderbtheit und Unwissenheit der Menschen so weit geöffnet, daß sie von der unendlich vulgären Natur aller Dinge und der Tugend, sich selber fleckenlos rein zu

14 Wenn Isabel schließlich zum „Porträt einer Dame“ gemacht worden ist, gemacht, um Osmonds Auffassung von der Welt, von Bedeutung, von Geschmack zu entsprechen, dann ist das Ergebnis schmerzlich. Ralphs Reaktion: „Arme, mitfühlende Isabel, in welche Verstrickung war sie geraten? Ihr leichter Schritt zog eine Menge drapierten Stoffs hinter sich her, ihr kluger Kopf trug hoheitsvollen Schmuck. Das freie, heftige Mädchen war ein ganz anderer Mensch geworden; was er sah, war eine vornehme Dame, die etwas darzustellen hatte. Was stellte Isabel dar? fragte sich Ralph, und er konnte nur die einzige Antwort finden, daß sie Gilbert Osmond darstellte. ‚Lieber Himmel, was für eine Aufgabe!‘ rief er voll Jammer aus. Er versank in Staunen vor dem Geheimnis der Dinge.“ (*PL*, 331/408)

halten, geziemend beeindruckt war. Aber für diese niedrige, unedle Welt, so schien es doch, hatte man schließlich zu leben; man mußte sie sich beständig vor Augen halten, nicht um sie aufzuklären oder zu bekehren oder zu erlösen, sondern nur um aus ihr die Anerkennung der eigenen Überlegenheit herzuleiten.“ (*PL*, 360/446f., meine Hervorhebung)

Zu ihrem Entsetzen hat Isabel nicht nur entdeckt, daß Osmonds Ästhetizismus lediglich eine Äußerung seines Narzißmus ist, sondern auch, daß ihr Ehemann eine endgültige Möglichkeit gefunden hat, seine Ansichten zur Untauglichkeit der modernen Welt auszudrücken, daß sie nämlich keine angemessene Arena für seine Schönheit sei. Er kann den Rest seines Lebens damit zubringen, seine Überlegenheit zu demonstrieren, indem er täglich seiner Verachtung und seinem Haß auf seine inferiore, allzu moderne Frau Ausdruck verleiht, die Gefühle hat, „die einer radikalen Zeitung oder eines unitarischen Priesters wert waren“ (*PL*, 362/448). Angesichts ihrer Jugend, ihres Hintergrundes, ihrer Erfahrung, war die Chance vielleicht gering gewesen, daß Isabel hätte antizipieren können, was ihre eigene Auffassung von Unabhängigkeit bedeuten könnte, wie nahe diese Osmonds Ironie und halsstarriger Verneinung kam. Aber ihr störrisches Vertrauen darauf, daß sie es wußte, war ihr Verderben, und so enthalten diese Reflexionen ein tragisches Element, eine notwendige Spannung zwischen Unschuld und Erfahrung.

Aber überall ist auch ein Ton großer Schuld vernehmbar, denn Isabel hatte sich diesem Projekt eines hochfliegenden, antimodernen Ästhetizismus trotz aller Warnungen überaus eifrig verschrieben, ohne richtig zu würdigen, daß dessen Bedeutung nicht in einem einzigen Porträt zufriedenstellend enthalten sein konnte, daß es eine weite Vielfalt von möglichen Dingen bedeuten konnte, deren Verständnis eine engagiertere und intensivere Vorstellungskraft erforderte, als sie den Dingen entgegengebracht hatte oder zu der Zeit auch nur auf sich nehmen wollte.[15] So kann sie schließlich Osmond „sehen“, wie er Pansy behandelt, seine Unfähigkeit, irgend etwas in Pansys eigenem Leben zu würdigen, und seine vollkommene Unfähigkeit, auch nur damit zu beginnen, die alten Normen und Erwartungen in Frage zu stellen, denen entsprechend eine Heirat mit Warburton an sich selbst, einfach und unzweideutig, eine große Sache wäre. Osmond, so heißt es sehr häufig, „nimmt sich selbst zu ernst“. In seiner übertrieben konservativen und der Tradition verpflichteten Haltung tragen ihn seine Ironie und Negativität nicht über sich selbst hinaus; er kann sich und seine alten Formen nicht mit Mißtrauen betrachten.[16] Ralph andererseits mag „zynisch“ sein, aber er kann sich auch selbst in Frage stellen (vielleicht zu sehr) und kann daher vergeben. „Ralph war einfach großmütig, und ihr Mann war es nicht.“

15 Es stellt sich, mit anderen Worten, auch die Frage, was Isabel nicht sehen wollte oder gar zu sehen ablehnte, und damit die Frage nach ihrer eigenen, moralischen Schuld. Siehe Dorothea Krook (1962), S. 59.

16 Osmond hat zur Vollendung gebracht, wonach die Bellegardes in *The American* strebten: „die Kunst, sich selbst ernst zu nehmen“, (*A*, 111) und ist moralisch damit genauso suspekt.

(*PL*, 363/451) Ralph kann Osmonds Widerwillen gegen bestimmte Seiten der Welt um ihn herum nichts abgewinnen; es ist schlimm genug, daß er, als er im Sterben liegt, ausrufen kann: „der Tod ist gut“, aber er kann auch mit einer für James ungewöhnlichen Schlichtheit hinzufügen: „das Leben ist besser, denn im Leben gibt es Liebe“ (*PL*, 477/599).

Wie wir in anderen Zusammenhängen gesehen haben, sind das „Böse“ bei Osmond und der gewollte Widerstand gegen die Instabilität, Doppeldeutigkeit und Unsicherheit der Welt, in der er lebt, und gegen die Art von Gegenseitigkeit und Abhängigkeit, die diese Welt verlangt, aus einem Stück. Er bevorzugt die Welt des Rituals, des strengen Traditionsbewußtseins und der Form; so gibt er vor, in dieser „päpstlichen“ Welt zu leben, in der er seine Tochter in einem Konvent verbergen, seine amerikanische Frau zerbrechen und neu gestalten kann. Dasselbe trifft auf Madame Merle mit ihrer modernen „Bosheit“ zu, die vielleicht nicht „biblischen“ Ausmaßes ist – denn Umstände zu manipulieren, um eine Mitgift für die Tochter herbeizuschaffen, ist kaum dasselbe, wie den eigenen Bruder zu ermorden –, aber trotzdem „böse“ in dem Sinn „abgrundtief falsch“, „abgrundtief, abgrundtief, abgrundtief“ (*PL*, 431/540). Isabel ist benutzt worden wie „ein handliches Werkzeug, so gefühllos und praktisch wie bloßes geformtes Holz oder Eisen“ (*PL*, 459/575), weil Osmond und Merle sich einfach nicht vorstellen können, daß ihr Tun eine andere Dimension haben könnte als den konventionellen Sinn, den man dem Arrangieren einer Heirat für eine im Konvent erzogene Tochter oder dem Sicherstellen einer guten Partie durch die Stiefmutter zuschreiben würde. Es ist das und nur das, als was es angesehen wurde. Niemals gibt es den leisesten Hinweis, daß sie sich selbst je gestatteten, anders zu denken. Was ein solches Handeln für sie bedeutet, ist für sie so festgelegt und offenkundig und sichtbar wie eine von Osmonds Münzen. Aber in dieser Welt gibt es jetzt auch Isabel Archer, die Lord Warburton verscheucht, sich den Wünschen ihres Mannes widersetzt, die versucht herauszufinden, was sie für richtig hält, die es ablehnt, einen sterbenden Freund aufzugeben. Sie sind verblüfft und entsetzt, aber das ist alles, womit sie antworten können. Isabel ist es, die die Vielfalt von Bedeutungen richtig einschätzen kann, wie und warum die Dinge, für wen auch immer, so und nicht anders aussahen, damals so aussehen mußten, wie sie jetzt aussehen und was sie jetzt bedeuten und warum.

Aber am Ende ist auch sie verloren; wie so oft bei James hat die demütigende Erfahrung zu spät stattgefunden; als ob keine Vorstellungskraft stark genug sei, um vorwegzunehmen, was ein Handlungsverlauf enthalten könnte, was er vielleicht außerdem noch für Anforderungen stellt und damit, welche Motive am Ende die eigenen „gewesen sein könnten“, als ob nur der Rückblick, „nachdem“ ein Leben gelebt worden ist, dazu beitragen kann, das zu erkennen. (Man könnte nicht sagen, sie habe „entdeckt“, daß sie sich zu einem früheren Zeitpunkt des Werbens unaufrichtig dargestellt hatte, um den Typus, den Osmond offenkundig erwartete, zu heucheln und vorzutäuschen. Aber so muß „diese Isabel“ sich „jetzt“ sehen.) Eine Art kollektiver Imagination, besonders eine Bindung auf einer von tiefem Vertrauen, Intimität und Liebe geprägten Ebene, würde viel zum Antizipieren und Nachdenken beigetragen haben und das hätte in Isabels Fall so sein können, wenn sie Ralph gehabt hätte. Aber damals hatte sie ihr Ideal von Unabhängigkeit und Ralph konnte sich selbst nur als Last, als einen Einbruch in ein Leben sehen, dessen Zukunft länger bemessen war als seine tuberkulöse Existenz zulassen würde. Er hielt sich zurück, und sie bittet erst viel später „um Hilfe“.

Aber schließlich, nach allen gegenseitigen Anschuldigungen, scheint Isabel dem allem etwas abzugewinnen, scheint sie einen Schluß zu ziehen. Sie gibt Pansy ein Versprechen – „ich werde dich nicht verlassen“ (*PL*, 462/580) – und sie muß dieses Versprechen ganz offensichtlich sehr bald einlösen.[17] Denn Goodwood verleiht seinem Anliegen Nachdruck und drängt sich Isabel buchstäblich auf, ein letztes Mal, in einer der berühmtesten Szenen bei James.

III

Goodwood hat durch Ralph von Isabels Elend gehört und hat auch Ralphs Vermutung gehört, daß Osmond Isabel den Besuch bei Ralph nie vergeben werde, daß er sie den Rest ihres Lebens dafür bezahlen lassen werde. Also gibt Goodwood eine lange und leidenschaftliche Begründung: daß Isabel Osmond verlassen müsse, daß es keinen Grund für sie gebe, noch länger zu bleiben. „Sie müssen von Ihrem Leben retten, was Sie retten können. Sie dürfen nicht alles verlieren, weil Sie einen Teil verloren!“ (*PL*, 488/614). Und: „Wir haben vollkommen freie Hand, wem unter der Sonne sind wir etwas schuldig?“ (*PL*, 489/614). Als Isabel all dies hört, fühlt sie sich, als ob sie in einem „unergründlichen Wasser“ versinke, eine Möglichkeit, die uns und dieses vaterlose Mädchen, das jungen Männern Angst einjagt und Lords unheimlich ist, mit ihren Bildern von Finsternis und Besessenheit zu ihrer Phantasievorstellung von wilden Kutschfahrten und bestimmendem, männlichem Handeln zurückkehren läßt.

> „... dies war anders, dies war der heiße Wind aus der Wüste, bei dessen Herkommen die andern Winde wie bloße, süße Gartendüfte vergingen. Es hüllte sie ein; es riß sie hoch, während der bloße Geschmack wie von etwas Mächtigem, Scharfem und Fremdem ihre zusammengebissenen Zähne auseinanderzwang.“ (*PL*, 488/613)

17 Da ist auch das: „‚Werden Sie zurückkommen?‘ rief sie [Pansy] mit einer Stimme, an die Isabel sich später erinnerte. ‚Ja, ich werde zurückkommen‘“. Vielleicht bezieht sich das „später“ auf den Augenblick, als Isabel „ein wenig lauschte“, an der Tür von Gardencourt, in der Schlußszene des Romans (*PL*, 490/615).

Und

> „Sein Kuß war wie ein weißer Blitz, wie ein Strahl, der sich ausbreitete, weitete und blieb; und es war ungewöhnlich, als ob, während sie das alles wahrnahm, alles an seiner harten Männlichkeit, was ihr bisher am wenigsten gefallen, jede aggressive Einzelheit seines Gesichts, seiner Gestalt, seiner Gegenwart in seiner überwältigenden Identität gerechtfertigt und mit diesem Akt der Besitzergreifung zu einem Ganzen wurde.“ (*PL*, 489/615)

Aber trotzdem, weder das Argument noch die Leidenschaft bewegen sie. Als sie wieder zur Besinnung kommt, war sie, so heißt es, in einem anderen doppelten Sinn des Wortes „frei“. Sie eilt zum Haus und wir vernehmen: „Sie hatte nicht gewußt, wohin sie sich wenden sollte; aber jetzt wußte sie es. Da gab es einen ganz geraden Weg.“ (*PL*, 490/615)

Wenn man solche Szenen gelesen hat, ist man versucht, den Schluß zu ziehen, daß Isabel mit dieser plötzlichen, unvermittelten, starken sexuellen Leidenschaft bei Goodwood oder bei sich selbst nicht umgehen kann und sie einfach aus Furcht davonläuft, daß ihr Verzicht, wie in vielen anderen ähnlichen Fällen bei James, wo eine Entscheidung gefällt werden muß, besser mit psychologischen als mit moralischen Begriffen zu erklären ist.[18] Aber das würde voraussetzen, daß ein Leben mit Goodwood für sie jetzt einen Sinn haben könnte, daß es mehr Sinn hätte, nach Albany zurückzukehren und das Risiko einzugehen, zu einer Ludlow zu werden oder zumindest zu einer Goodwood. Sie liebte Goodwood vorher nicht und sie liebt ihn jetzt nicht, und die sexuelle Erregung, die sie verspürt, weil sie nun, schließlich, so leidenschaftlich geliebt wird, muß von ihrer Seite nicht Liebe widerspiegeln. Er ist noch immer derselbe ernsthafte Junge, der er immer war (fast derselbe, er ist jetzt viel entschlossener), und wenn sie jetzt auch, in dieser Situation, alle Elemente seiner „harten Männlichkeit“, die ihr vorher am wenigsten gefielen (weil sie so hartnäckig, einseitig, aggressiv sind), würdigen kann, heißt das nur, daß er ihr helfen kann und wird, daß schließlich doch jemand um ihretwillen kraftvoll handeln wird. Selbstverständlich will sie Hilfe, und in ihrer Verzweiflung will sie jetzt vor allem sterben; mit ihm davonzulaufen wäre eine wunderbare Unterstützung dieser Option, bemerkt sie, aber das ist nicht etwas, was man als großes Lob bezeichnen könnte. Vor allem würde dies wieder ihre (und Ralphs) frühere Phantasievorstellung ins Spiel bringen, „davon zu fliegen“, ihr Schicksal zu bestimmen oder ihre Bestimmung zu wollen. Genau das, die Flucht in tiefer Nacht, ist die romantische Vorstellung, die sie in diese Falle gelockt hat. Trotz allem was sie durchgemacht hat, und trotz aller Schatten, die die Vergangenheit und das, was sie Pansy anvertrauen wird, für immer auf ihre Zukunft werfen werden, liegt in Goodwoods Ausruf etwas Mitleiderregendes und paradigmatisch Amerikanisches: „Warum sollten wir

18 Zum Beispiel Mazella (1975), S. 610-611.

nicht glücklich sein – wenn es hier vor uns liegt. Wenn es so leicht ist?“ (*PL*, 490/613f.)

Isabels „gerader Weg“ ist nichts, dem man einfach Beifall spenden könnte, als sei er ein großartiger, unmittelbarer, moralischer Triumph. Dafür ist er viel zu traurig und zu kompliziert. Ihr „Aufwecken“ durch Goodwood hat nur zum Vorschein gebracht, auf wieviel Intimität, Leidenschaft und Liebe sie verzichtet, nicht bloß mit ihm, sondern für immer. Aber schließlich hat sie Pansy schon einmal gerettet und hat versprochen, es wieder zu versuchen, und das ist kein nichtswürdiges Ziel oder eines, das der Selbsttäuschung dient. Wie wir außerdem in anderen Zusammenhängen gesehen haben, bedeutet für sie das Erreichen eines selbstbestimmten Lebens, daß sie ihre Vergangenheit als ihre eigene „wiedergewinnt“, und der Weg dorthin hängt von dem ab, was sie jetzt tun wird. Ihre Ehe mit Osmond wird zumindest zu ihrer eigenen, abhängig davon, wie sie jetzt handelt.[19] Und in einer letzten ironischen Wendung im Roman erweist sich die Zurückweisung von Goodwoods Antrag nicht „als Verzicht auf ein Leben, das nicht sein kann oder zu erschreckend ist, um gelebt zu werden“, sondern als Zurückweisung einer Phantasievorstellung von Unabhängigkeit und eigenem Wollen, die vor allem anderen ihr Schicksal besiegelt hat. Ihre Zukunft ist nicht rosig, aber sie wird ihre eigene sein in dem einzigen Sinn, der jetzt verfügbar ist, unauflöslich an andere gebunden (an ein hilfloses Kind, das ohne irgendwelche Möglichkeiten, sich zu schützen, mit ziemlicher Wahrscheinlichkeit ein weiteres „handliches Werkzeug“ würde), und es wird ein Leben sein, das mit Behutsamkeit, mit Fragen und in Demut „geführt“ wird.

Nun, vielleicht ist das doch nicht die allerletzte ironische Wendung. Der Roman endet damit, daß Goodwood sich von Henrietta einen seiner eigenen optimistischen, amerikanischen, Man-kann-alles-Ratschläge über unendliche Möglichkeiten in der Zukunft anhören muß: „... Sie müssen nur abwarten.“ Wenn er hört, daß er noch jung ist, daß er immer noch jemand anderen treffen kann, fügt das „seinem Leben auf der Stelle weitere dreißig Jahre hinzu“. Henrietta ist überzeugt, daß „sie ihm nun den Schlüssel zur Geduld übergeben hat“ (*PL*, 490/616), und in diesem Mißverständnis gehen die beiden Amerikaner auseinander.

19 Bei Weisbuch (1998), S. 116, findet sich eine schöne Diskussion, wie Isabel die „freiheittötenden“ Kräfte Osmonds besiegt und ihr Leben wieder für sich als ihr eigenes beansprucht. Seine endgültige Zusammenfassung lautet: „Die ganze Welt liegt jetzt vor Isabel ausgebreitet und vor uns, die wir unserer beruhigenden Vereinfachungen beraubt sind und jetzt von unserem Witz und unserer Liebe leben müssen“ (S. 119).

6
Die seltsame Logik von Lambert Strethers „doppeltem Bewusstsein“

„Der wirkliche Held in jeder Geschichte von Henry James ist ein soziales Gebilde, dessen konstituierende Bestandteile Mann und Frau sind.“

T. S. Eliot, „Henry James“

I

James stellt seine Charaktere in eine soziale Welt, in der die vielfachen Unsicherheiten jeder normalen Lebensform und die tiefgreifenden und instabilen Abhängigkeiten, welche für die modernen Gesellschaften heute charakteristisch sind, die grundlegenden Elemente gegenseitigen Verstehens immer mehr in Frage stellen: wie man zum Beispiel Motive zuordnet, wie zuverlässig ein stabiles Selbstverständnis oder die eigene Identität sind, wie man die Implikationen der einen Handlungsbeschreibung im Vergleich zu einer anderen begreift, wie man einschätzt, ob Eigenschaften und Handlungsmerkmale hervorragen und was sie bedeuten, usw. Der Zusammenbruch der Autorität traditioneller und religiöser Konventionen, die andersartige Form von Macht, die durch einen frisch angehäuften und gewaltigen Reichtum möglich wurde, und ihr immer stärkeres Hervortreten, der partielle Zusammenbruch der Klassenstruktur der Gesellschaft (und bis zu einem gewissen Grad auch neue Unsicherheiten in bezug auf die Rolle der Geschlechter, der Familie, der Natur der Ehe und der Bedeutung und des Wertes der Arbeit) und die soziale Mobilität der neuen Mächtigen haben dazu geführt, daß unsere Romanfiguren aufeinander angewiesen sind, wenn sie, ohne über ausreichend viele, feste Navigationspunkte zu verfügen, Anerkennung und Bestätigung durch andere erhalten wollen. Diese veränderte Lage scheint James veranlaßt zu haben, eine historistische These über den Sinn in der Gesellschaft zu entwickeln, und zwar zusammen mit einer ebenso radikalen Behauptung zur intersubjektiven und instabilen Natur der Subjektivität selbst. Es gibt heute keine „sozialen Fakten“, um Nietzsche zu paraphrasieren, nur sozial verhandelte und vielleicht letztlich nicht auflösbare, miteinander konkurrierende Interpretationen.

Die Romanfiguren müssen selbstverständlich am Ende immer noch irgendwie in der Lage sein, sich auf andere verlassen oder auf sie zählen zu können, sowohl um der Sicherheit und Stabilität des sozialen Lebens selbst willen, als auch um der bloßen Möglichkeit willen, daß ihre Interaktionen für alle einen Sinn haben (oder um eines Bewußtseins willen, das alle zutiefst und unausweichlich teilen), aber sie müssen das unter von Mißtrauen und Unsicherheit geprägten Bedingungen tun, die durch diese ungleichen und rapide wechselnden Abhängigkeiten, Machtbeziehungen, beschränkten Vorstellungen und nicht steuerbaren Komplexitäten und Möglichkeiten erzeugt wurden. Heute, nachdem beispielsweise Baudelaire das in seinen Reflexionen gezeigt hat, ist es ein Klischee, daß sich in den modernen Gesellschaften zu vieles zu schnell und auf zu komplexe Weise ereignet, als daß die Erfahrung es noch „aufnehmen“, viel weniger denn verstehen oder bewerten könnte. Aber in James' Darstellung erweisen sich die Details einer solchen Erfahrung durchaus nicht als Klischees. Er ist sich sehr bewußt, so habe ich behauptet, wie tiefgreifend diese Lage sich auf jede Möglichkeit von Gegenseitigkeit und damit auf jede verläßliche, moralische Anerkennung und jedes gegenseitige Vertrauen auswirken kann, auf jede Beziehung, die auf wechselseitiger Achtung vor dem Richtigen oder seiner Erwartung beruht. Diese Situation angemessen zu „steuern“, nicht unaufrichtig oder widerstrebend (nicht zu handeln, als ob das alles heute nicht zuträfe oder als ob man sich dem entziehen könnte), ist ein Teil der moralischen Dimension, wie sie in den Romanen und Erzählungen von James sichtbar wird.

Wie bereits in Kapitel 3 angemerkt, ist eine auffallende Figur, die James sich zu eigen macht und deren er sich bedient, um uns das Problem der Abhängigkeit und der moralischen Komplikationen, die daraus erwachsen, nahezubringen, das Dreieck, und zwar besonders in der bei James sehr häufig auftretenden Form: Erbin, betrügerischer Freund und Mitgiftjäger.[1] *The Portrait of a Lady, The Wings of the Dove* und *The Golden Bowl* (oder, je nachdem, was man von Basil hält, auch *The Bostonians*) übernehmen diese Struktur ohne Veränderung und in *Washington Square* wird sie uns in etwas abgewandelter Form vorgestellt (wo wir auch auf eine wichtige Ergänzung des Dreiecks treffen, den tyrannischen Vater).[2]

Eine solche Wiederholung narrativer Strukturen, innerhalb deren das Begehren manipuliert wird und selbst intime Beziehungen nicht das bedeuten, was sie zu bedeuten scheinen, dient auch dem Hinweis, daß in einem Verhältnis eine

---

1 Wie Bette Howland in *Raritan* (1996), zitiert in Kapitel 2, festgestellt hat. Die trianguläre Natur modernen Begehrens wird in brillanter Weise von Girard (1965) untersucht. Vgl. meine Diskussion hierzu und zum Problem der Moderne im allgemeinen in Pippin (1991).

2 Die drei Teile der zerbrochenen goldenen Schale legen eine sehr gängige Interpretation nahe, zu welchem Ergebnis eine solche Dreieckstruktur oder „die immer geborgte oder gespiegelte oder beobachtete oder manipulierte Natur des Begehrens führt: zur Unmöglichkeit von Liebe in der Welt von James“. Aber während eine solche Dreieckstruktur und ihre sozialen Bedingungen sicherlich eine Gefährdung der Gegenseitigkeit und der Intimität darstellt, spiegelt sie, so meine Annahme, nicht einfach „das moderne Schicksal“, sondern auch einen moralischen Defekt wider. Wenn das so ist, wenn wir die Natur und die Gründe für solche Defekte verstehen, dann ist nicht nur das Streben nach der Möglichkeit von Liebe, sondern auch nach einer allgemeinen Form echter, gegenseitiger Anerkennung nicht hoffnungslos.

ganz allgemeine Abhängigkeit von der Widerspiegelung dieses Verhältnisses im Bewußtsein anderer besteht.[3] Gerade dieser Umstand, daß diese Struktur so allgemein ist (und in *The Bostonians*, *The American*, *The Spoils of Poynton*, *The Awkward Age* und in vielen anderen Schriften in ganz ähnlicher Form auftaucht),[4] deutet zumindest an, daß der Freund oder Spiegel, der andere, sich für das Entstehen und Erhalten des Begehrens als notwendig, als unverzichtbar erweist. Die narrative Struktur weist auf ein tiefes Bedürfnis nach „Bestätigung" der eigenen Begehren durch die gleichen Begehren anderer hin und damit auf die Anfälligkeit unsicheren und instabilen Begehrens für eine Manipulation von außen.[5] Ohne festgelegte oder natürliche oder göttliche Maßstäbe von Wert oder feste, autoritative Traditionen oder auch die Möglichkeit von Selbst-Innigkeit und Authentizität, worauf die Romantiker sich weitgehend verließen,[6] wissen wir so wenig über das, was wir wirklich wollen, so wenig über das, was wertvoll genug ist, einen Wunsch anzuregen und aufrecht zu erhalten, daß wir nur dann bewußt begehren und ein Begehren aufrechterhalten können, wenn das Begehren durch einen Dritten vermittelt oder manipuliert wird. Schwach und abhängig wie wir sind, wollen wir unvermeidlich das, was andere wollen oder was andere uns zu wollen veranlassen. Wir wollen dies in einem ganz einfachen Sinn, weil wir nämlich sonst nicht wissen würden, was wünschenswert ist; wir fühlen eben nicht schlichtweg (und können es angesichts der Intensität dieser Abhängigkeiten nicht), was wir persönlich und unmittelbar wollen. Diese Abhängigkeit und die Unsicherheiten und Extravaganzen, die sie erzeugt, ma-

---

3 In seinem Vorwort zu *The Wings of the Dove* benennt James seine Vermittler explizit: „Meine Registratoren oder ‚Reflektoren', wie ich sie so passend genannt habe (freilich brüniert, wie sie es im allgemeinen sind, durch die Intelligenz, die Neugier, die Leidenschaft, die Kraft des Augenblicks, was immer es sein mag, was sie leitet ...", S. xliii/536).

4 Basil, Olive und Serena; Christopher, Valentin und Madame de Cintré; Fleda, Owen und Mrs. Gereth; Nanda, Van und Mrs. Brook, inter alia. Das Dreieck nimmt dann eine makabre oder gar perverse Dimension an, wenn ein Mitglied tot ist, wie in *The Aspern Papers*. Siehe Bell (1991), S. 192.

5 Das ist ein Phänomen, das sehr deutlich mit dem Übergang von einer Volks- oder Eingeborenen- oder Regionalkultur zur Massengesellschaft zusammenhängt. Es findet damit der Übergang zu einer Form von Allgemeinheit statt, die die Massenkultur erst ermöglicht: zum Konformismus, und ebenso zu der Macht und dem Status der Werbung als Vermittlerin des Konsumentenbegehrens in einer Massenkultur. Und dies – die Rolle der Werbung in der modernen Kultur und ihre Verbindungen zum reflektierten oder manipulierten Begehren – geht an James nicht unbemerkt vorüber. Nicht umsonst beruft Chad sich in dem letzten Gespräch zwischen ihm und Strether auf sein Talent für die Werbung und deren neue Bedeutung als Grund für seine Rückkehr. „‚Eine geschickt gestaltete Reklame könnte heute eine ganz große, neue Macht sein. Wissen Sie, sie kann wirklich großen Einfluß haben', schloß Chad" (*AM*, 339/427). Chad weiß eine ganze Menge über das gespiegelte, vermittelte Begehren und hat damit (auch durch die häufigen Bezüge auf Drama und Schauspiel) die Spiegelung seiner Romanze inszeniert. Vgl. die Diskussion bei Girard (1965) über solche „Vance-Packard"-Probleme.

6 Denn wenn diese Annahmen richtig sind, gibt es in der Zeit oder in der Psyche keinen Raum, der jemals von solchen reflektierten oder geborgten Begehren frei ist, kann keine Erfahrung intensiv oder bizarr genug sein, um nicht „immer schon" eine Reflexion oder Imitation darzustellen, selbst jene Erfahrungen nicht, die von den modernen Romantikern favorisiert wurden, wie die angsterfüllte Vorwegnahme des eigenen, „ureigensten" Todes.

chen zumindest ein rückhaltloses Vertrauen in eine moralische Tugend wie Integrität oder die moralische Anerkennung der Freiheit der anderen im schlimmsten Fall sehr fragwürdig oder im besten Fall sehr schwierig und risikobeladen, bedenkt man, wieviel von dem, „wer man ist“ oder was man bei anderen anzuerkennen versucht, bereits eine Reflexion dieser Abhängigkeit ist.[7] James macht die Lage sehr viel komplizierter, indem er die Rolle des Vermittlers unterdrückt und verbirgt (die Attraktion ist arrangiert und damit ist das Begehren vermittelt, aber die Erbin denkt, sie will einfach, was sie will) und indem er die Frage der Täuschung ins Spiel bringt und dadurch auf die Art von Macht hindeutet, die dem Vermittler in einem solchen Umfeld verliehen wird. Das heißt, Maggie mag den Fürsten noch so wollen, wie sie ihn immer gewollt hat, einfach so, wie er sich in anderen Frauen widerspiegelt, wie begehrenswert er für andere ist (jetzt vor allem aufgrund dessen, was sie über seine Affäre mit Charlotte herausgefunden hat), und doch kann die Kälte, mit der sie Charlotte „amputiert“, moralische Zweifel an ihrem Rang wecken. Aber diese Abhängigkeit von Reflexion und Anerkennung und die Komplikationen (und der Neid und die Konkurrenz), die sie erzeugt, sind nicht einfach ein singulärer moralischer Fehler in ihrem Charakter. Sie spiegelt die Bedrohung für ein freies und damit lebenswertes Leben wider, das James auf einer viel größeren Leinwand zeichnet.[8]

Auch *The Ambassadors* präsentieren ein solches Dreieck-Schema, aber als ob James bestätigen will, wie bewußt und mit welchem Ernst er eine solche Struktur verwendet, verkehrt er mit Bedacht, ja, man könnte fast sagen, gewissenhaft, die meisten unserer Erwartungen (Erwartungen, die wir aufgrund der Lektüre seiner Prosa entwickelt haben) in bezug auf die Erbin, den Mitgiftjäger und den falschen Freund. Jetzt ist die junge amerikanische Erbin ein Erbe, Chad Newsome, und ganz und gar kein passives Objekt. Der Freund ist keine Freundin, sondern älter und ein Freund, Lambert Strether. Der angebliche europäische Mitgiftjäger ist jetzt eine Frau, Madame de Vionnet. Der tyrannische Vater ist jetzt eine tyrannische Mutter, Mrs. Newsome, und sie agiert nicht auf, sondern hinter der Bühne. Die komplexen, überlegten Verkehrungen in bezug auf das Geschlecht sind nur der Anfang. Allenthalben finden sich Verkehrungen und Inversionen. Der angebliche Mitgiftjäger nutzt den Erben nicht aus; der Erbe täuscht eigentlich den „Mitgiftjäger“, der den Erben wirklich und selbstlos liebt (aber nicht umgekehrt). Der Freund – der Mann, der die Position von Charlotte Stant, Kate Croy, Madame Merle einnimmt – ist kein Betrüger, sondern ein Aufklärer, ein prächtiger und bewunderungswürdiger Charakter wie James nur je einen geschaffen hat, bei weitem sein bester Held. Er versucht nicht zu ge-

7 Das ist auch das Thema von Girard (1965) und Pippin (1991).

8 Die schlichte Bezeichnung für all das ist, selbstverständlich, „modernes Geld“. Kaum jemand kommt James in der Raffinesse gleich, mit der er die Bedeutung und die Implikationen einer solchen sozialen Währung begreift, mit der er begreift, wie sehr und auf welcher intimen psychologischen Ebene die menschliche Befindlichkeit durch diese moderne Form des Geldverdienens und -verteilens verändert worden ist.

winnen, indem er die Beziehung manipuliert; er verliert alles (seine eigene zukünftige Ehe und vermutlich auch seinen Lebensunterhalt), indem er versucht, sie aufrecht zu erhalten und zu ermutigen.

Die zentrale Liebesbeziehung ist keine Vorstufe für eine Ehe, sondern ein Ehebruch. Und schließlich gibt es noch zwei weitere bemerkenswerte, moralische Inversionen. Erstens steht, wie bei vielen anderen Geschichten, auch hier im Zentrum des Dreiecks eine Lüge, obwohl jetzt die Romanfigur, welche die Position des Freundes einnimmt, diejenige ist, die betrogen wird und nicht der Betrüger ist. Strether wird durch Little Bilham glauben gemacht, daß die Beziehung zwischen Chad und Madame de Vionnet „tugendhaft“ ist oder platonisch, wie bei Mentor und Schüler, nicht sexuell. Als Strether in einer der großartigsten Szenen bei James den beiden begegnet, als sie ein Wochenende zusammen verbringen, und er die Wahrheit erfährt, sind weder er noch wir schockiert oder in moralischer Verlegenheit. Er ist belogen worden, aber andererseits lag in der Charakterisierung „tugendhaft“ in der Tat und unvermeidlich eine echte Doppeldeutigkeit, und zwar auch noch in anderen Hinsichten als in der Doppeldeutigkeit von sexuell und platonisch, um die es allen zunächst einmal geht. (Die Beziehung war tugendhaft in dem Sinn, daß Chad nicht einfach verführt, durch eine Abenteurerin manipuliert worden war, wie Strether glaubte, als Bilham ihm seine „technische Lüge“ erzählte; es war eine Beziehung, die beiden geholfen und sie reicher gemacht hat. Und in welchem Sinn sie nicht tugendhaft war, das hat in Wirklichkeit nichts mit Bilhams Meinung zu tun, sondern, wie wir erst später sehen werden, mit Chads „fehlender Vorstellungskraft“, seinen eigenen, moralischen Grenzen.) Zweitens, bis wir ein Gespür für Chads Grenzen entwickeln, bewegt sich unser intuitives, moralisches Wissen wie das von Strether auf der Seite des Ehebruchs. Die Rückkehr von allem und jedem in die vorherbestimmte, gesellschaftliche Ordnung (Chad geht zurück nach Hause, um ein nettes, amerikanisches Mädchen zu heiraten und um sein „Monopol“ zu gründen) wird durch die von James hergestellte Tonlage kaum bekräftigt.

Diese Inversionen schaffen, um das mindeste zu sagen, ein komplexes Umfeld, in dem James einerseits sowohl die Fragen nach Abhängigkeit, Macht und Freiheit in der Moderne stellt, und andererseits, wie zu Beginn des letzten Kapitels bemerkt, die Frage, welche Lösung es innerhalb einer solchen Welt moralischer Doppeldeutigkeit und moralischen Sinns für Strethers Beziehung zu Chad am Anfang und am Ende gibt (wenn es denn eine gibt). Wie immer besteht zwischen beiden Themen eine Verbindung. Die Möglichkeit einer gewissen Unabhängigkeit und Gegenseitigkeit zwischen unabhängigen Subjekten haben viel mit der Beschaffenheit der Bestimmungen zu tun, auf die sich die Beteiligten festlegen.[9]

---

9 Die Bedeutung der Inversionen stellt sich erst später heraus und wird dort erörtert werden. (Offenkundig enthält das Dreieck-Modell psychologische wie auch psychoanalytische Dimensionen.) Die Inversionen unterstützen die Annahme, daß es bei dieser Erzählung um Befreiung und nicht um Verrat oder um eine Tragödie geht. Aber es gibt auch hier, man konnte es fast voraussagen, eine letzte Verkehrung oder ein Spielen mit dieser Erwartung.

II

Am Anfang wird uns jedoch ein Mann gezeigt, der keineswegs sehr unabhängig ist, ein bloßer Gesandter, der Repräsentant von jemand anderem, von seiner Freundin und Wohltäterin zu Hause in Woollett, Mrs. Newsome. Er soll ihre Interessen vertreten, indem er ihren Sohn Chad davon überzeugt, nach Hause, nach Woollett, zurückzukehren und die Leitung des Familiengeschäfts zu übernehmen. Wenn er Erfolg hat (und die Bedingung ist Strether von Anfang an klar (*AM*, 56/60), dann wird er die reiche Witwe heiraten. Der achtundzwanzigjährige Chad ist seit nunmehr fünf Jahren in Europa, weitaus länger als die ursprünglich geplanten sechs Monate, und die ganze Gesellschaft von Woollett ist zu der Überzeugung gelangt, daß eine üble, europäische Verführerin ihn in ihren Fängen hält. Aus diesen Fängen soll Strether ihn befreien.

Aber die einzige Freiheit, um die sich der fünfundfünfzigjährige Strether zu kümmern beginnt, ist seine eigene. In dem Augenblick, als er das Schiff verläßt, fängt er an, das „Bewußtsein persönlicher Freiheit“ (*AM*, 17/7), ein „ungewöhnliches Gefühl des Entronnenseins“ (*AM*, 59/63) zu genießen. Er beginnt, „die seltsame Logik, daß er sich so frei fühlt“, (*AM*, 60/64) zu erleben. (Strether war seit der Hochzeitsreise mit seiner Frau vor vielen Jahren nicht mehr in Europa gewesen. Die Erinnerungen, die jetzt wachgerufen werden, sind ziemlich schmerzhaft. Sie erinnern ihn daran, daß es ihm nicht gelungen ist, die erhoffte große Figur zu werden, daß es ihm nicht einmal gelungen ist, seiner Liebe zu Europa und seinen Hoffnungen auf die hohe Kultur und die Kunst treu zu bleiben, und sie erinnern ihn an sein unglückliches Leben. Seine Frau starb sehr jung, und er trauerte so tief um sie, daß er sich nicht um seinen Sohn kümmern konnte, der in ein Internat gesteckt wurde und dort an Diphtherie starb. Strether macht sich Vorwürfe, ihn vernachlässigt zu haben.) Aber Strether erkennt und erinnert nicht nur sein Scheitern und seine vereitelten Hoffnungen. Er beginnt auch, das Europa, das er einstmals kannte, noch einmal zu erleben, die Chance noch einmal zu leben, die er damals hatte und jetzt vielleicht wieder hat, dem Schicksal zu entgehen, das Waymarsh zerbrochen und Strether so eng an das Geld einer Witwe gebunden hat. Dieses neue Gefühl von Freiheit besitzt eine „seltsame Logik“, weil er neben anderen Dingen beginnt, dieses Gefühl für Möglichkeiten und für die Freiheit wahrzunehmen, selbst als er noch streng „vertragsbedingt“ den Willen von jemand anderem ausführt, einen Vertrag, dessen Sinn mehr und mehr darin besteht, einfach diesem Willen unterworfen zu sein, keinen eigenen Willen zu haben, nicht frei zu sein. Die Möglichkeit von Unabhängigkeit in irgendeiner Form gemäß dieser „seltsamen Logik“ stellt uns auch alle Aspekte seiner verschiedenen Abhängigkeiten vor, in welchem Sinn sein Leben nicht sein eigenes ist, sondern ganz das eines Gesandten. (Diese letzten Einschränkungen machen es, wie wir sehen werden, möglich, ja leicht, über Chad ein bestimmtes Urteil zu fällen, eine Beurteilung, die für Waymarsh und die Pococks sehr bequem ist. Aber je unabhängiger

Strether wird oder sich fühlt, desto schwieriger wird ein solches Urteil, und desto mehr scheinen seine Urteile paradoxerweise durch eine andere Form von Abhängigkeit in seiner neuen Unabhängigkeit bestimmt zu werden, zuerst durch die von Maria Gostrey, dann durch die von Madame de Vionnet.)

Strether hat also, wie es von James angemessener bezeichnet wird, ein *„doppeltes Bewußtsein"*, das zuerst psychologisch beschrieben wird: „In seinem Eifer lag Gleichgültigkeit und Neugier in seiner Indifferenz." (*AM*, 18/8) Sein Herz ist nicht wirklich an seiner Mission als Gesandter, die er mit Eifer betreiben soll, beteiligt; unter dem Mantel der Indifferenz verborgen gilt seine wirkliche Neugierde einem Kontinent, der noch nicht durch und durch im amerikanischen Sinn modernisiert wurde und damit ein Ort ist, wo die paradigmatischen Tugenden des neuen Amerika noch keine Wurzeln schlagen konnten.

Aber wir erkennen, daß diese Dualität polysem ist und als solche bereits, wie immer, in den Namen der Romanfiguren sichtbar. Strethers Dualität ist klar: Er sehnt sich danach, umherzuschweifen (to stray), doch muß er vorerst an seiner „Leine" (tether) bleiben. Der Rat, den ihm seine Führerin gibt, läßt sich eindeutig an ihrem Namen ablesen, Maria Gostrey oder „Go stray!" (Schweife umher!). Und sein Reisegefährte erinnert uns an die moralischen und kulturellen Sümpfe und Moore, die er hinter sich gelassen hat: Waymarsh (Weg, Marsch).[10] Das ist die dominante Form dieser Dualität, eine paradigmatisch moderne Position für James (oder, wie man sagen könnte: „Geld! Man kann nicht mit ihm leben, man kann nicht ohne es leben"). Er ist fast völlig abhängig von Mrs. Newsome, unlösbar an sie, an ihr Geld, an Woollett, usw., an die immer mehr an Einfluß gewinnende, amerikanische Art gebunden, wie man Geld verdient und welches Verhältnis man dazu hat. Aber er ist auch reflektiert und ironisch, unfähig, einfach nur der Repräsentant einer solchen Welt zu sein. Der Woollett-Standpunkt wirkt bei Strether von Anfang an eher ausgeborgt als wirklich echt, wie ein Mantel, der ihm nicht richtig paßt.

Jedoch erzeugt die „seltsame Logik" dieses doppelten Bewußtseins in mancher anderen Hinsicht für Strether auch vielfältige und schließlich unerträgliche Spannungen, in einem fast klassischen, heutzutage vertrauten Sinn, in dem Entfremdung als *die* moderne Form von Unfreiheit verstanden wird.[11] Er ist in Wirklichkeit nicht, was er trotzdem ist (ein Gesandter), und irgendwie ist er doch, was er am wenigsten von allem ist (nicht aus Woollett, alles andere als Woollett). Die dadurch erzeugte Spannung zeigt sich in vielerlei Weise. Da gibt es selbstverständlich wieder das Internationale Thema, und zwar hier sowohl in einem einfachen als auch in dem ihm eigenen, doppelten Sinn. Das heißt, Strether kommt nach Europa, strotzend von „Kategorien aus Woollett" (am Anfang aufrichtig, sollen wir glauben) oder von dem vereinfachenden und nai-

10 Ich entnehme die Hinweise zur Bedeutung der beiden Namen der Arbeit von Bette Howland.

11 Wie alles andere in diesem Roman hat auch dies eine doppelte Bedeutung, denn aufgrund seiner Krise, seiner Erkenntnis, daß er nicht der ist, für den er sich hält, oder gar, daß er nicht „irgend etwas" ist, gewinnt Strether eine Art von Freiheit, die er sonst nicht hätte, wird er in den Stand gesetzt, er selbst zu sein.

ven Moralismus, der die dunklere Seite der amerikanischen Unschuld darstellt. Die Frau muß schlecht sein, die Liaison ein moralisches Unglück, Chad ist schlicht unverantwortlich, er ist es seiner Mutter, der Familie und Woollett schuldig, zurückzukehren, usw. Doch Strether ist, schon vor seinem Abenteuer und vor seiner Verwandlung, bereits als Amerikaner ein Außenseiter (er ist ein solcher Amerikaner, ist es aber genausosehr auch nicht); er teilt keine der herrschenden Empfindungen über Arbeit und Rechtschaffenheit, die zu diesem Moralismus gehören. Er erzählt sich und Maria, daß er ein „Versager" sei, weil er nicht reich geworden ist (*AM*, 40/38), aber wir spüren, daß er das nur halbherzig glaubt (Maria weist ironisch und ganz richtig darauf hin, indem sie sagt „Sehen Sie sich die Erfolge doch nur an!") und es scheint, als habe er sich nie ernsthaft darum bemüht, ein „guter Amerikaner" in diesem Sinn zu sein.[12] Er ist ein Kritiker, ein Analytiker, kein Mensch der Tat oder ein Macher, und das stellt ihn bereits in eine Reihe mit den Beobachtern in „Europa", die das Spiel jetzt beobachten müssen, anstatt es selbst zu spielen, oder mit Europa in der mythischen Funktion, die es bei James hat. Das ist zumindest eine seiner Funktionen. Wie bemerkt, hat diese Art von Verdoppelung bei Strether ihre eigenen Dualitäten. Für Strether ist es schon „amerikanisch" genug, nicht einfach an das „Leben" selbst zu glauben, sondern an ein eigenes Leben, und daher eine mißbilligende Haltung einzunehmen, wenn man mit der Jamesschen Standardfigur für die andere Seite des europäischen Ästhetizismus, seiner Doppeldeutigkeit und seinem Zynismus bezüglich der „Unschuld" konfrontiert wird: „der arrangierten Ehe". (Die Ankündigung von Madame de Vionnet, daß „wir Jeanne", ihre Tochter, „verheiraten werden", so als ob sie gerade ein Haustier verkauft hat, versetzt sowohl Strether als auch dem Leser einen Schock und erinnert uns bei einer passenden Gelegenheit daran, daß die europäische Dimension selbst eine Doppelung beinhaltet, daß Strether kein Europäer in diesem Sinn „sein" kann.)[13]

Und schließlich ist Strethers Bewußtsein zeitlich gedoppelt, geteilt. Zum einen bedeutet der Umstand, daß er nicht der ist, „der er ist", daß er immer zwischen seiner Pflicht gegenüber der Vergangenheit und seinem Bestreben für seine Zukunft steht; es bedeutet, daß er nie, wie er sagt, „die Dinge nehmen

---

12 Er hat „in einem halben Dutzend Geschäften versagt, *wie er sich genüßlich auszudrücken pflegte*" (*AM*, 61/65f., meine Hervorhebung). (Es sieht fast so aus, als sei er stolz darauf, ein Versager zu sein. Maria ist es sicherlich.)

13 Die Dualitäten lassen sich weiter verfolgen: Strether ist sowohl die angebliche Autorität, die erfahrene Stimme von Woollett, als auch ein Kind, ständig kommt er und geht er, bindet sich und opfert sich, beginnt, hier zu leben, aber nur als Stellvertreter, ist überall „dabei", steht aber „außerhalb". Damit wird er, so glaube ich, bei James zur Quintessenz eines modernen Charakters, der nie zufriedenzustellen, aber nicht tragisch oder komisch ist, am Ende „im Recht", aber nicht moralistisch ist. Dawidoff (1992) weist in sehr origineller Weise auf eine ganze Reihe von Strethers „amerikanischen" Charakterzügen hin: Strether ist wie ein Privatdetektiv in einem Kriminalroman; wie der Held aus dem Western, der am Schluß das Mädchen nicht bekommt, und vor allem anderen stellt er eine große Herausforderung an die bürgerliche Normalität dar, an die Welt der Arbeit und der geregelten Ordnung.

kann, wie sie sind“ (*AM*, 61/65). So leidet er darunter, wie Maria es anfangs formuliert, daß es ihm „nicht gelingt, sich zu freuen“ (*AM*, 25/17). In seinem Fall sieht er so vieles im Licht seiner Zukunft, der auf ewig verschobenen Genugtuung, die aus kritischen Darstellungen des Kapitalismus so vertraut ist (das heißt im Licht dessen, was er von Mrs. Newsome braucht und was er darum immer verschieben muß), daß die Gegenwart für ihn zu einem Gutteil verloren ist (oder es ohne Marias anfängliche Hilfe wäre), und insbesondere sieht er so vieles im Licht der Vergangenheit (und seiner eigenen Schuld und seiner Schmerzen), daß es für ihn schwierig wird, einen Weg zu dem Leben vor ihm zu finden, sich von den Schatten seiner eigenen Vergangenheit in einer Weise zu befreien, die ihn sein Leben führen ließe, anstatt es nur zu erinnern (so daß sein „langes Sehnen“ nach dem Leben „endlich zur Ruhe kommen könnte“ (*AM*, 61/65).) Die „gelben Einbände“ der französischen Romane, die er in den Schaufenstern sieht, können ihn nur an seinen eigenen Optimismus und „die Versprechen an sich selbst“ erinnern, die er sich gab, als er seinen eigenen Bestand an Büchern während jener ersten Reise mit seiner jungen Frau sammelte und davon überzeugt war, er könnte in seinem Privatleben der Kunst und der hohen Kultur die Treue halten, seine eigene, private Erlösung in der Welt des Handels, in die er zurückkehren würde, bewerkstelligen. Jetzt gemahnen ihn solche Erinnerungen nur an den gegenwärtigen Zustand jener Bände, „irgendwo zu Hause, diese zwölf Bände – muffig und verstaubt und niemals zum Buchbinder gebracht ... nur die verblaßte Farbe auf der Tür zum Tempel des Geschmacks, von dessen Errichtung er einst geträumt hatte.“ (*AM*, 63/68). Chad, das zentrale „Problem“ in der Geschichte (was soll man von seiner Liebschaft halten, wie soll man sie verstehen), ist das perfekte Bild für diese zeitliche Dualität; es ist gleichzeitig die Evokation einer weiteren und vielleicht letzten Gelegenheit für Strether, sich um seinen verlorenen Sohn zu kümmern, und der Beginn der Beziehung zu seinem zukünftigen Stiefsohn.[14]

III

Erzählerisch erzeugen alle derartigen Aufspaltungen eine große Spannung, die der Auflösung bedarf – und darin besteht sicherlich die Oberflächenstruktur des Romans. Sie scheinen gewisse Antworten auf die Fragen, die wir nach der Bestimmtheit des Sinns und einer moralischen Lösung gestellt haben, nahezu-

14 Wenn diese Doppelung ihre Spannung zu verlieren beginnt und die Dinge weder für die Vergangenheit noch für die Zukunft viel zu bedeuten scheinen, ist folgendes möglich: „Sie gingen spazieren, wanderten umher und staunten – und verloren sich selbst ein wenig dabei: Strether hatte schon seit Jahren nicht mehr so bewußt die Zeit gespürt – ein Sack voll Gold, aus dem er immer wieder eine Handvoll schöpfte.“ (*AM*, 76/86)

legen. So scheint es, als sei dies die Geschichte einer Befreiung, nicht die eines Betrugs und auch keine Tragödie (und man könnte vermuten, daß alle Inversionen in James' eigenen, sorgfältig geschaffenen Archetypen daher rühren). Durch einen Bruch mit Mrs. Newsome, mit dem amerikanisch-puritanischen Moralismus, einer vorgeschriebenen Zukunft, und mit einem Bruch in dem Gefühl Strethers, daß er irgendwie in seiner Vergangenheit gefangen ist, daß jetzt alles für ihn zu spät ist, wird die Spannung gelöst. Die neu gewonnene Unabhängigkeit macht es am Ende möglich, die Liaison Chad – Madame de Vionnet in ihrer Besonderheit als das zu würdigen, „was sie ist“, und ihren Wert zu beurteilen, und alle moralischen Fragen von Verletzung, Pflicht und Versprechen nicht als Gesandter, sondern an sich selbst zu beurteilen, vielleicht in Verbindung mit anderen, die auch dem Spiel aus Eigeninteresse, Dominanz und bloß nachahmendem Begehren entkommen wollen. Die Kosten sind hoch für Strether, insbesondere kostet es ihn die Möglichkeit eines Lebens in einer Welt, wo Doppeldeutigkeit und Freiheit dieser Art nicht geduldet werden, aber er bezahlt den Preis tapfer und ist bereit, weiterhin mit den Kosten (Isolation, Marginalität, Machtlosigkeit) zu leben.

Doch das ganze Bündel an Beweisen, das zu James' Haltung gegenüber der Möglichkeit jeder Art moderner Moral bereits präsentiert worden ist, läßt diese konventionelle Zusammenfassung ein wenig zu patent erscheinen. Die erste Frage, die man stellen muß, ist eine unserer zentralen Fragen: Wie behandelt Strether die verschiedenen Interpretationsmöglichkeiten von Chads Verhalten, wie analysiert er sie gemeinsam mit anderen, die unsere Bewunderung gewinnen, weil sie nicht einfach manövrieren, um aus Strether das herauszubekommen, was für sie nützlich ist, sondern die ihm helfen wollen zu „sehen“: Maria, Little Bilham und Madame de Vionnet. Und jede Erkundung dieses Sachverhalts muß auch die Tiefe, das Unvermeidliche und das Fortbestehen von Strethers „doppeltem Bewußtsein“ berücksichtigen und damit alles, was eine solche Position impliziert. Das heißt, die tiefste und wichtigste Ironie (oder erneut: Doppelung) in der Erzählung betrifft die vermutete Lösung selbst, die Befreiung und die bereits früher zusammengefaßte Einsicht. Denn Strethers Erkennen, daß Chads Verhältnis zu Madame de Vionnet „tugendhaft“ ist, bleibt in vieler Hinsicht ein doppeltes, an sich selbst und für ihn; die Frage ist nicht „gelöst“. Das Verhältnis ist nicht das, wofür er es hielt: eine erfahrenere und stärkere Frau manipuliert einen jungen Mann aus Selbstsucht, entweder zu ihrem eigenen Vergnügen oder zu ihrem Nutzen. Und diese Erkenntnis sieht aus wie eine erste Auflösung seiner amerikanischen Vorurteile und seiner europäisch inspirierten Zweifel. (Schon früh konnte Strether so weit gehen, daß er selbstgewiß sagte: „Sie ist gemein, käuflich, eine von der Straße“ (*AM*, 45/44).) Aber es stellt sich heraus, daß es auch nicht das ist, was er als nächstes annimmt, eine Art Erziehungsprogramm in Sachen Geschmack und Kultur. (Er wird poetisch, als er sich in der Phase befindet, in der er sie als „platonisches Paar“ bewertet, als er sie unbedingt in ihrem besten „europäischen“ Licht sehen will: „Es ist eine Freundschaft von einer wunderbaren Art, und das macht sie so stark. Sie sind anständig, sie fühlen und sie stützen einander“ (*AM*, 168/207). Aber es stellt sich heraus, daß sie sich weit freier verhalten haben, als Strether angenommen hatte. Die Beziehung ist eine sexuelle, Madame de Vionnet ist noch verheiratet, und alle, die auf ihrer Seite stehen, haben Strether getäuscht. Er scheint seinen Frieden damit zu machen, sowohl mit dem Ehebruch wie damit, daß er getäuscht worden ist, und er findet einen Weg, noch weiter auch an der früheren (zweiten) oder tugendhaften Interpretation festzuhalten, und eine gewisse Art stabilerer Dualität erscheint möglich. (Er weicht der Lüge, die sie ihm erzählt hatten, nicht aus, redet sich aber ein, daß „sie ein so unvermeidlicher Tribut an den guten Geschmack war, daß er nicht wünschen würde, sie hätten dem nicht nachgegeben“; und, in einer bemerkenswerten sprachlichen Wendung, daß er Madame de Vionnet „zutrauen“ könnte, „aus der Täuschung Recht zu machen“ (*AM*, 318/399). Aber dann findet er heraus, daß auch das zu einfach ist. Chad ist in einem gewissen Sinn viel besser geworden, als er war oder gewesen wäre (obwohl es ein wenig übertrieben scheint, wenn man sagt, daß Madame de Vionnet für „einen ungeheuren moralischen Aufschwung“ (*AM*, 168/207) verantwortlich sei), aber er ist sicherlich nicht „gut“.[15] Er gibt sie zu leicht auf, er ist auch unreif und gedankenlos. Ihm „fehlt jede Einbildungskraft“ (*AM*, 290/374) und deswegen scheint er nicht zu sehen, was sein Weggehen für Madame de Vionnet bedeutet, er scheint nicht einmal darüber nachzudenken. („Er sprach davon, daß er sie ‚satt‘ habe, fast so, als habe er den Hammelbraten beim Dinner satt.“ (*AM*, 337/425))[16] Die fundamentale Ironie der Erzählung liegt darin, daß Waymarsh in einem prosaischen Sinn immer recht hatte: Chad ist nicht ernsthaft engagiert und wird, wenn er sie nicht mehr braucht, nach Hause kommen.[17]

Aber um zu Strethers eigener Dualität zurückzukehren: Es ist nicht überraschend, daß Strether alles so tugendhaft sehen will, wie er kann, auch wenn sich die Beweise dagegen hoch auftürmen, so wie es nicht überraschend ist, daß die frühere Sichtweise am Anfang attraktiv war. Das bedeutete damals, Mrs. Newsome gegenüber loyal zu sein und nach Hause zu kommen, um ein Vermögen zu heiraten. Aber jetzt, wo er das Tugendhafte der Beziehung sieht, bedeutet das, er kann frei sein; er hat ein Mittel, den Bruch zu beschleunigen, indem er auf der „Wahrheit“ besteht, indem er diese für sich arbeiten läßt, um seine Be-

---

15 „Sie hatte ihn besser, hatte ihn am besten, hatte alles aus ihm gemacht, was man sich nur wünschen konnte; aber ... er war eben doch nur Chad.“ (*AM*, 322/404)

16 Little Bilham hatte bereits warnend über Chad gesagt, daß er es bald müde sein werde, so gut zu sein, daß „er es nicht gewöhnt ist, wissen Sie, ... so gut zu sein“ (*AM*, 112/134).

17 Nichts kann hier uneingeschränkt so stehen bleiben; jedem Urteil über Chad muß sein Echo folgen. Man kann ihn verteidigen; seine Zukunft liegt wirklich nicht in Europa. Er gehört in die Neue Welt. Indem er Madame de Vionnet ähnlich gemacht wurde, wurde er alt und jung zugleich gemacht (als Zeichen dafür wird häufig sein graues Haar erwähnt), und damit ist er in der Lage, sein Leben und seine unmittelbaren Verpflichtungen gegenüber Marie langfristiger einzuschätzen. Aber dennoch handelt es sich um einen begrenzten Fall, und Chads fehlende Einbildungskraft, seine Unfähigkeit, seine eigenen Dualitäten und Doppeldeutigkeiten einzuschätzen, erlauben es nicht, ihn auf das Niveau der Tragödie zu erheben.

freiung von Mrs. Newsome zu bewerkstelligen, selbst wenn er die Tugendhaftigkeit der Beziehung ungemein übertreibt und gute Gründe hat, sich darüber völlig im klaren zu sein. (An einer Stelle entschlüpft Little Bilham, dem Urheber der „technischen Lüge“ über die tugendhafte Freundschaft, die Bemerkung, daß Chad Jeanne de Vionnet nicht heiraten könne, weil er ihre Mutter geliebt habe. Ein verwirrter Strether fragt: „Aber waren Sie bisher nicht genau der Meinung, daß er ihre Mutter nicht liebt?“ Bilham kann nur entgegnen: „Nun, jedenfalls ist er nicht in Jeanne verliebt“, und Strether geht darüber hinweg, ohne einen Versuch zu unternehmen, für das Gehörte eine Lösung zu finden (*AM*, 169/209).) So ermutigt Strether Chad zu bleiben, nicht zu gehen; damit bricht er alle Brücken hinter sich ab und Mamie und die Pococks erscheinen. Wie bereits gesagt, hält er an dieser Sicht der Beziehung auch dann fest, als er klar und unzweideutig sehen kann, daß Chad nicht nur gehen will, sondern leichten Herzens geht, daß die Entscheidung ihn nicht viel zu kosten scheint, keinen Kampf, keine Tränen, kein Bedauern. Er nimmt Partei für die „europäische“ Seite, weil es für ihn nicht länger „Illoyalität und mangelndes Verantwortungsgefühl gegenüber Woollett“ bedeuten kann, wenn Chad bleibt, würde er aber gehen, dann würde das „Illoyalität und mangelndes Verantwortungsgefühl gegenüber Madame de Vionnet“ bedeuten (und den Verrat an all dem, was in ihm „besser“ geworden ist). Sein Gehen/Bleiben erscheint jetzt in hellerem Licht, erscheint mehr als das, was es tatsächlich bedeuten würde, wenn es im Bewußtsein von jemandem reflektiert wird, für den die Möglichkeit nicht an Woollett oder Geld oder Macht gebunden ist, selbst wenn der jemand nicht „unabhängig“ im Sinne von „nicht interessiert“ ist, Madame de Vionnet. Warum das so ist, ist eine der zentralen Fragen, die von den Ereignissen in dem Roman gestellt werden, und sie ist offenkundig mit den Themen verknüpft, denen wir bisher in James’ Werken nachgegangen sind.

So entspricht weder der erste Blick (auf die Fänge der Abenteurerin) der Wahrheit, noch der zweite (tugendhaftes Erziehungsprogramm), noch, so scheint es, der dritte (ehebrecherisch und betrügerisch, aber noch immer wahre Liebe und moralische Veränderung bei Chad). Und doch spiegelt jede dieser Positionen, die Strether vertritt, sein eigenes, komplexes, doppeltes Bewußtsein wider, seine Abhängigkeit und zugleich seine Unzufriedenheit mit dieser Abhängigkeit und seine (echte) Bereitschaft, die Dinge frei, wenn auch nicht völlig unabhängig, zu verstehen und richtig einzuschätzen. Jedes Stadium der Befreiung scheint außerdem ein neues Stadium einer höheren Abhängigkeit und eine andere Art höherer Abhängigkeit zu reflektieren, besonders, um hier etwas vorzugreifen, jenes letzte Stadium, als er sich anscheinend in Madame de Vionnet verliebt hat. (Mit anderen Worten, die Dualität, sich gleichzeitig zu kennen und nicht zu kennen, ist weder Selbsttäuschung noch Wunschdenken noch schlichtweg Entfremdung. Ein besseres Wort könnte einfach Endlichkeit sein. Es beschreibt das Unbefriedigende vieler moderner Formen von Abhängigkeit, die es unmöglich machen, ein eigenes Leben zu führen, aber auch die Unmöglichkeit einer letzten Unabhängigkeit und die Anerkennung von Formen der Abhängigkeit, die eher zur Verwirklichung als zur Einschränkung der eigenen Freiheit beitragen. Mit anderen Worten, Strether löst diese Dualitäten nicht auf, sondern lernt, mit der Vorstellung zu leben, daß eine solche Auflösung unmöglich ist.)[18]

IV

Alles dies scheint uns entweder in die Nähe eines moralischen Skeptizismus und/oder eines völlig psychologisierten Verständnisses der moralischen Bestrebungen der Romanfiguren zu drängen (einfach das, was man in Chad moralisch sehen muß). Ich halte das nicht für richtig und behaupte, daß nichts besonders Überraschendes oder Ernüchterndes (oder Skeptisches) darin liegt (i), daß es für das moralische Ideal, um das es in den Romanen geht (Freiheit in ihren beiden Bedeutungen verstanden, negativ als Freiheit von der Unterwerfung unter den Willen anderer oder positiv als eine Art Selbsterkenntnis und damit Authentizität), keine eindeutige Verwirklichungsmöglichkeit gibt (wie wir in Isabels Fall herausfanden), oder (ii), daß die moralischen Dimensionen wechselseitigen Verstehens und wechselseitiger Wertschätzung ungelöst und unlösbar bleiben sollen. Wenn man diese Doppeldeutigkeiten in einem freien Leben richtig einschätzt und sich mit den Interpretationsproblemen abfindet, dann bedeutet das, daß man bereits einen angemessenen, moralischen Standpunkt gefunden hat. Aber diese Schlußfolgerung nimmt hier bereits Teile von Strethers Entwicklung vorweg, auf die wir noch zurückkommen müssen.

Es gibt in dieser Entwicklung drei Wendepunkte, und jeder trägt etwas zu der hier skizzierten Position bei: Strethers „Lebe-alles-was-du-kannst“-Rede in Glorianis Garten (die tatsächlich der Beginn seiner entscheidenden Abwendung von der amerikanischen Position ist und dazu führt, daß er am Ende Chad ermutigt, zu bleiben und nicht zu gehen); die Enthüllungsszene auf dem Land, als Strether die Wahrheit über die Affäre erfährt, und im Anschluß daran sein „Sich-damit-Abfinden“ bei Madame de Vionnet in ihrer Wohnung; und seine endgültige Entscheidung, nach Amerika zurückzukehren und nicht bei Maria zu bleiben, die „alles für ihn tun würde“.

Eigentlich ist alles in Strethers berühmter Rede an Little Bilham durch ebendie Dualitäten eingeschränkt, die wir genannt haben, und diese Einschränkungen machen es schwierig, den vorgeblichen Gehalt von Strethers morali-

18 Zur Frage der „tugendhaften Zuneigung“ siehe die schöne Diskussion bei Holland (1982), S. 249-269, und die interessanten Verbindungslinien, die Holland zwischen diesem Thema und der „Zivilisation“ und den das „Schicksal der Mittelschicht“ betreffenden Themen in *The Ambassadors* herstellt. Wie sich später zeigen wird, stimme ich der allgemeinen Auffassung von Holland, die er in seiner ansonsten sehr erhellenden Darstellung äußert (S. 279), nicht zu, daß nämlich Strether in seiner „Liebesfähigkeit“ „eingeschränkt“ sei.

schem Ratschlag für bare Münze zu nehmen. Hier, inmitten einer wunderschönen Umgebung, einer Gartenparty für einen berühmten Bildhauer (mitten in einem der „Tempel des Geschmacks“, in die Strether sehr viel früher so große Hoffnungen gesetzt hatte), erkennt Strether zu seinem großen Schrecken zum erstenmal, daß Madame de Vionnet ganz und gar nicht „schlecht“ ist, im Gegenteil. (Obwohl er hier ebenfalls zum erstenmal erfährt, daß sie noch verheiratet ist, und obwohl Madame de Vionnet ihn zu „schneiden“ scheint, weil sie ihn nicht vorstellt, als es angemessen gewesen wäre.) Tief bewegt durch das Schauspiel und durch die Verkehrung so vieler seiner Erwartungen und die Bestätigung so vieler seiner Zweifel und seines Argwohns gegenüber der Welt von Woollett, schüttet er Chads Freund sein Herz aus. Was sich wie ein Schwall des Bedauerns und trauriger Selbstbezichtigung ausnimmt und wie ein breiter, ein wenig vager, ethischer Erguß, scheint aus der Sicht des Lesers das Prinzip darzulegen, auf das Strether seine Abwendung von Woollett und sein Bedauern über seine Vergangenheit gründet.

Doch das Thema betrifft noch eine andere Doppelung, ein Leben, das „zu spät“ gelebt wird, um noch als gelebtes anerkannt zu werden (als ob man für das leben könnte, was das eigene Leben gewesen sein wird). Die Voraussetzung vom Anfang ermutigt Bilham, diese Lebensweise abzulehnen:

> „Es gab einige Dinge, die zu ihrer Zeit geschehen mußten, wenn sie überhaupt geschehen sollten. Geschahen sie nicht zu ihrer Zeit, waren sie für immer verloren. Dieses allgemeine Gefühl hatte ihn wie eine langsam heranrollende, große Welle überspült.“ (*AM*, 130/160f.)

Eine solche Voraussetzung läßt auch die Paradoxe entstehen. Strether bedauert jetzt, daß so vieles an ihm vorbeigegangen und es nun zu spät war. Aber die Feststellung endet damit, daß ihm klar wird, daß ihm jetzt etwas widerfährt, nämlich eben diese Erfahrung, dieses neue Gefühl für das, was ihm widerfahren war. Nichts ist wirklich an ihm vorbeigeeilt; das allgemeine „Gefühl“ für alles „überwältigt“ ihn jetzt. In einem perfekten Beispiel für die Doppelung, die wir erörtert haben, ist es Strether und nicht (oder noch nicht vollkommen) Bilham, der einschätzen kann, wie sehr das Leben aktiv gelebt, geführt, riskiert, nicht bloß ertragen werden muß. Man muß alt sein, damit man die Möglichkeiten der Jugend zu schätzen weiß (in dem gewöhnlichen, tragischen Sinn der Redewendung „Jugend ist an die Jugend verschwendet“), und Strether weiß sie zu schätzen; sie „überwältigen“ ihn. Schließlich geht es in dem Roman darum, wie intensiv er am Ende in vollen Zügen zu leben begonnen hat.[19] (Diese Sicht-

---

19 Wie man hätte voraussagen können, gibt es auch hier eine letzte Drehung der Schraube. Das Maß, in dem Strether imstande ist, das Leben richtig einzuschätzen, schränkt auch das ein, was er zu tun imstande ist, oder was er zu tun imstande wäre, wäre er sich weniger seiner selbst bewußt, weniger reflektiert. Er kann sich in Madame de Vionnet verlieben, aber wenn er das anerkennt, bedeutet das, daß es für ihn in Europa keine gemeinsame Zukunft mit Maria oder Marie gibt.

weise ist in der Rede enthalten. Als Strether darüber zu sprechen beginnt, welches der „richtige Zeitpunkt“ für das Leben sei, ein Zeitpunkt, den er vermutlich verpaßt hat, sagt er: „Aber das ändert nichts daran, daß für Sie jetzt der richtige Zeitpunkt ist.“ Und dann scheint plötzlich ein Gedanke zu seiner eigenen Lage in sein Bewußtsein zurückzukehren, nämlich „die richtige Zeit ist *jede* Zeit, die man zu seinem Glück noch hat“ (*AM*, 132/161).)

„Leben Sie alles, was Sie können; es ist ein Fehler, das nicht zu tun“ (*AM*, 132/161) ist der am häufigsten zitierte Rat aus der Rede, etwas, was man besonders hervorhebt, weil James in seinem Vorwort zur New Yorker Edition geschrieben hat, daß der ganze Roman aus der Vorstellung einer solchen Szene und eines solchen Ausbruchs entstanden sei. Es ist klar, wenn man existierte, aber noch nicht „lebte“, würde das heißen, kein „eigenes Leben zu haben“. („Es kommt gar nicht so sehr darauf an, wie Sie es anfangen, wenn Sie nur Ihr eigenes Leben haben. Haben Sie das nicht gehabt, was *haben* Sie dann gehabt?“ (*AM*, 132/161)) Und damit betrifft die gestellte Frage die Bedingungen für das Erreichen eines solchen Unterscheidungsmerkmals. Was muß man tun, um zu erreichen, daß man „ein *eigenes* Leben hat“ oder daß es vermutlich nicht das Leben eines anderen ist? Strether, unser Gesandter, bezweifelt vor allem, und das ist gerade in diesem Zusammenhang merkwürdig, jede Möglichkeit von Freiheit und bemerkt statt dessen:

> „Diese Sache – ich meine, das Leben – hätte für mich bestimmt gar nicht anders verlaufen können; denn es ist bestenfalls eine Zinnform, die entweder mit Rillen oder Wellen, mit Ornamenten verziert oder glatt und schrecklich schlicht ist, und in die unser Bewußtsein wie wehrloses Gallert gegossen wird – so daß man, wie der große Koch es nennt, die Form ‚annimmt‘ und von ihr mehr oder weniger fest umschlossen wird; kurzum: man lebt, wie man kann. Aber es bleibt einem doch immer noch die Illusion der Freiheit. Darum machen Sie es nicht so wie ich, vergessen Sie diese Illusion nicht.“ (*AM*, 132/161)[20]

Hier zeigt sich noch eine weitere Dualität, dieses Mal zwischen dem Wissen um die eigenen, gesellschaftlichen Bestimmungen, um die allzu eng angepaßte Form und um die eigene Freiheit, zumindest als subjektive Erfahrung, als die vermutlich notwendige „Illusion von Freiheit“. Wir erhalten nicht viele Informationen, die uns das Verständnis erleichtern, was James hier als „Philosophie“ Strethers bezeichnet, wie man den Status einer solchen „Illusion“ verstehen soll. Das Bild ist übertrieben und etwas eklig: das Bewußtsein, das wie Gallert in eine Form gegossen wird, die es aufnimmt und ihm Gestalt verleiht. Angesichts dessen würde der ganze leidenschaftliche Rat „Leben Sie alles, was Sie können“ wenig Sinn ergeben, wenn er nur darauf hinausliefe: Sei die Form, die du sein mußt! Doch trotz aller philosophischen Unklarheit ist der phänomenologische Punkt hinreichend klar: Noch einmal ist das Bewußtsein ein doppeltes, gleich-

20 In einer für Formulierungen dieser Art typischen Weise sagt Strether nicht „Seien Sie jetzt frei“, sondern etwa „Seien Sie so, daß Sie später noch eine Erinnerung an die Freiheit behalten“.

zeitig durch soziale und ökonomische und historische Bedingungen und vielleicht in gewisser Weise dadurch geformt, daß man sich ihrer bewußt wird, ihre Bedeutung und ihre Implikationen begreift, nicht bloß durch sie bestimmt ist, nicht bloß das ist, was diese Bedingungen verfügen. Das Leben selbst, die praktische Forderung, das Leben zu führen, zu wählen, zu manövrieren, zu reagieren, usw. scheint eine solche Annahme zu verlangen. Sonst wären wir, der Bildlogik zufolge, einfach dazu verurteilt, steif zu werden wie ausgegossenes Gallert und jeglicher Rat wäre nutzlos.

Schließlich gibt es eine klare Dualität in der „Logik“ des Lebens selbst, wie es hier von Strether befürwortet wird. In dem Vorwort lenkt James unsere Aufmerksamkeit auf die entscheidende Bedingung, die es Strether ermöglicht, sich des Lebens bewußt zu werden, nicht bloß zu existieren oder seine Rolle als Gesandter auszuüben, sondern damit zu beginnen, ein eigenes Leben zu führen. „... das Gefühl eines Dilemmas oder einer falschen Situation wäre vonnöten, um ihm einen so ironischen Akzent zu verleihen. Man hatte nicht umsonst sein ganzes Leben lang ‚Töne‘ wahrgenommen, um dann eine falsche Stimmlage, sobald man sie vernahm, nicht zu erkennen.“ (*AM*, 5/440) Es ist das Falsche an seiner Woollett-Rolle, die Unmöglichkeit, dieses Leben fortzusetzen, was James Strether als „keinen kleinen Pluspunkt“ anrechnet, der ihm tatsächlich sein Leben zurückzugeben beginnt. Auch hier entspricht die Woollett-Ansicht von Chad in gewisser Weise den Tatsachen, aber wenn man an ihr insgesamt festhält, läßt sie es nicht zu, noch viele andere Dinge zu beachten und ihnen nachzugehen. Wenn das die ganze Wahrheit ist, dann könnte so vieles andere, was jetzt gesehen und geschätzt wird, nicht wahr sein, so viele Gespräche, die Strether geführt hat und als möglich begreift, könnten es nicht sein, und sie alle sind es. Es ist einfach nicht möglich, alles, was er in dem Garten sieht und woran er festhält, den Woollett-Kategorien und -Urteilen gegenüberzustellen: Eitelkeit, Faulheit, Verrat, Egoismus, usw. James erinnert sogar an das von Strether verwendete Bild eines Gefäßes, um deutlich zu machen, was sich bei Strether verändert hat.

> „Er war mit einer Auffassung gekommen, die etwa durch eine klare, grüne Flüssigkeit in einer sauber geformten Glasphiole hätte versinnbildlicht werden können; und die Flüssigkeit hatte nun, da sie in den offenen Becher der Anwendung gegossen, da sie der Wirkung einer anderen Luft ausgesetzt war, begonnen, sich von Grün in Rot oder was man will zu verwandeln, und wäre vielleicht, soweit er es beurteilen konnte, auf dem besten Wege zu Purpur, Schwarz, Gelb.“ (*AM*, 6/441)

Strether muß selbstverständlich bereits in irgendeiner Weise für solche Reaktionen empfänglich sein, aber wie eng ihn auch das Gefäß seiner Vergangenheit und der Umstände umschlossen hält, er kann so reagieren, richtig einschätzen, bewerten, erörtern und ist in diesem Sinn auch frei. Das bedeutet, daß derselbe Zusammenbruch, den er erleiden kann („das moralische System der Leute bricht in Paris *wirklich* zusammen“ (*AM*, 7/443), es ihm nun ermöglicht, sein Leben wiederzugewinnen oder ein neues Leben zu führen. Das heißt, der Rat ist keineswegs der Ruf nach romantischer Unmittelbarkeit, als der er erscheinen könnte, als ob man einfach in die Erfahrung, das Risiko, das Spiel eintauchen und Beständigkeit oder Vertraulichkeit oder was auch immer meiden solle. Genau das Gegenteil ist der Fall. Man führte in einem solchen Fall kein Leben in Unmittelbarkeit, sondern, wie wir an Isabels Ideal gesehen haben, existierte oder lebte blind, jemand anderem offen oder heimlich untergeordnet. Leben *ohne* einfach eine Rolle auszufüllen, scheint der umfassende, praktische Sinn des Rates zu sein, oder auch „doppelt leben“, selbst wenn das von Strether noch nicht richtig erkannt wird, der für eine Zeitlang einfach in den europäischen Garten gesprungen zu sein scheint, als ob dieser das Leben wäre und Woollett der Tod.[21] Auch dies wird, wie wir bereits angedeutet haben, eine Verkehrung und Einschränkung erfahren, und wir werden fragen müssen, was uns und Strether bleibt, wenn das geschieht.[22]

Der Abschnitt steigert sich in einem Wirbel dicht gestreuter, dialektischer Ironien. Strether hatte Bilham selbstverständlich ermuntert, sein eigenes Leben zu leben, hatte aber gedacht, daß er ihn dadurch zu „unschuldiger Freude“ ermuntere. Bilham war aber statt dessen „ganz feierlich“ geworden. Und Strether hatte auch gewollt, daß Bilham von Überwachung, Unterwerfung und den Erwartungen anderer frei wird, aber er bemerkt: „Und ich werde ein wachsames Auge auf Sie haben!“

Das veranlaßt Bilham zu der Aussage, daß er sich tatsächlich glücklich schätzen würde, könnte er nicht sein eigenes, sondern Strethers Leben leben, so sein, wie Strether jetzt ist. In gewisser Weise würde das bestätigen, was Strether unterstützt hat: nicht bloß man selbst zu sein, sondern auch eine bestimmte Auffassung von seinem eigenen Leben zu haben; aber Strether erwidert und beschwört damit erneut die Doppelung von Freude und Ernst: „Ach, sorgen Sie dafür, daß Sie dann wenigstens unterhaltsamer sind.“ Bilham meint, Strether sei für ihn amüsant genug, und Strether beendet die Szene eigentlich mit der Frage des Buches:

> „*Impayable*, wie Sie sagen, zweifellos. Aber was bin ich für mich?“ (*AM*, 133/161)

Er spricht Französisch, übernimmt die Perspektive eines anderen („wie Sie sagen“) und beginnt dadurch herauszufinden (ist dadurch imstande herauszufinden), wie sehr sein neues Unabhängigkeitsgefühl paradoxerweise darauf beruht,

---

21 Dieses „negativ leben“ klingt selbstverständlich nach Adorno. Sowohl Posnock (1991) wie auch Dawidoff (1992) zeichnen sich besonders dadurch aus, daß sie unsere Aufmerksamkeit auf die radikalen, politischen Implikationen lenken, die in der Art und Weise liegen, wie James Strether darstellt und behandelt.

22 Das heißt, diese Rede von Strether ist nur eine überraschende Wendung am Anfang und es wird noch genug weitere geben, um eine schwindelerregende Wirkung zu erzeugen. Die erste Erklärung hat auch etwas Komödienhaftes (Bilham bedarf eines solchen Rates eindeutig nicht, er steht nicht in Gefahr, sich nach Boston zu begeben und sich dort in einer Bank begraben zu lassen), doch trotzdem, trotz der Unangemessenheit des „Ratschlags“, erzeugt James durch Bilhams „feierliche“ Antwort eine Atmosphäre der Sympathie und Zuneigung für Strether.

wie er sich im Bewußtsein dieser Ausländer widerspiegelt, und dann formuliert er die durch diese Perspektive geweckte Furcht, daß er sich erneut verlieren könnte. Zumindest jetzt hat er seinen Zusammenbruch hinter sich, die Frage, wer er für sich selbst ist, kann gestellt werden, und damit kann er, nachdem er aufgestört und sein Leben in Verwirrung geraten ist, wirklich anfangen zu leben.

V

Dieses Bild einer Soziabilität, die keine sklavische oder materielle Abhängigkeit ist und daher nicht einfach einen Kontrast zur romantischen Authentizität darstellt, sondern der endlose Kampf des Bewußtseins zweier Personen ist, die sich, kultiviert, fragend, einfallsreich, wechselseitig spiegeln, findet seine klarste Gestalt in der Beziehung zwischen Strether und Madame de Vionnet.

Diese Seite ihrer Beziehung – daß sie Strethers Reaktion braucht, daß sie ihn braucht, weil er eine Auffassung ihrer Affäre widerspiegelt, die ihrer eigenen sehr nahe kommt und dadurch dazu beiträgt, daß diese den entsprechenden Sinn auch erhält – begründet für den Leser weitgehend die Echtheit ihrer Beziehung. Das heißt, dieses Bedürfnis könnte nicht erfüllt werden, wenn Strether manipuliert oder ausgespielt würde; er muß erkennen, wer sie ist, und er muß frei dafür sein. (Dieses Thema wurde bereits bei Chad eingeführt – daß er ohne Strether „mit sich und der Welt“ nicht wirklich „im reinen [squared]“ sein kann, daß die Affäre ohne Sinn ist, außer im Bewußtsein der verschiedenen, beteiligten Parteien. Die Qualität und die Freiheit des reflektierenden Geistes sind die entscheidenden Punkte.[23]) Als Strether Madame de Vionnet zufällig in Notre Dame begegnet (und damit bereits andeutet, welche Themen, zumindest in der sozialen Welt, die für James das Heilige einschließt, implizit ihre Diskussion bestimmen werden – Geheimnis und Glauben), macht das Gespräch Strether klar, daß sie ihn nicht bloß braucht, damit Chad bei ihr bleibt; er muß an sie glauben, damit ihre Beziehung zu Chad so ist, wie sie es möchte. Sie braucht seinen Glauben an sie, nicht bloß seine Zustimmung, und sie braucht das um ihretwillen, nicht bloß strategisch.[24] Der Ton ihrer Stimme, die „Ehrer-

23 Ganz offenkundig benötigt Chad Strethers „Deckung“ in einem anderen Sinn. Er benötigt die Autorität von jemandem wie Strether, um gegenüber seiner Mutter einen Grund für sein langes Wegbleiben zu haben, um die Anklage, er vernachlässige seine Pflicht, abzumildern. Aber dieses eigennützige Interesse bedeutet nicht, daß die richtige Beschreibung der Affäre nicht des sozialen Kampfes und einer darauf folgenden Reflexion bedarf; es bedeutet nur, daß die Reflexion anderen Zwecken dienen kann.

24 Das ist bei James ein so häufig auftretendes Thema, daß eine Liste mit Ähnlichkeiten schnell ins Uferlose wachsen würde. Man beachte, neben anderen Beispielen, daß Verena bei dem Versuch, sich selbst davon zu überzeugen, daß sie auf die Aussicht einer bürgerlichen Ehe „verzichtet“ hat, das nicht kann, indem sie ihre Seele erforscht, sondern das nur kann, indem sie Olive davon überzeugt (*B*, 298).

bietung gegenüber der Feierlichkeit um sie herum“ (*AM*, 175/216) (wie bei einer Art Gründungsakt für das Vertrauen, das für die Soziabilität selbst notwendig ist), ihre Art zu sprechen, schien „ihren Worten eine Bedeutung zu verleihen, die sie nach außen nicht hatten“. Und weiter:

> „Hilfe, Kraft, Frieden, ein innerer Halt – sie hatte von diesen Dingen nicht soviel erlangt, als daß die Summe nicht noch beträchtlich größer werden könnte, größer nämlich um jedes kleine Zeichen seines Vertrauens in sie, das sie wie mit Händen fühlen konnte.“ (*AM*, 175/216)

Sie braucht einen „festen Gegenstand“, an den sie sich „klammern“ kann, und Strether beschließt, das zu sein; er will nicht nur zu seiner aufkeimenden Auffassung stehen, daß die Affäre nicht verwerflich oder unbedeutend war, sondern, was viel wichtiger ist, er will sie sehen lassen, daß er das dachte. (Sie hatte ihn bereits spüren lassen, wie sehr sie eine solche Zustimmung braucht; sie redet nicht darum herum, gibt nicht vor, alles sei erledigt und sonnenklar.) Er lädt sie spontan zu einem, wie sich dann herausstellt, intimen Frühstück ein, um diese neue Abhängigkeit zu bekunden, „über ihrem blendend weißen Tischtuch, ihrem *omelette aux tomates*, ihrer Flasche strohfarbenen Chablis' ...“ (*AM*, 176/218). Während dieses späten Frühstücks wird ihre Beziehung zu Chad in Strethers Vorstellung zu einer moralischen Frage eigenen Rechts, einer Frage danach, was sie einander schuldig sind, aufgrund des Guten, was sie füreinander getan haben, und keine Frage von Ehebruch, Verrat der Mutter oder Verantwortungslosigkeit. Wenn es das letztere wäre, könnten Strether und Marie nicht ineinander sehen, was sie jetzt sehen können, könnte das kein praktischer Bestandteil einer solchen Wahrheit sein. Diese Erfahrung ist nichts, was man als Argument wiedergeben oder kurz gefaßt mitteilen könnte. Alles, was James tun kann, ist, daß er uns etwas von dem sehen läßt, was Strether sieht. Aufgrund dessen, was sie sehen und fühlen, kann Strether später Mrs. Pocock eine direkte Antwort geben, als sie völlig verblüfft darüber ist, daß Strether in bezug auf Chads „wirkliche Pflicht“ auch nur geringfügig zögern kann. Er antwortet in vollem Bewußtsein der „traurigen Abgründe“, die sich damit auftun: „Natürlich sind es völlig verschiedene Arten von *Pflicht*“ (*AM*, 276/346, meine Hervorhebung), und angesichts von Mrs. Pococks heftiger und endgültiger Attacke verteidigt er Madame de Vionnet in jeder Hinsicht mit großem Zartgefühl.

Doch die Beziehung zwischen Chad und Madame de Vionnet ist nicht das, als was sie jetzt noch erscheint, weder für Strether noch für Madame de Vionnet; Strethers eigenes Gefühl für die „Pflichten“, die ihre Beziehung enthält, tritt allmählich in Widerspruch zu Chads Verhalten und man sieht sich einem letzten Spannungsmoment gegenüber.

VI

Nachdem die wirkliche Affäre aufgedeckt worden ist, bittet Madame de Vionnet Strether, sie zu besuchen, und er folgt ihr bereitwillig. In dieser Szene zeigt sich ganz offen, wie verwundbar sie in bezug auf Chad ist, sie hat Angst, ihn zu verlieren, bricht vor Strether in Tränen aus und trägt dadurch dazu bei, daß wir erkennen, wie risikoreich und angstbefrachtet die Beziehung für sie immer gewesen ist. Wir vernehmen wiederum von Madame de Vionnet, wie abhängig sie von Strether und seinen Ansichten ist, „Wie kann mir gleichgültig sein, für was Sie mich halten?“ (*AM*, 320/402), und ein letztes Element wird in bezug auf das hinzugefügt, was sie ist und was die Affäre bedeuten könnte.

Das letzte Element ist Strether selbst. Denn Strether ist jetzt ein unverzichtbarer Bestandteil der Affäre geworden, wie sehr auch er selbst (und viele Leser) ihn („tragischerweise“) als bloßen Beobachter, als stellvertretend Handelnden sehen möchten. Er ist Teil der wirklichen Liebesaffäre geworden, nicht bloß Teil des Apparats zu seiner Steuerung. Strether fühlt das selbst ein wenig, als er trotz seiner Proteste, alles sei „zu spät“, zum Telegraphenamt geht, um sein Rendezvous zu verabreden, und er bemerkt mit einem gewissen Stolz und merklicher Erregung, daß „er in die typische Pariser Geschichte verwickelt war wie die anderen Armen um ihn herum – wie konnte es auch anders sein?“ (*AM*, 315/395). Und etwas später noch unverhüllter (auch hier wieder seine vielen „Dualitäten“ heraufbeschwörend),

> „Er war vollkommen er selbst geworden, mit seinen Erkenntnissen und seinen Fehlern, seinen Zugeständnissen und Vorbehalten, seiner komischen Mischung, so mußte es ihnen vorkommen, aus Tapferkeit und Furcht, dem allgemeinen Schauspiel seiner List und seiner Unschuld, fast wie ein Glied in der Kette und sicherlich ein allen zugänglicher, unbezahlbarer Grund und Boden, auf dem sie sich treffen konnten.“ (*AM*, 319/400f.)

Ihr Dreieck ist jetzt so fest gefügt wie nur möglich und damit auch die Tiefe ihrer gegenseitigen Abhängigkeit, Abhängigkeiten, die jetzt „das eigene Leben“ nicht mehr modifizieren oder einschränken, sondern eher ermöglichen, ein Leben, das man nur in der freiwilligen Anerkennung der anderen als das eigene begreifen kann. Wie wir vorher gesehen haben, ist die moralische Frage, der sie sich gegenüber sehen, die angemessene Anerkennung solcher Abhängigkeiten, das richtige Verständnis und die richtige Behandlung, damit man nicht „unaufrichtig“ ist und damit man am Ende „mit sich und der Welt im reinen [squared]“ ist. In diesem Fall bedeutet das, daß sie Chad jetzt beide lieben, dadurch, wie er sich in ihrer beider Bewußtsein widerspiegelt, und beide lieben jetzt auch ganz klar einander, wenn auch nicht in gleicher Weise und nur insgeheim, „durch“ oder auf der Grundlage dieser Reflexionen über Chad. (Madame de Vionnet betont immer wieder, wie sehr Strether jetzt dazu gehört, er ist in ihr

Boot gestiegen,[25] selbst wenn er sich ständig zu versichern sucht, daß er „nun wohlbehalten im Hafen ist, die offene See hinter sich hat, und die Frage nur noch war, wie man ans Ufer gelangt“ (*AM*, 327/411). Wenn Chad zwischen ihnen steht, sie ihn in Paris festhalten, bedeutet dies unverkennbar auch etwas für sie, hält sie das zusammen, bewahrt dies ihnen ihre Intimität. (Er steht „zwischen“ ihnen in umgekehrter Weise wie Milly und das Geld zwischen Merton und Kate stehen, verbindet sie, selbst wenn er sie trennt.) Der etwas eigenartige, familiäre, ja, intime Ton ihrer Überlegungen zu Chad, so als ob er der talentierte, unberechenbare Sohn dieser besorgten Eltern wäre, wird nur gelegentlich durch ein Zeichen der Intensität von Maries physischer Leidenschaft und durch die gewachsene Vertrautheit unterhöhlt, die das gemeinsame Band zwischen ihnen geschaffen hat. (Chad hatte dies am Anfang selbst heraufbeschworen, als er sie so miteinander bekannt gemacht hatte, wie man eine Verabredung für geschiedene Eltern einfädelt, indem er erklärte, sie seien „füreinander gemacht“.)

Das große Verdienst dieser Szene, besonders ihres menschlichen und tief mitfühlenden Tons, besteht jedoch darin, daß die Präsentation der Dichte dieser wechselseitigen Abhängigkeiten (eigentlich das Gegenteil der „Grobheiten aus wechselseitigem Widerstand“, wie sie früher im Zusammenhang mit *The Golden Bowl* erörtert wurden) auch das Gewirr aus moralischen Implikationen oder Formen von Anerkennung, die aus solchen Abhängigkeiten folgen, überzeugend darstellt. Madame de Vionnet möchte, daß Chad bleibt, aber nicht einfach unter allen Umständen. Er muß freiwillig bleiben, zu seinen Bedingungen, und ihre Verzweiflung ist bereits ein Maßstab für ihre Erkenntnis, daß er nicht bleiben kann. Es gibt keine Anschuldigungen, keine Verurteilung von Chad, keine Szene seitens einer „sitzengelassenen Geliebten“. Statt dessen ist sie voller Angst um ihr „unglückliches Ich“, „immer bereit“, nach dem Glück zu „greifen“. Aber das ist in diesem Fall nur eine unerkannte Furcht; sie ist bereit, nach ihrer Maxime zu handeln, daß das einzige, wirkliche Glück darin besteht, nicht zu nehmen, sondern „zu geben“ (*AM*, 321/403), und ich glaube nicht, daß diese Maxime schlichtes Selbstopfer bedeutet, ein Sich-Aufopfern in selbstloser Liebe. Was sie darüber sagt, hat den moralischen Klang, der dem moralischen Element bei James überall zugrundeliegt: „Das täuscht einen am wenigsten“ (*AM*, ebd.) Ungeachtet Chads fehlender Imagination kann er nicht bleiben, und es wäre „unaufrichtig“ von ihr, so zu tun, als könnte er es. (Sie selbst bemerkt gegenüber Strether, daß sie das Gefühl hat, „er hat das Zeug zu einem großartigen Geschäftsmann“ (*AM*, 341/430), und sie kann nicht wirklich so tun, als könne ihr gegenwärtiges Leben sich für Chad unendlich ausdehnen.)

Als alles seinem Ende zugeht, nimmt das auch Strether die Chance zu bleiben, aber er erkennt ebenso, daß alles, was geschieht, nicht einfach und ausschließlich für ihn geschehen muß. Er wird noch einmal versuchen, Chad zu überzeugen, daß er bleiben soll, aber nicht durch eine unqualifizierte Erinnerung an seine Ver-

25 Vgl. Holland (1982), S. 260.

pflichtung. Es ist zuerst ein (und in Erkenntnis seiner Grenzen ein schwacher) Appell an Chad, nicht einfach „vorher“ zu gehen, bevor der Vorteil des Bleibens geschwunden ist, aber dieser Appell ist auch offen für „den Chad, der er bereits geworden ist“ und der er trotzdem noch dort ist, wo er hingehört (das heißt, mit dem Zugeständnis, daß er schließlich Amerikaner ist, kein französischer Ersatzgraf, und damit, daß Strether Chads tatsächlich vorhandene Talente zugibt, sie anerkennt: „Unbestreitbar ist heutzutage das Geheimnis des Handels die Reklame. Es ist gut möglich, daß es Ihnen gelänge – falls Sie sich hundertprozentig dafür einsetzten –, die ganze Sache in Schwung zu bringen.“ (*AM*, 339/427) Wie wir schon vorher erfahren haben, ist Chad schließlich „nur Chad“.

Am Ende scheint doch wieder das Opfer, ja, die tragische Selbstverneinung die höchste moralische Kategorie zu sein, die zur Beschreibung der Folgen dieser Abhängigkeiten am Schluß eines James-Romans verwendet wird – was geschehen muß, damit es für jeden „richtig“ ausgeht. Es sieht so aus, daß Strether sich opfern muß, um Chad ins Recht zu setzen, d. h. er kann nicht in Europa bleiben und Maria heiraten. Strether hat Mrs. Newsome und Woollett selbstverständlich bereits einfach durch sein Zögern geopfert. Bis zu einem gewissen Grad nimmt er bereitwillig den Zorn Woolletts für Chads Sünden (sein fünfjähriges Zaudern) auf sich, als könnte er damit seine eigene Schuld, die Vernachlässigung seines „ersten“ Sohnes, heilen. Wie jedoch schon vorher bemerkt, wird eine geradlinige Logik dieser Art (Chads Gewinn, Strethers Verlust) dem, was Strether widerfahren ist, oder der durchgängig verfolgten doppelten Logik nicht gerecht. Er gibt die Rückkehr oder Mrs. Newsome nicht auf. Sein Verlust ist auch sein Gewinn. Sie ist dieselbe geblieben, „Aber“, sagt er, „ich tue, was ich vorher nicht tat – ich *sehe* sie“ (*AM*, 343/432). Nachdem er die moralische Logik des „Ehebruchs“ oder der „Unverantwortlichkeit“ als unangemessen erkannt hat, kommt es unvermeidlich zu einer anderen moralischen Logik der Integrität und zu neuen Loyalitäten.

Doch Strether scheint ein weiteres Opfer zu bringen und dieses ist überraschender. James holt weit aus, um eine bestimmte Szene in Strethers letztem Gespräch mit Maria vorzubereiten. Sie findet in ihrem „kleinen, holländisch anmutenden Eßzimmer“ statt (holländisch vielleicht, um an die glücklichen Augenblicke und das behagliche Lebens des Mittelstands zu erinnern, die in der holländischen Malerei deutlich werden), ein Umfeld, von dem besonders hervorgehoben wird, daß es „von der modernen Verheerung verschont“ (*AM*, 340/429) geblieben ist. Dort tut Maria nichts weniger, als daß sie Strether einen Antrag macht; sie erzählt ihm, sie wünschte, daß ihre Wohnung für ihn „ein Hafen der Ruhe“ sei, und zweimal, daß es nichts gäbe, was sie nicht für ihn tun würde. Aber Strether lehnt ab und lehnt damit in Wirklichkeit den von den Verheerungen der Moderne verschonten Hafen ab und bereitet seine Rückkehr in die Moderne von Woollett vor. (Um uns deutlich zu machen, wohin er zurückkehrt, und damit den Anschein eines Opfers zu verstärken, bietet er Maria an, er wolle ihr erzählen, welches vulgäre Produkt das Geheimnis des Reichtums von Woollett ausmacht, und sie weist ebenso wie Marie die Ehre zurück.)

Er sagt, er möchte klar machen, daß seine Auffassung zu der Richtigkeit von Chads verlängertem Aufenthalt, zu der Überlegenheit „Europas“, ganz mit der Sache selbst zu tun hat, nicht mit seinen eigenen Vorlieben, Interessen oder Bindungen. Es reicht nicht aus, so etwas zu behaupten, es muß (um Chads willen) auch so *aussehen*, und deswegen muß er entsprechend handeln und „ohne etwas“ für sich selbst zurückkehren. Er scheint zu spüren, daß Chads Geschichte dadurch tatsächlich zu dem wird, für was man sie halten sollte, daß dadurch der verlängerte Aufenthalt Chads in Europa einen Sinn bekommt. Nichts am Schicksal dieses Sinns wird dann, so wie er jetzt mit Strethers Schicksal verbunden ist, von Strethers „elendem Ich“ überschattet. Strether sagt, seine „einzige“ Logik müsse jetzt sein, „im Recht zu sein“ (*AM*, 344/434) und Maria würde ihn ins „Unrecht“ setzen.

Es ist für uns inzwischen eine vertraute Frage geworden, ob man der expliziten Berufung auf moralische Kategorien trauen soll; ob Merton Denshers Rückgabe des Geldes, unsere moralische Einschätzung von Maggie Verver, Isabels Rückkehr nach Rom, in der von James geschaffenen, psychologischen Welt Endgültigkeit oder Unabhängigkeit besitzen. Hier bei Strether sehen viele Kritiker wiederum nur den Verzicht auf Maria und die „Beschränkungen“ in Strethers „Fähigkeit zu lieben“.[26]

Aber vor allem würden sich die Implikationen seiner Unterstützung von Chad verändern, wenn es so aussähe, als ob die Abweisung von Mrs. Newsome und Woollett Teil seiner Selbstrechtfertigung wäre, als ob auch er einfach in den dekadenten, europäischen Malstrom gefallen wäre und Chad herausgeputzt hätte, um selbst im Recht zu sein. Der Anspruch, mit einer gewissen Integrität zurückzukehren, ist keine bloße, dem kalten Herzen Strethers entsprungene Rationalisierung. Den Maßstab dafür, daß es keine Rationalisierung ist, kann man der Zeile entnehmen, die gesprochen wird, nachdem Strether Maria sagt, was ihn ins Unrecht setzen würde – „Aufrecht und ehrlich, wie sie war, konnte sie nicht so tun, als könne sie dies nicht sehen“ (*AM*, 345/434) – eine Zeile, in der ich keine Ironie in bezug auf ihre Rechtschaffenheit und Ehrlichkeit entdecken kann.

Aber wiederum ist das „Unrecht“, von dem er spricht, doppeldeutig; was sein Bleiben bei Maria Chads Status zu Hause „antun“ würde, ist nur eine Seite. Denn es war seit einiger Zeit klar, daß Strethers große Verliebtheit in Maria abgekühlt war, fast in demselben Verhältnis, wie seine Phantasie seine Umgebung eingeholt hat und er Maria nicht mehr so sehr brauchte oder sie nicht mehr als so geheimnisvoll und unverzichtbar ansah. Ihre eigene Anerkenntnis, daß nichts von dem, was Strether sehen mußte, „gesehen“ werden konnte, wenn sie ihm alles zeigte, wurde ersichtlich aus ihrem großherzigen Abgang von der Bühne für längere Zeit. Sie muß gewußt haben, daß das auch ein Risiko in sich barg. Als sie zurückkehrt, ist ihr klar, was Strether allerdings noch nicht ganz klar ist, daß zwischen ihnen etwas geschehen ist, und es ist auch klar, daß es etwas mit

26 Holland (1982), S. 279

Madame de Vionnet zu tun hat. Würde er jetzt bleiben, würde er, wenn er ehrlich ist, nicht um Marias willen bleiben, sondern um Madame de Vionnets willen, und das wäre erstens vergeblich, zweitens ausgesprochen unfair gegenüber Maria und würde drittens den rückwärts gerichteten Jamesschen Schatten über in der Vergangenheit liegende Motive werfen müssen, würde unvermeidlich deren etwaigen Sinn verändern, ganz zu schweigen von der zukünftigen Beziehung zu Chad. Indem er ohne „irgend etwas“ für sich selbst geht, hat er am Ende sowohl nichts (wird geliebt von jemandem, den er nicht liebt; liebt jemanden, der seine Liebe nicht erwidern kann) als auch alles, die Logik, im Recht zu sein und damit „sein eigenes Leben“ zu haben („und was haben Sie denn, wenn Sie Ihr Leben nicht haben?“). Die frühere Situation enthält die letzte Dualität in Lambert Strethers Lage, Stoff sowohl für die Komödie mit Maria wie für die Tragödie mit Madame de Vionnet. Daß es beides gleichzeitig sein kann („Sie seufzte schließlich alles komisch, alles tragisch hinweg“), das ist die „seltsame“, und, wie ich glaube, „moderne“ Logik von Strethers doppeltem Bewußtsein.

Maria spielt auf diese Dualität, auf die Art der Entfremdung, die Strethers Unabhängigkeit möglich und ungemein kompliziert gemacht hat, ein letztes Mal an. Sie bemerkt, daß „es“ (James’ rätselhaftes, unbestimmtes Pronomen, das einfach alles bezeichnen kann) „nicht so sehr Ihr *Im-Recht-Sein* ist – es sind Ihre alles so gräßlich durchschauenden Augen, die Sie zu dem machen, was Sie sind“ (*AM*, 345/434). Die „Augen“ machen es für Strether auf immer unmöglich, einfach, bequem, in einem endgültigen, abgeschlossenen Sinn, im Recht zu sein, aber eben diese Dualität und Unsicherheit setzt ihn vor allem anderen, in dem einzig angemessenen Sinn, der noch bleibt in der Welt, in der er lebt, ins Recht.

7
Sinn und Moral

„... was haben Sie denn, wenn Sie Ihr Leben nicht haben?"

Es mag mehrere Gründe geben, warum das Interesse vieler Jamesscher Charaktere an ihrer Freiheit so groß ist, Gründe für die Annahme, daß das, was ein Leben am meisten lebenswert macht, meine Fähigkeit ist, es wirklich zu führen. Und das bedarf sicherlich einer Begründung, denn das Interesse und die genannte Annahme sind umstritten. Man könnte sich für eine andere Zeit, für eine andere Gesellschaftsform andere Antworten denken, oder man könnte sich einfach andere philosophische Forderungen vorstellen. Man könnte vielleicht nicht so sehr an einem „eigenen Leben" Interesse haben, weil es so etwas nicht geben kann, statt dessen könnte man vielleicht nach einem, im besten Fall, tugendhaften Leben suchen, dem besten Leben, das man haben könnte, auch wenn es kein selbstbestimmtes oder in einem anderen, individuellen Sinn mein eigenes wäre. Man könnte nach einem gerechten Leben suchen, man könnte nach Vergnügen oder Macht suchen, sogar, wenn auch nicht im vollen Sinn, nach Freiheit. (Es gibt sicherlich zahlreiche Charaktere bei James, die sich noch an solche Antworten erinnern und an sie glauben.) Die Annahme ist auch deswegen umstritten, weil Romanfiguren wie Isabel entdecken, daß nicht auf der Hand liegt, was ein freies Leben ausmacht, und daß die Risiken enorm sind, wenn man einem derartigen Wert einen so hohen Rang beimißt und der Einsatz auf die Interpretation seines Sinns so hoch ist.

Diese Gründe können anspruchsvolle philosophische Theorien einschließen – eine Metaphysik der Person, die Forderung nach einer bestimmten Voraussetzung für jedes praktische Leben, eine Theorie der Werte. Aufgrund der Art, wie James seine Fabel erzählt, könnte man eine solche Theorie konstruieren oder erschließen, denn seine Darstellung von Wert und Bewertung scheint diese Fragen an eine theoretische Frage aus dem Bereich der Philosophie zu knüpfen: an das Sinnproblem. Was man „nicht hat", wenn man kein „eigenes Leben" hat, ist ein Leben mit einem Sinn; man hat nur eines mit einem scheinbaren Sinn oder eine Art von überlegt in Szene gesetzter, älterer, nicht mehr lebendiger Bedingungen für einen Sinn, oder ein manipuliertes Leben, das kein eigenes mehr ist. Innerhalb der gesellschaftlichen Welt, die James schafft, hat man keine andere Wahl, als den Versuch zu unternehmen, dem, was man tut, einen Sinn zu geben. Ein Lebensplan kann nicht einfach (oder kann, wie ich gezeigt habe, für James nicht mehr) den Zweck, die Implikationen und Ansprüche an uns haben, die er dadurch hat, daß er einfach die Art von Leben ist, die er ist, daß er innerhalb einer festen, sozialen Ordnung eine bestimmte Rolle spielt. (Wenn die Ankunft der Moderne mit dem Zusammenbruch einer Weltsicht einherging, die im Kosmos eine natürliche Ordnung und Hierarchie verkörpert sah, dann könnte man von der spätmodernen Welt sagen, sie stelle den Zusammenbruch jedes glaubwürdigen Anspruchs auf eine natürliche oder feste, soziale Ordnung dar, und lasse die Intelligibilitäts- und Sinnprobleme entstehen, die auf einen solchen Zusammenbruch folgen.) Und das Herstellen und Verhandeln kann nicht ohne ein bestimmtes Maß an Freiheit von der Unterwerfung unter den Willen anderer erfolgen und nicht ohne daß der einzelne bei den entsprechenden Versuchen frei von Selbsttäuschung ist. Wenn ein Leben nicht das bedeutet, was man geglaubt hat, daß es das bedeute, was andere uns glauben ließen, daß es das bedeuten könne, hat das eigene Leben diesen Sinn nicht mehr und ist daher dann für einen selbst plötzlich sinnlos. (Man kann sich vorstellen, daß man sich an eine Zeit mit jemandem in der Vergangenheit erinnert, eine für lange Zeit angenehme und vollkommen unkomplizierte Erinnerung, die für immer durch die spätere Enthüllung zerstört wird, daß die von einer Partei damals gemachten Annahmen falsch waren, daß jemand in irgendeiner Form unehrlich oder treulos war. Nichts an dem, was damals war, welches Gefühl damit verbunden war, hat sich für die eine der Parteien verändert, aber es kann nicht mehr wirklich als das erinnert werden, was es war, auch nicht als Erinnerung des „damals". Das Falsche in dem, was man für seine Bedeutung hielt, verändert alles, unwiderruflich und für immer, und „wie es war", das gehört einem nicht mehr.)

Wie weit ich mich auch mit meinem Leben, um mit den Philosophen zu reden, aus der Perspektive der ersten Person „identifiziert" haben,[1] es frei „gewählt", mit Begeisterung bejaht, „mittelbar streng bewertet"[2] haben mag – wenn sich herausstellte, daß die ganze Schau letztlich oder grundlegend von anderen gesteuert oder durch institutionelle Einschränkungen fast völlig vorherbestimmt war, dann könnte mein Leben nicht den Sinn gehabt haben, von dem ich selbst ausgegangen war, könnte man ihm nicht die Bedeutung zuschreiben, die ich darin gefunden habe, und ist dadurch, durch eine solche Entdeckung, für mich seines Sinns beraubt.[3] Das trifft auch zu, wenn die sinnstiftenden Praktiken und Vermutungen einfach „einer anderen (gewesenen) Welt" angehören und nicht in eine „neue Welt" integriert werden können, auch wenn man aus Egoismus und Gründen der Selbsttäuschung vorgibt, daß das möglich sei, wie in all den potentiell explosiven Heiraten zwischen Europäern und Amerikanern. Alle diese Überlegungen deuten auf die vollständige Beschreibung hin, die in

1 Frankfurt (1988).
2 Taylor (1985).
3 Das erinnert daran, wie James das Problem des Bewußtseins behandelt, nämlich als retrospektiv, als ob das Nichtverstehen der eigenen Begehren, Intentionen und Glaubensvorstellungen nur vorläufig sein könnte, bis die Abhängigkeiten geklärt und durchdacht sind. Man lebt, mit anderen Worten, das eigene Leben nicht bloß aus psychologischer Schwäche oder Furcht immer „zu spät".

James' Darstellung implizit enthalten ist: daß Freiheit nicht für sich allein erreicht werden kann, daß das Erreichen eines Daseins als freies Subjekt eine bestimmte Art sozialer Beziehung zwischen den Subjekten erforderlich macht, und daß diese Beziehung der Gegenseitigkeit und Reziprozität gegenüber sozialen, durch Arbeit und Macht und die Beziehungen zwischen den Geschlechtern bestimmten Übereinkünften sehr empfindlich ist.[4]

Diese Annahme hinsichtlich dessen, was erforderlich ist, damit ein Leben einen bestimmten Sinn erhält und dadurch zum eigenen Leben wird, ist es, die in James grundlegender Fabel immer wieder zur Debatte steht. Die getäuschte Erbin wird ihrer Freiheit beraubt, nicht weil sie tatsächlich getäuscht worden ist, sondern weil eben die Bedingung für ein Leben fehlt, das für sie einen Sinn als ihr eigenes Leben hat – eine Art echte Gegenseitigkeit in den Beziehungen zu anderen. James hat das getan, was ein moderner Philosoph uns geraten hat, er hat „Sinn" an der Stelle eingesetzt, die in modernen moralischen Reflexionen vom „Glück" oder der Rechtschaffenheit eingenommen worden war,[5] und man könnte das alles in eine theoretische Form gießen, die Freiheit mit einem solchen möglichen Sinn verbindet.

Aber die Anregungen und Motive für dieses Sehnen oder Streben nach Freiheit könnte man auch, wie wir bei James gesehen haben, historisch und gesellschaftlich verstehen, nicht als von einer umfassenden, moralischen oder philosophischen Theorie abgeleitet. Es könnte einfach so gewesen sein, daß Vereinbarungen über ein gemeinsames oder religiöses oder überindividuelles Gutes (oder einen zentralen Punkt oder einen Sinn) oder eine auf Tradition basierende Hierarchie und Konvention zerbrochen waren, und zwar so fundamental und irreparabel zerbrochen waren, daß es ein eitles Spiel wäre zu überlegen, ob alles ein philosophischer Irrtum war, etwas, zu dem wir Gegenargumente vortragen und was wir durch Argumentieren wiederherzustellen versuchen sollten. Ihr Zusammenbrechen bedeutet, daß das moralische Leben selbst sich verändert hat, anders geworden sein muß. (Wie wir durchgängig festgestellt haben, wären sicherlich andere Erklärungen für die Phänomene möglich, die James' Interesse erregen. Es könnte sein, daß unser normaler, kognitiver Zugriff auf den wahren moralischen Wert irgendwie zerbrochen ist, entstellt worden ist durch die Versuchungen des Geldes und der neuen Mobilität, die der Zugang zur Macht möglich gemacht hat. Aus großer Höhe betrachtet ist es nicht unvernünftig anzunehmen , daß wir immer gewußt haben, wer die Schurken waren, und daß sich nicht viel geändert hat. Aber wir haben genug gesehen, um mit Sicherheit sagen zu können, daß dies nicht James' Auffassung ist, daß diese Auffassung nur dann richtig klingt, wenn sie aus großer Höhe verkündet wird, zu groß, als

4 Man muß den Standpunkt von Isaiah Berlin und anderen einnehmen, die behaupten, es bedürfe einiger Arbeit, um zu zeigen, daß, egal auf welches Desideratum James uns hinweisen will, es immer zu Recht als ein Status der Freiheit bezeichnet werden kann. Diese Frage ist zu verwickelt, als daß man sie mit einer beiläufigen Bemerkung abtun könnte, aber der Einwand ist schwerwiegend. Siehe Pippin (1999b).

5 Wiggins in seinem großartigen Aufsatz (1991), S. 88.

daß sie uns irgend etwas Informatives über das, was sich unten am Boden ereignet, sagen könnte.)[6]

Wie durch den Ton von Strethers Bemerkung angedeutet, ist das eigene Leben unter den von James beschriebenen, veränderten Umständen vielleicht alles, was einem bleibt, und jede Anmaßung, es jemandem zu nehmen und es für jemanden zu leben (im Namen eines objektiven Guten oder einer moralischen Forderung) müßte jetzt sofort Verdacht erregen, denn es ist notwendig ein Ausüben von Macht und nicht von Wohltätigkeit oder Gerechtigkeit. Überdies könnte man den Eros, der sich so kraftvoll auf das eigene Leben richtet, in einer solchen Gesellschaft am besten sowohl als Protest wie als Bestätigung verstehen. Eine grundlegend neue Art von Gesellschaft könnte jetzt Formen von Abhängigkeit geschaffen haben (gar nicht zu reden von direkter Unterdrückung und Formen verdummender Arbeit), die so intim und alles durchdringend und unausweichlich sind, daß das tägliche Leben zu einer beständigen Erfahrung des Mangels wird, eines Mangels an Individualität, oder zu einer Erfahrung der Angst, daß die eigenen Begehren bloße Reflexionen der Begehren anderer sind.[7] Freiheit wird dann zu einem solchen Wert, wenn man Einmischungen und Beschränkungen scheinbar nicht mehr rechtfertigen kann (wenn die Beschränkungen nicht mehr als Selbstbeschränkungen oder als objektiv erscheinen, sondern als zufällig und willkürlich) und wenn diese Einmischungen und Beschränkungen überall spürbar sind und sehr tief reichen und wenn das Entscheidende oder der Sinn der eigenen Existenz in Abhängigkeit von einer ihr entgegengesetzten Freiheit gerät. (Ich meine nicht, daß Freiheit ein solcher Wert geworden ist, bloß weil wir begonnen haben, „ihren Wert zu schätzen", als ob wir sie einfach erzeugten und der Welt aufdrängten. Ich bin der Auffassung und glaube, daß auch James der Auffassung ist, daß das Erreichen einer solchen Freiheit wirklich zu dem geworden ist, was es möglich macht, das eigene Leben zu bestätigen, ihm zuzustimmen, sich mit ihm zu identifizieren, daß es in einem Leben ohne dies keine Richtung oder wirkliche Zielgerichtetheit geben könnte. Die Charaktere, die solches zu erreichen streben, haben das begriffen oder wissen es irgendwie zu würdigen, und sie haben etwas verstanden, was wahr ist.)[8]

---

6 Aus Gründen, die durchgängig zumindest angedeutet werden, ist diese Position auch an sich nicht sehr attraktiv. Aber das ist ein anderer Gegenstand, der ein weiteres oder zwei weitere Bücher füllen würde. Vgl. Williams Maxime (1985): „Ich muß von dem ausgehen, was ich bin. Wahrhaftigkeit verlangt auch Vertrauen darauf und nicht nur den obsessiven und verdammten Trieb, das zu eliminieren," S. 200.

7 Vgl. noch einmal Andersons Darstellung (1992). James will als Reaktion auf eine solche Gesellschaft meiner Meinung nach nicht den Individualismus oder eine Abwendung von der Gesellschaft befördern, sondern eine andere Form von Freiheit, eine, die ironischerweise sehr stark von Empfindungen getragen wird, wie Anderson sie am Ende seiner Bemerkungen über James äußert: „Wir werden das Firmament des Geldes nicht knacken oder die Freiheit, die wir wollen, erhalten, bevor wir nicht einsehen, daß eine solche Freiheit immer aus der Qualität unserer Beziehungen zu anderen Menschen erwächst und nicht anders" (S. 149). Genau so ist es, und James würde darauf bestehen.

8 Es wäre extrem anachronistisch, James hier eine große Philosophiegeschichte zuschreiben zu wollen – in der die Abhängigkeiten und die Anerkennung in der modernen Gesellschaft und

Wenn nun, wie wir gesehen haben, eine weitere Komponente der bloßen Möglichkeit psychologischer Stabilität und Kohärenz oder das Herstellen eines Sinns, der allen gemeinsam ist, den freien Austausch und die Anerkennung zwischen unabhängigen Subjekten verlangt, dann erweist sich das, was jetzt am meisten benötigt wird, als das jetzt am wenigsten Wahrscheinliche, als das am meisten Bedrohte.

Aber ein Sehnen wonach, ein Protest im Namen von was genau? Ein freies Leben in welchem Sinn? Die erste Bedingung oder eine notwendige Komponente jeder Antwort ist ganz klar. James ist kein Bohemien oder Romantiker. Es ist die materielle Unabhängigkeit gemeint, Geld. Wenn die minimale oder negative Bedingung der Freiheit die Macht ist, sich der Unterwerfung unter den Willen anderer (relativ) zu entziehen, dann ist es das Kapital, welches dies in dieser Gesellschaft möglich macht. Aber diese Antwort ist auch extrem ausweichend, weil James erkennt, daß die Bedingungen, um den notwendigen Ausgangspunkt zu erreichen, genau das deformieren und überschatten, was er erst möglich macht. Chad mag großes Vertrauen in die Werbung haben, aber er beginnt ein Leben, das tat, was es Waymarsh antat, und das den fast übernatürlich selbstzufriedenen Adam Verver geschaffen hat. Geld ja, aber möglichst nicht selbst verdient, sondern besser, viel besser, geerbt, sehr schnell erworben, „gefunden“ oder erheiratet. (Besser, aber kaum weniger problematisch. Die deformierenden Wirkungen von Geld und Macht und die Abhängigkeit, die beide erzeugen, werden bei einer solchen, glücklicheren Weise des Erwerbs nur schwerlich vollständig verschwinden.[9]) Daß James die notwendige Rolle der materiellen Unabhängigkeit anerkennt und die Wohltaten des Zufalls akzeptiert, bedeutet nicht, daß er diesen Teil der Frage umfassend beantwortet. Die Ungerechtigkeit des Glücks wird schnell, fast gleichgültig, akzeptiert, man geht darüber hinweg und es wird kein großer politischer Gedanke entwickelt.

Aber auch das ist nur der Beginn seiner Darstellung. Es stimmt, daß Geld das möglich macht, woran James wirklich interessiert ist, und daß James sich häufig sehr rasch auf dieses Thema zubewegt: die Kultivierung eines gewissen Verständnisses, der Imagination, des Geschmacks, der Reflektiertheit, des gefühlten Lebens, welches alles zusammen den Erwerb von Freiheit in ihrem umfäng-

---

damit die in solchen Gesellschaften unvermeidlichen Ansprüche untergebracht werden könnten – oder ihn als Streiter gegen die konventionalistischen und relativistischen Implikationen der Position sehen wollte, die ich ihm zugeordnet habe. Das sind Probleme, die in einem anderen Zusammenhang behandelt werden sollten, aber es sind Probleme und sie sollten angesprochen werden (und ich bin Richard Eldridge dankbar, daß er diesen Punkt so nachdrücklich hervorgehoben hat). Ich denke, man kann die Behauptung verteidigen, daß die Forderungen nach Freiheit schon immer in der Geschichte implizit vorhanden waren und dann allmählich erkannt wurden; aber das ist für jede Beurteilung der Moderne offenkundig ein anderes, sehr viel umfangreicheres Thema.

9 So gesehen ist das Sinnproblem bei James unlösbar, es bleibt ohne Antwort. Aber besonders in dem letzten Kapitel habe ich zu zeigen versucht, daß damit nicht alles nur zu einer Sache des Nachdenkens und wiederholten Nachdenkens über das Nachdenken wird, daß sich in solchen Verhandlungen nicht jede Substanz verflüchtigt oder daß James ein Skeptiker wäre.

lichsten Sinn und damit den Erwerb dessen bedeutet, was das höchste moderne Gut in dem bereits früher angedeuteten Sinn ist. Diese Art von Freiheit schließt die Ausübung des Willens nicht mit ein, nicht die Abwesenheit von Beschränkungen oder die Befriedigung von Interessen und Begehren. Strethers Befreiung schließt eine Erweiterung seines Verständnisses ein und damit auch, daß er in seinem Leben schließlich eine größere Fähigkeit erwirbt, sowohl andere besser zu verstehen als auch, eben dadurch, er selbst zu sein. Das ist eine so subtile und delikate Erweiterung, daß sie keinen wirklichen Inhalt hat, er hat nichts wirklich Neues gelernt, keine unmittelbare moralische Wahrheit. (Die intrikateste und feinste Ironie des Buches besteht darin, daß die Erweiterung seiner Imagination und die Entwicklung seines Geschmacks sich an etwas ausbilden, was eigentlich falsch ist, an einer Lüge. Daß das keine Rolle spielt, reflektiert für James die ungeheure moralische Komplexität der Frage, ob die Art, wie Madame de Vionnet Strether behandelt, dessen neu gefundene Freiheit vergrößert oder einschränkt und in welchen verschiedenen, vielfältigen Hinsichten.) Und bei der Erkundung derartiger Möglichkeiten des Bewußtseins und damit einer erweiterten und stärkeren Individualität stellt sich die Jamessche Frage nach der Moral – nach der Natur unserer positiven, Sinn erzeugenden Abhängigkeit von anderen und was wir ihnen im Licht dieser Verbindung schuldig sind. Geld ist sicherlich eine Bedingung für eine solche Möglichkeit, wird aber nicht als ausschließliche Möglichkeit dargestellt. Auch das Glück, das in einer bestimmten Art von Intelligenz liegt oder das Glück einer ungewöhnlichen Erziehung kann uns hinreichend weit aus der mächtigen, kapitalistischen Maschinerie und aus den sklavischen Abhängigkeiten und Deformierungen des Charakters, die sie verlangt, befreien. (Bevor Isabel Archer ihr Erbe antritt, ist sie, trotz all ihrer anfänglichen Beschränkungen, dafür ein gutes Beispiel.)[10]

Selbstverständlich spricht James dieses Problem auch in vielen anderen Zusammenhängen an. Daß die Kunst und das Leben des Künstlers genauso ein Erreichen von Freiheit darstellen können (manchmal in einem fast Kantschen Sinn, als das Erreichen einer Art von Reinheit, Uninteressiertheit oder gar Transzendenz, zumindest in einer Art von transbourgeoiser Unabhängigkeit) ist unbestreitbar und trotzdem hinreichend komplex, um Gegenstand eines weiteren Buches zu sein. Ich habe mich hier auf die Implikationen konzentriert, die das einfache Faktum für James hat, daß eine solche Freiheit, wie sie in der Moderne möglich ist, nicht für sich allein erreicht werden kann, eine Implikation, welche die Grundlage für sein Verständnis des moralischen Lebens bildet. Wenn Sie ohne „Ihr Leben" nichts haben und diese Möglichkeit verlangt, daß Sie darauf vertrauen, Ihr Leben habe den Sinn und die Bedeutung, von der Sie glauben, daß es sie habe, und schon die Formulierung eines solchen Sinns die Vorwegnahmen, Erwartungen und Interpretationen anderer mit einschließt (selbst in den tiefsten Elementen der Beziehung zu sich selbst, in der Formu-

10 James selbst und seine Familie wären ein anderes schönes Beispiel. Siehe die Diskussion bei Freedman (1998a).

lierung der eigenen Motive), dann könnte man sagen, daß eine gewisse Gegenseitigkeit und Reziprozität gegenüber anderen, eine echte Reziprozität, das ist, was wir alle einander schuldig sein müssen. In einer solchen Lage kann ohne diese Möglichkeit nichts geregelt werden, man kann sich auf nichts verlassen, ja, buchstäblich nichts verstehen, und ich habe „kein eigenes Leben".

Sobald man anfängt, die Aufmerksamkeit auf solche Ansprüche zu richten, die Elemente einer bestimmten Position, philosophische Behauptungen sind, tauchen natürlich unmittelbar verschiedene andere Fragen auf, und es ist schwierig, sie aufzunehmen und zu beantworten, indem man Passagen aus dem Roman oder Elemente der Handlung und der Figuren zitiert, die als „Antworten" gelten könnten. Zum Beispiel ist der genannte Zusammenhang zwischen der Moral und einer wechselseitig verwirklichten Freiheit auch die Funktion einer Verpflichtung, die von James offensichtlich auf einem sehr hohen Niveau mit Raffinesse und interpretierender Sensibilität durchgespielt wird. Dies scheint einzuschließen, daß ein moralisch angemessenes Leben gemeinsam mit anderen ärmer würde, vielleicht nicht möglich wäre, wenn man nicht fähig wäre, die komplexen Implikationen richtig einzuschätzen, die in der Behandlung, welche ich durch andere erfahre, enthalten sind, oder wenn man kein Gefühl für die verschiedenen Möglichkeiten hätte, die man der Sinndimension zurechnen muß. Dies scheint nicht nur ein vollkommen freies Leben (das James ohne Frage mit einer bestimmten Art von Intelligenz und Geschmack verbindet), sondern auch ein moralisch zu rechtfertigendes Leben einigen wenigen vorzubehalten, und das scheint allen Erwartungen zuwider zu laufen. Was immer ein im moralischen Sinn rechtschaffenes Leben konstituiert, scheint den Gutherzigen und Unschuldigen und Wohlmeinenden gleichermaßen zugänglich zu sein, selbst wenn solche wirklich guten Seelen vielleicht nicht imstande sind, mit der geistigen Gymnastik von James' Geschichten zurecht zu kommen.

Im Hinblick auf diese Frage wäre es jedoch ein Fehler, wenn man James' Darstellung extrem komplizierter Fälle als Norm für ein moralisches Leben ansehen würde. Wenn die Beteiligten Ebenbilder von Kate Croy und Merton Densher sind, dann trifft es zu, daß eine angemessene Einschätzung – was an der Art und Weise, wie sie Milly behandeln, falsch läuft –, wenn sie gerecht sein soll, auch eine Einschätzung ihres Anteils an den Ereignissen enthalten muß und ein Gefühl für die in den tatsächlichen Ereignissen verwirklichten und nicht verwirklichten Möglichkeiten. Angesichts des geistigen Niveaus und der Kompliziertheit der Ereignisse wirkt dies alles undurchdringlich, schwer faßbar und nicht leicht zugänglich, selbst für die Beteiligten insgesamt. Aber Fälle wie ein aus Eigennutz unternommener Betrug, die gefühllose Mißachtung familiärer Pflichten um des eigenen Vergnügens willen, die Bereitschaft, jemand anderem Schmerz zuzufügen und ihn zu demütigen, um das eigene Ego zufriedenzustellen, müssen gar nicht kompliziert sein, und unsere üblichen Annahmen zu moralischer Gegenseitigkeit und Reziprozität müssen gar nicht durch Interpretationsschwierigkeiten in Frage gestellt werden. Es kann sein, daß es solche Schwierigkeiten nicht gibt. Aber es wäre falsch, solche Kategorien unbefragt auf die von uns erörterten Fälle anzuwenden, zum Beispiel auf Kate oder Chad oder auch Osmond. (Wie Isabel bemerkt, hat er nicht wirklich vorgetäuscht, jemand anderer zu sein als der, der er ist, wie sehr er sie auch über sein Verhältnis zu Madame Merle getäuscht haben mag). Wenn das moralische Leben kompliziert wird, kann James die Natur dieser Komplikationen und ihre historischen Bedingungen erklären. Und in den Komplikationen kann man viele weitere Implikationen, Dimensionen und zugrundeliegende Fundamente erkennen und beurteilen. Wenn die Fälle relativ unkompliziert sind, läßt uns seine Darstellung (innerhalb bestimmter Gesellschaftsformen und einer bestimmten historischen Zeit) erkennen, was so deutlich falsch läuft, wenn etwas falsch läuft, und warum uns an dem gelegen ist, von dem wir wollen, daß es richtig läuft.

Aber damit sind wir noch nicht bei der letzten der Fragen angelangt, die man stellen kann. Wenn es bei dem Problem bleibt, das hier zuerst aufgeworfen wurde, nämlich bei der „Golden-Bowl-Frage“, die Kate an Merton in bezug auf Milly stellt – was ist daran unrecht, will sie wissen, wenn wir glücklich sind und sie den Fehler nicht finden kann oder stirbt, bevor sie ihn finden kann? –, dann ist das, was so eine Art Antwort von James ist, zwingend, in philosophischer Hinsicht aber zugegebenermaßen noch unfertig. Ich glaube, es steht außer Frage, daß James Kates Haltung für falsch hält, und das Interessante daran ist immer gewesen, warum er das glaubt, an was er sich gebunden fühlt, um das zu glauben. Meine Annahme war, es habe etwas mit dem Verlust zu tun, den wir erleiden, wenn andere derartig behandelt werden, mit der Weise, wie die Abwesenheit freier, uns entgegentretender, anderer Subjekte (eine Abwesenheit, die wir häufig herstellen) unsere eigenen Bestrebungen und Projekte in in sich geschlossene Phantasievorstellungen verwandelt, die nicht befriedigend sein können, weil sie letztlich nicht die „unseren“ sein können. Das klingt aus allen möglichen Gründen unmittelbar problematisch: Ist eine unmoralische Handlung nicht etwas Böses, das einem anderen angetan wird, eine Verletzung dessen, was ihm schlicht zusteht, und ist es nicht vor allem schlecht für mich? Wen kümmert es, wenn das, was befriedigend zu sein scheint, nur eine trügerische Phantasievorstellung von Zufriedenheit ist, solange ich subjektiv zufrieden bin? Wen kümmert es, selbst wenn das Unfreiheit bedeutet? Selbst wenn man das allgemeine Prinzip akzeptiert, was ist so falsch, wenn eine Person als unfrei behandelt wird, wenn die Welt sonst von anderen bevölkert ist, die nicht davon betroffen sind? Dem allen könnte man noch die früher geäußerten, relativistischen, reduktionistischen und nihilistischen Befürchtungen hinzufügen.

James' literarische Beschäftigung mit diesen Problemen hat, so glaube ich, gezeigt, warum die Annahmen, auf die sich viele solcher Fragen gründen, und die Alternativen, die durch andere nahegelegt werden, im Hinblick auf die Zeit und die Personen, die er darstellt, entweder unklar oder unvollständig oder unangemessen sind. Es handelt sich hier nicht um eine systematische Antwort, weil eine solche literarische Beschäftigung keine systematische Theorie im eigentlichen Sinn ist. Sie besitzt eine überzeugende Qualität eigener Art und einen eigenen Reichtum und zeichnet bloß ein Bild der modernen, moralischen Situation wie das jeder andere moderne Autor ebenfalls tut, ob Künstler oder Philosoph, auch wenn die anschauliche Darstellung einer solchen Situation nicht dasselbe ist, als wenn man sie philosophisch befragt.

Hier genügt es, darauf hinzuweisen, was für eine beunruhigende, beängstigende Situation das ist, eine Situation, in der die wichtigste moderne Erfahrung, die Abhängigkeit, für James beides sein kann, erlösend und destruktiv, oft zur selben Zeit; wenn nämlich die Zeitumstände schlecht genug sind, so daß keine Entscheidung jemals vollkommen richtig sein kann. Das kann zu einer Angst führen, die so stark ist, daß sie die Hoffnung auf eine „Offenbarung", die die Doppeldeutigkeiten, Geheimnisse, Enthüllungen, usw. beseitigt, verständlich macht. In *The Wings of the Dove* besteht Densher sogar auf einer solchen „modernen" Lösung, auf die häufig hingewiesen wird, die aber selten so explizit wie bei James behandelt wurde. In seiner Unsicherheit, was sie (er und Kate) eigentlich tun, unsicher besonders im Hinblick auf das, was er tut, und was ihm oder für ihn getan wird, in seinem verzweifelten Wunsch, daß er imstande sein möge zu glauben, daß die richtige Kategorie oder Erklärung und Entschuldigung Liebe ist und Hingabe, besteht er auf etwas, was ihm wie eine unbedingte Erfahrung sowohl einer die Doppeldeutigkeiten beendenden Lösung als auch subjektiver Macht erscheint: physische Sexualität. Er will den Plan nur dann weiter verfolgen, wenn Kate ihn aufsucht, allein, in seiner Wohnung, wenn sie bereit ist, mit ihm zu seinen Bedingungen zu schlafen. Das, so scheint er zu glauben, wird alle Unstimmigkeiten zwischen ihnen endgültig beilegen, wird endgültig klären, wo sie stehen, wer am Ende was für wen zu tun bereit ist. (Das alles ist gewissermaßen bereits ein Echo auf das, was Kate als eine andere unbedingte, endgültige, unzweideutige Lösung erwartet, jenseits aller Interpretation, und die, wenn sie eingetreten ist, in der Vergangenheit verschlossen wird: Millys Tod.) Aber selbstverständlich verändern Sex und Tod die Dinge nur, indem sie diese komplizierter machen, nicht indem sie diese lösen; die Schatten, die Kates Vereinbarung und Millys Tod auf die Zukunft werfen, sind undurchdringlich und unentrinnbar. Nichts ist gelöst – nichts wird je gelöst werden – und die Hoffnung, daß etwas gelöst werden könnte, fängt an, wie Widerstand oder wie ein Ausweichen auszusehen, das einen eigenen, klar erkennbaren, moralisch verdächtigen Ton hat.[11]

Densher versucht selbstverständlich auch etwas anderes; er wird „stillhalten", niemandem ein Leid zufügen, aktives Einmischen vermeiden, keinen unerträglich zweideutigen Sinn erzeugen, indem er, wie er hofft, gar keinen erzeugt. Aber das Netz ist bereits vorhanden, so wie es überall in der Welt vorhanden ist, die wir nach James Meinung betreten haben, und was er in jenen letzten Szenen in Venedig tut oder nicht tut, wird für alle, mit deren Leben er jetzt so tief verbunden ist, ungeachtet seines mitleiderregenden Versuchs, passiv zu bleiben, eben das bedeuten, was es bedeuten muß. Jene Szenen in Venedig, die parallel

11 Siehe die Diskussion über die „nicht endende" Moderne am Ende von Pippin (1991).

zu den „Grobheiten aus wechselseitigem Widerstand“ in anderen Romanen gestaltet sind – hier statt dessen ein einstudiertes, absichtsvoll täuschendes Ausweichen –, mit einem Densher, der ziellos in Millys Palazzo zum Dinner ein- und ausgeht, der wartet, der etwas erwartet, was diese stehengebliebene Zeit verändern wird, erinnert daran, was verloren geht, wenn Milly ausgeschlossen wird und Kate alles steuert. Denn der Sinn dessen, was Densher getan hat oder tun konnte oder tun würde oder getan hätte, ist, so zeigt sich, nichts, was durch die Willenskraft inszeniert und kontrolliert werden und worauf man sich aufgrund dessen verlassen kann. Densher entdeckt, daß alle Absichten, die Milly betreffen, Milly wirklich betreffen müssen, sonst können sie für ihn eben keine solchen Absichten sein, wie vage, wie passiv er auch zu charakterisieren versucht, was er tut. Jene Bilder aus Venedig – einer Stadt, die selbst das Bild einer stehengebliebenen, toten, vormodernen Zeit darzustellen scheint – lassen uns erkennen, was Densher oder jeder andere verliert, wenn er die neuen Ansprüche der Freiheit auf so quälende und fatale Weise ignoriert: man verliert „das eigene Leben“.

Anm. d. Übers.: Die zu den Zitaten angegebenen Seitenzahlen beziehen sich auf die jeweils angegebene englische und, wenn vorhanden, die deutsche Ausgabe. In einigen Fällen wurden die Texte überarbeitet.

Texte von Henry James

A = The American in *Four Selected Novels of Henry James.* New York: Grosset & Dunlap, 1946. Übers.: *Der Amerikaner.* Dtv 1969 (dt. von H. Haas)

AA = The Awkward Age. Ed. Ronald Blythe/ Patricia Crick. New York: Penguin, 1987.

AB = The Author of Beltraffio, in *FC*. Übers.: *Der Autor von „Beltraffio“.* In: *Erzählungen.* Köln/Berlin 1958, S. 118-167. Dt. von Helmut M. Braem und Elisabeth Kaiser.

AC = The Art of Criticism. Henry James on the Theory and the Practice of Fiction. Ed. William Veeder und Susan M. Griffin. Chicago, University of Chicago Press, 1986.

AF = The Art of Fiction, in *Selected Literary Criticism.* Ed. Morris Shapira. London: Heinemann, 1963.

AM = The Ambassadors. Ed. S.P. Rosenbaum. New York: W.W. Norton and Company, 1964. Übers.: *Die Gesandten.* Köln 1982. Dt. von Helmut M. Braem und Elisabeth Kaiser.

AP = The Aspern Papers, in *T.* Übers.: in: *Meisternovellen: Asperns Nachlass.* S. 241–449. Zürich 1953 (Manesse Bibliothek der Weltliteratur). Dt. v. Harry Kahn.

APP = New York Preface zu „The Aspern Papers,“ in *Literary Criticism, Volume Two: French Writers, Other European Writers, The Prefaces to the New York Edition.* Ed. Leon Edel, Mark Wilson. New York,

AS = The American Scene. Ed. John F. Sears. New York: Penguin, 1994.

B = *The Bostonians*. Ed. Charles R. Anderson. New York: Penguin, 1984. Übers.: *Die Damen aus Boston.* Köln/Berlin 1964. Dt. von Herta Haas.

Be = *The Beast in the Jungle*, in *T*. Übers.: *Das Tier im Dschungel.* München 1959. Dt. von Helmut M. Braem und Elisabeth Kaiser.

CSI = *Complete Stories 1892-1898*. New York: Library of America, 1996.

CSII = *Complete Stories 1898 – 1910*. New York: Library of America, 1996.

DM = *Daisy Miller: A Study* in *T*. Übers.: *Daisy Miller.* In: *Erzählungen.* Köln/Berlin 1958, S. 51-118. Dt. von Helmut M. Braem und Elisabeth Kaiser.

FC = *The Figure in the Carpet and Other Stories*. Ed. Frank Kermode. London: Penguin, 1986. Übers.: *Das Muster im Teppich*. In: *Erzählungen*. Köln/Berlin 1958, S. 323-364. Dt. von Helmut M. Braem und Elisabeth Kaiser.

GB = *The Golden Bowl*. Ed. Virginia Llewellyn Smith. Oxford: Oxford University Press, 1983. Übers.: *Die goldene Schale.* Frankfurt/Berlin/Wien 1984. Dt. von Werner Peterich.

H = *Hawthorne*, in *Essays on Literature, American Writers, English Writers*. New York: Library of America, 1984.

IH = *Italian Hours.* Boston, Ecco Press, 1909 (reprint).

JC = *The Jolly Corner*, in *T*. Übers.: *Das glückliche Eck*. In: *Erzählungen.* Köln/Berlin 1958, S. 480-516. Dt. von Helmut M. Braem und Elisabeth Kaiser.

Le = *Letters*, Ed. Percy Lubbock, Scribner's, 1920, Bd. I.

MY = *The Middle Years*, in *FC*.

PL = *Portrait of a Lady*. Ed. Robert D. Bamberg. New York: W.W. Norton and Company, 1975. Übers.: *Bildnis einer Dame*. Köln 1974 (3.Auf.). Dt. von Hildegard Blomeyer. Nachwort v. Helmut M. Braem.

RHP = *Preface to Roderick Hudson*, in *Literary Criticism: French Writers, Other European Writers, Prefaces to the New York Edition*. New York: Library of America, 1984. Übers.: *Roderick Hudson*. Köln 1983. Mit dem Vorwort von Henry James.

T = *Tales of Henry James*. Ed. Christof Wegelin. New York: W.W. Norton and Company, 1984.

TNT = *The Next Time*, in *CSI*, 486-524.

TS = *The Turn of the Screw*. Ed. Robert Kimbrough. New York: W.W. Norton and Company, 1966. Übers.: *Das Durchdrehen der Schraube*. München 2001.

WD = *The Wings of the Dove*. Ed. Peter Brooks. Oxford: Oxford University Press, 1984. Übers.: *Die Flügel der Taube*. Frankfurt/Berlin/Wien 1962. Dt. v. Herta Haas.

WMK = *What Maisie Knew*. New York: Penguin, 1975.

WS = *Washington Square*. New York: Crowell, 1970. Übers.: *Die Erbin vom Washington Square*. Zürich 1956. Dt. von Alfred Kuoni.

Bibliographie

Anderson, Quentin (1992). *Making Americans. An Essay on Individualism and Money*. New York, Harcourt Brace Jovanovich.
Armstrong, Paul. (1983) *The Phenomenology of Henry James.* Chapel Hill, University of North Carolina Press.
Auchard, John. (1986) *Silence in Henry James.* University Park, Penn State University Press.
Beidler, Peter. (1989). *Ghosts, Demons and Henry James. The Turn of the Screw at the Turn of the Century,* Columbia, University of Missouri Press.

Bell, Millicent. (1991) *Meaning in Henry James.* Cambridge, Harvard University Press.
Bernstein, Jay. (Forthcoming). „Modernity as Trauma: Disenchanted Time in Benjamin and James."
Bersani, Leo. (1969). *A Future for Astyanax: Character and Desire in Literature*. Boston, Little, Brown.
Blackmur, R. P. (1934). „Introduction" to *The Art of the Novel.* London, Scribner's.
Blackmur, R.P. (1983). *Studies in Henry James.* Edited with an introduction by Veronica A. Makowsky. New York, New Directions.
Booth, Wayne. (1962). *The Rhetoric of Fiction.* Chicago, University of Chicago Press. *Die Rhetorik der Erzählkunst*. Heidelberg 1974
Booth, Wayne. (1988). *The Company We Keep: An Ethics of Fiction.*Berkeley, University of California Press.
Brooks, Van Wyck. (1925). *The Pilgrimage of Henry James*. New York, Dutton.
Brudney, Daniel. (1990). „Knowledge and Silence: *The Golden Bowl* and Moral Philosophy," in *Critical Inquiry*, vol. 16.

Cameron, Sharon (1989). *Thinking in Henry James.* Chicago, University of Chicago Press.
Cranfill, Thomas, and Clark, R.C., Jr. (1965) *An Anatomy of Turn of the Screw.* Austin, University of Texas Press.
Crews, Frederick. (1971). *The Tragedy of Manners: Moral Drama in the Later Novels of Henry James*. Hamden, Archon.

Dawidoff, Robert. (1992). *The Genteel Tradition and the Sacred Rage. High Culture vs. Democracy in Adams, James, & Santayana.* Chapel Hill, University of North Carolina Press.
Diamond, Cora. (1995a). „Missing the Adventure: Reply to Martha Nussbaum," in Diamond (1995c).
Diamond, Cora. (1995b). „Having a Rough Story about What Moral Philosophy Is," in Diamond (1995c).
Diamond, Cora. (1995c). *The Realistic Spirit. Wittgenstein, Philosophy, and the Mind*. Cambridge, MIT Press.
Dupee, F.W. (1965). *Henry James*. New York, Delta.

Edel, Leon and Gordon N. Ray. eds. *Henry James and H.G. Wells*. London, Hart-Davis.
Edmundson, Mark (1997). *Nightmare on Main Street. Angels, Sadomasochism and the Culture of Gothic.* Cambridge, Harvard University Press.
Eldridge, Richard. (1989). *On Moral Personhood. Philosophy, Literature, Criticism and Self-Understanding*. Chicago, University of Chicago Press.
Eldridge, Richard. (1997). *Leading a Human Life: Wittgenstein, Intentionality, and Romanticism.* Chicago, University of Chicago Press.

Felman, Shoshana. (1982). „Turning the Screw of Interpretation," in *Literature and Psychoanalysis. The Question of Reading: Otherwise*. Baltimore, Johns Hopkins University Press.
Fiedler, Leslie. (1992). *Love and Death in the American Novel.* 3rd ed. (1960). New York, Anchor Books.
Frankfurt, Harry. (1988). „Freedom of the will and the concept of a person," in *The Importance of What We Care About*. Cambridge, Cambridge University Press.
Freedman, Jonathan, ed. (1998). *The Cambridge Companion to Henry James*. Cambridge, Cambridge University Press.
Freedman, Jonathan. (1998a). „Introduction: The Moment of Henry James," in Freedman (1998).
Furet, François. (1995). *Le passé d'une illusion. Essai sur l'ideé communiste au Xxe siècle*. Paris, Robert Laffont/Calmann-Lévy.
Furth, David L. (1979). *The Visionary Betrayed. Aesthetic Discontinuity in Henry James's The American Scene*. Cambridge, Harvard University Press.

Girard, René. (1965). *Deceit, Desire, and the Novel. Self and Other in Literary Structure*. Translated by Yvonne Freccero. Baltimore, The Johns Hopkins University Press.

Habegger, Alfred. (1989). *Henry James and the ‚Woman Business'*. Cambridge, Cambrdige University Press.
Hagberg, G.L. (1994). *Meaning and Interpretation: Wittgenstein, Henry James and Literary Knowledge*. Ithaca, Cornell University Press.
Haviland, Beverly. (1997). *Henry James's Last Romance. Making Sense of the Past and the American Scene*. New York, Cambridge.
Holland, Laurence B. (1982). *The Expense of Vision. Essays on the Craft of Henry James.* Baltimore, The Johns Hopkins University Press,
Howland, Bette. (1996). „*Washington Square*, the Family Plot," in *Raritan*, vol. XV. No.4, pp. 88-110.
Hutchinson, Stuart (1983). *Henry James: The American as Modernist*. London, Vision Press.

James, Williams. (1983) *The Principles of Psychology.* Cambridge, Harvard University Press.

Krook, Dorothea. (1962). *The Ordeal of Consciousness in Henry James.* Cambridge, Cambridge University Press.

Larmore, Charles. (1996). *The Morals of Modernity*. Cambridge, Cambridge University Press.
Leavis, F.R. (1964). *The Great Tradition. George Eliot, Henry James, Joseph Conrad.* New York, New York University Press.
Liljegren, S. (1920). *American and European in the Works of Henry James*. Lund, C.W.K. Gleerup.
Lustig, T .J. (1994). *Henry James and the Ghostly.* Cambridge, Cambridge University Press.

Mackenzie, Manfred. (1976) *Communities of Shame and Honor in Henry James.* Cambridge, Harvard University Press.
Matthiessen, F. O. (1946). *Henry James. The Major Phase*. Oxford, Oxford University Press.
Mazella, Anthony J. (1975). „The New Isabel," in the essays included in the Norton *PL*.
McGinn, Colin. (1997). *Ethics, Evil, and Fiction*. Oxford, Clarendon Press.
Miller, J. Hillis. (1987). *The Ethics of Reading*. New York, Columbia University press.

New Literary History. (1983). Vol. 15, no.1. Special issue on „Literature and/as Moral Philosophy."
Nussbaum, Martha. (1990a), „‚Finely Aware and Richly Responsible': Literature and the Moral imagination," in Nussbaum (1990c).
Nussbaum, Martha. (1990b). „Flawed Crystals: James *The Golden Bowl* and Literature as Moral Philosophy," in Nussbaum (1990c).
Nussbaum, Martha. (1990c). *Love's Knowledge: Essays on Philosophy and Literature.* New York, Oxford University Press.
Nussbaum, Martha. (1995). „Objectification," in *Philosophy and Public Affairs*, vol. 24.

Olafson Frederick. (1988). „Moral Relationships in the Fiction of Henry James," in *Ethics*, vol. 98, no.2 , pp. 294-312

Ozick, Cynthia. (1993). *What Henry James Knew and Other Essays on Writers*. London, Jonathan Cape.

Ozouf, Mona (1998). *La Muse démocratique. Henry James ou les pouvoirs du roman*. Paris, Calmann-Lévy.

Pippin, Robert. (1991). *Modernism as a Philosophical Problem. On the Dissatisfactions of European High Culture*. Oxford, Blackwell.

Pippin, Robert. (1997a). *Idealism as Modernism: Hegelian Variations*. Cambridge, Cambridge University Press.

Pippin, Robert. (1997b). „Morality as Psychology; Psychology as Morality: Nietzsche, Eros and Clumsy Lovers," in (1997a).

Pippin, Robert. (1997c). „Truth and Lies in the Early Nietzsche," in Pippin (1997a).

Pippin, Robert. (1999a). „Nietzsche und die Melancholie der Modernität," in *Konzepte der Moderne*, ed. von G. von Graevenitz und Axel Honneth. Stuttgart, Metzler.

Pippin, Robert. (1999b). „Naturalness and Mindedness: Hegel's Compatibilism," *The European Journal of Philosophy*, vol. 7, n.2, (1999), pp. 194 - 212. „Naturalität und Geistigkeit in Hegels Kompatibilismus", *Deutsche Zeitschrift für Philosophie,* Bd. 49, Nr. 1/2001).

Porte, Joel, ed. (1990). *New Essays on The Portrait of a Lady*. Cambridge, Cambridge University Press.

Porter, Caroline. (1988). *Seeing and Being: The Plight of the Participant Observer in Emerson, James, Adams and Faulkner*. Middletown, Wesleyan University Press.

Posner, Richard A. (1998). *Law and Literature*. Revised and Enlarged Edition. Cambridge, Harvard University Press.

Posnock, Ross. (1991). *The Trial of Curiosity. Henry James, William James, and the Challenge of Modernity*. Oxford, Oxford University Press.

Posnock, Ross. (1998). „Affirming the Alien: The Pragmatist Pluralism of *The American Scene*" in Freedman (1998).

Rahv, Philip. (1978). *Essays on Literature and Politics, 1932-72*. Edited by Arabel J. Porter and Andrew J. Dvosi. Boston, Houghton Miflin Co.

Rimmon, Shlomith. (1977). *The Concept of Ambiguity - the Example of James*. Chicago, The University of Chicago Press.

Roth, Philip. (1997). *American Pastoral*. New York, Vintage. *Amerikanisches Idyll*. Hanser, München, 1998.

Rowe, John Carlos. (1984). *The Theoretical Dimension of Henry James*. Madison. The University of Wisconsin Press.

Sabin, Margery. (1987). *The Dialectic of the Tribe. Speech and Community in Modern Fiction*. New York, Oxford University Press.

Sabin, Margery. (1998). „Henry James's American Dream in *The Golden Bowl*," in Freedman (1998).

Sedgwick, Eve Kosofsky. (1990) *Epistemology of the Closet*. Berkeley, University of California Press.

Selzer, Mark. (1985). *Henry James and the Art of Power*. Ithaca, Cornell University Press.

Sears, Sally. (1968). *The Negative Imagination. Form and Perspective in the Novels of Henry James* . Ithaca: Cornell University Press.

Spender, Stephen. (1938). *The Destructive Element*. London, Jonathan Cape/

Tanner, Tony. (1985). *Henry James. The Writer and His Work*. Amherst, University of Massachusetts Press.

Tanner, Tony. (1995). *Henry James and the Art of Nonfiction*. Athens, University of Georgia Press.

Taylor, Charles. (1985). „What is Human Agency?“ in *Philosophical Papers, I*. Cambridge, Cambridge University Press.
Truffault, Francois, Helen G. Scott (1967). *Hitchcock*. New York, Simon and Schuster.

van Fraassen, Bas C. (1988). „The Peculiar Effects of Love and Desire,“ in *Perspectives on Self-Deception* , edited by Brian P. McLaughlin and Amelie Oksenberg Rorty. Berkeley and Los Angeles, University of California Press.
Veeder, William. (1975). *Henry James - the Lessons of the Master.* Chicago, University of Chicago Press.

Weber, Max. (1946). „Science as a Vocation,“ in *From Max Weber: Essays in Sociology*, translated and edited by H.H. Gerth and C. Wright Mills. New York, Oxford University Press.
Weinstein, Philip. (1971). *Henry James and the Requirements of the Imagination*. Cambridge, Harvard University Press.
Weisbuch, Robert. (1998). „Henry James and the Idea of Evil,“ in Freedman (1998).
Wiggins, David. (1991). „Truth, Invention, and the Meaning of Life,“ Essay III of *Needs, Values, Truth: Essays in the Philosophy of Value* . Oxford, Blackwell's.
Williams, Bernard. (1981a). „Moral Luck,“ in *Moral Luck*. Cambridge, Cambridge University Press. Dt.: *Moralischer Zufall.* Königstein/Ts. 1984
Williams, Bernard. (1981b). „Persons, Character and Morality,“ in *Moral Luck*. Cambridge, Cambridge University Press.
Williams, Bernard. (1985). *Ethics and the Limits of Philosophy*. Cambridge, Harvard University Press. Dt.: *Ethik und die Grenzen der Philosophie*. Hamburg 1999.
Williams, Bernard. (1993). „Nietzsche's Minimalist Moral Psychology,“ in *European Journal of Philosophy*, vol.1, no.1.
Wilson, Edmund. (1934). „The Ambiguity of Henry James,“ in *Hound and Horn*, VII, 385-406.
Wollheim, Richard. (1984). *The Thread of Life*. Cambridge, Harvard University Press.

Index